中国特色小（城）镇发展报告

2016

中国城镇化促进会 编

ZHONGGUO TESE XIAO (CHENG) ZHEN
FAZHAN BAOGAO 2016

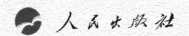

图书在版编目（ＣＩＰ）数据

中国特色小（城）镇发展报告 . 2016 / 中国城镇化促进会编 . ——北京：
中国致公出版社，2017

ISBN 978-7-5145-1014-0

Ⅰ . ①中… Ⅱ . ①中… Ⅲ . ①小城镇—城市发展—研究报告—中国—
2016 Ⅳ . ① F299.21

中国版本图书馆 CIP 数据核字 (2017) 第 060417 号

中国特色小（城）镇发展报告 2016

中国城镇化促进会　编

责任编辑：宋修华　董拯民　周　炜

责任印制：岳　珍

出版发行：　中国致公出版社　China Zhigong Press

地　　址：北京市朝阳区八里庄西里 100 号住邦 2000 商务中心 1 号楼东区 15 层

邮　　编：100025

电　　话：010-85869872（发行部）

经　　销：全国新华书店

印　　刷：北京文昌阁彩色印刷有限责任公司

开　　本：889mm × 1194mm　　　　1/16

印　　张：21.5

字　　数：520 千字

版　　次：2017 年 4 月第 1 版　　　2017 年 4 月第 1 次印刷

定　　价：88.00 元

序　言

　　特色小（城）镇的建设是新型城镇化的重要内容，适应四化同步的时代潮流。特色小（城）镇建设可以搭建城乡优势整合的新载体、城乡创业创新的新平台、城乡要素交流的新机制，有利于推进供给侧结构性改革，有利于推动经济转型升级和发展动能转换，有利于促进大中小城市和小城镇协调发展，有利于充分发挥城镇化对新农村建设的辐射带动作用。小城镇承载着大梦想，抓特色小（城）镇建设大有可为。

　　特色小（城）镇建设，关键是要以新发展理念为指导，创新思路、创新方法、创新机制，着力培育小镇经济中供给侧领域内涵，防止"新瓶装旧酒""穿新鞋走老路"，努力走出一条特色鲜明、产城融合、惠及群众的新型小城镇之路。

　　推进特色小镇和小城镇建设，最重要的是要处理好政府和市场的关系，更加尊重市场规律，使之成为市场主导、自然成长的过程，成为政府引导、科学发展的过程。要用好政府的"有形之手"，发挥政府在制定规划政策、提供公共服务、营造制度环境等方面的重要作用。

　　特色小镇和小城镇建设，一定要从本地实际出发，因地制宜、遵循规律，体现区域差异性，提倡形态多样性。要学习先进地区的理念方法、充实内涵、创新精神，不可照搬照抄、"东施效颦"，脱离本地实际，搞成空中楼阁；切不可一哄而上、遍地开花，违背客观规律，造成资源浪费；更不能变相搞房地产开发，演变为新一轮的造城运动。

　　坚持产业建镇，要根据区域要素禀赋和比较优势，挖掘本地最有基础、最具潜力、最能成长的特色产业，打造出具有持续竞争力和可持续发展特征的独特产业生态，使每个特色小镇和小城镇都有一个特色主导产业，实现以产促城、以城兴产、产城融合。

　　建设富有活力的特色小（城）镇，需要围绕完善城镇功能，加快补齐城镇基础设施、公共服务、生态环境三块短板，使人民群众有实实在在的获得感和幸福感。同时，推进特色小镇和小城镇建设，切忌搞形象工程，避免大拆大建、破坏生态环境、割断历史文脉、抬高农民进城门槛和创新创业成本。要按照适度超前、综合配套、集约利用的原则，加强城镇道路、供水、供电、通信、污水垃圾处理、物流等基础设施建设，完善和提升特色小镇和小城镇的功能和承载能力。

我国自 2005 年开始就进行了全国发展改革试点小城镇工作，十余年来特色小（城）镇已成为我国新型城镇化的主要实验场所和改革的前沿阵地。尤其是自 2014 年浙江省提出特色小镇发展战略以来，各地陆续开始了特色小（城）镇的建设工作。党中央、国务院高度重视特色小镇、小城镇发展，习近平总书记、李克强总理专门做出重要批示指示，为特色小镇、小城镇发展指明了方向。2015-2016 年特色小（城）镇更是成为国家层面、地方层面、商界、产业界和学界共同关注的热点。2016 年作为特色小（城）镇在全国全面铺开的开局之年，成绩斐然。一年来特色小（城）镇的理念得到了深入贯彻，发展理念达成了共识，特色小（城）镇建设的思路和实施步骤进一步明确。到目前为止，各相关部门积极行动，形成了相互协同的良好局面，2016 年推车了全国首批特色小镇；同期，绝大多数省份都出台了相应的政策和文件，明确了各自的扶持政策和推进路径，部署了具体任务，为今后的特色小（城）镇发展奠定了良好基础。

由中国城镇化促进会组织编写的《中国特色小（城）镇发展报告 2016》全面总结了我国特色小（城）镇建设在过去一年所取得的成就、发展历程、形成的共识和建设的具体路径；详细介绍了各地的建设行动和主要经验；尤其是比较完整地展示了各地特色小镇的生动案例。希望本报告能够对广大关心和参与特色小（城）镇建设的同志们提供参考，希望本报告能够成为记录我国特色小（城）镇发展历程的重要文献！

特色小（城）镇理念在于"新"、核心在于"特"、根本在于"改"。今后特色小（城）镇更要因地制宜，注重质量，避免形成盲目过热和运动式扩张，使具有中国特色的小（城）镇建设成为国家可持续发展的重要阵地。

全国人大常委会原副委员长 中国城镇化促进会主席

2017 年 4 月

目 录
Contents

上篇 总报告

第一章　特色小（城）镇建设的意义与发展基础

　　2015—2016 年特色小（城）镇成为国家层面、地方层面、商界、产业界和学界共同关注的热点。其中有两个不同的概念。一个是浙江省 2014 年提出的，指相对独立于城市地区，具有明确产业定位、文化内涵、旅游功能和社区特征的发展空间载体。这个概念并不是指行政区划单元的建制镇，也不是指工业生产和旅游区等具有产业功能的园区；而是指具有明确产业定位、文化内涵、旅游资源和一定社会功能的聚集发展平台，是企业协同创新、合作共赢的企业社区，是以企业为主体、市场化运作、空间边界明确的创新创业空间。另一个概念是住房和城乡建设部在评选全国特色小镇时提出的，指以行政建制镇为单位的小城镇。国家发改委在 2016 年 10 月 8 日《关于加快美丽特色小（城）镇建设的指导意见》中提出的特色小（城）镇，包括了特色小镇和小城镇两种形态。按照城镇与地区发展的关系理解，即使特色小镇不是行政单元，但作为地区的一个集聚中心，也是行政单元内的一个组成部分，是能代表这个建制镇经济特色和文化聚集力的核心区，其外围必然有一定的腹地，这个腹地往往就是所在的建制镇。小镇的成长离不开腹地的支撑，它需要与周围腹地一起，在经济上相互融合、产业上相互衔接、景观上相互协调、文化上相统一，只有这样小镇才能成为既能代表当地特色，又能辐射和影响当地发展的核心地区。因此，我们采用发改委提出的特色小（城）镇概念，既包括特色小镇，也包括小城镇。

【专栏1-1】

特色小（城）镇起源

从城镇发展战略和经济社会发展角度，探索城镇化道路的特色小（城）镇，始自20世纪80年代费孝通先生的《小城镇，大问题》报告。自20世纪90年代开始，学界和地方政府开始了对城市特色的认识，包括文化特色、民族特色、古镇特色、产业特色、空间特色等全方位的内容。产业界使用特色小（城）镇主要指房地产开发中的特色小区建设和文化旅游业发展。真正作为政府指导工作的文件最早始于1996年中共昆山市委、市政府的小城镇建设经验。随后，尤其是"十二五"期间，各地政府分别在生态城市建设和小城镇建设等方面不断提到各具特色的小城镇。如北京市于2011年设立100亿元的小城镇发展基金，引导42个特色小城镇建设；天津市在"十二五"期间重点建设了周边50个小镇；黑龙江省首先在哈尔滨市开始了六类21个特色小城镇建设；同期云南省安排专项资金重点扶持和鼓励社会投资参与包括现代农业型、旅游型、商贸型和边境口岸型四类210个特色小城镇建设；江西省以南昌市为开端，分批分期建设包括历史文化名镇、旅游休闲名镇和都市现代农业、休闲、观光名镇三类17个不同类型的特色小城镇；安徽省的目标是力争打造200个特色小城镇。真正突破行政界线强调聚集功能的特色小镇，始于浙江省为解决"块状"经济出现的缺乏创新、产业低端、资源利用粗放等问题带来的后续发展乏力而提出的特色小镇。

一、特色小（城）镇在新型城镇化中的地位与作用

1. 特色小（城）镇为新型城镇化提供可操作的实践空间

新型城镇化为解决现存矛盾和问题提供了思路。但是，内容几乎涵盖当前中国社会的方方面面，范围涉及全国的城市和乡村，尤其是目前所要解决的问题主要集中在大城市病方面，而忽视了这些大城市病的根本原因是中小城市发展迟缓，尤其是最靠近农村的小城镇发展弱化，才是人口过度集中在大城市的主要原因。

特色小（城）镇试图用最小的空间达到资源的最优布局，与新型城镇化方向完全一致。特色小（城）镇可以在大城市、中小城市，以及县级行政单元和乡镇、村级等任何地域内进行选择，具有很强的地域可选性；同时，又可以将不同级别的城市与乡村结合起来，有利于打通城镇化过程中乡村要素与城镇要素的流通渠道，在解决大城市问题的同时，照顾到乡村发展，从而有利于实现真正的城乡一体化。

2. 特色小（城）镇有利于探索多元化的城镇化途径

我国自然环境多样、地区特点鲜明，同时地区差距巨大、发展进程参差不齐，各地发展条件相差悬殊。无论是优先发展大城市还是重点发展中小城镇，都不能完全适应各地城镇化的需求。由于城镇化道路缺乏应对不同城市问题的有效方法，我国的大城市发展效率不高，中小城镇也出现了环境污染、交通拥堵等大城市病；而且自上而下的制度弱化了农村地区的发展和组织管理，农村地区出现的文化缺失、传统丧失、生产力弱化等新问题已经波及小城镇。因此，摒弃行政命令式的人为设定城镇发展目标，遵循市场规律，充分调动各种利益相关者的积极性，因地制宜、因时制宜地探索既有利于发挥大城市和中小城镇的特长，又能兼顾各地特点的多元化道路是新型城镇化的最优选择。

特色小（城）镇可以选择在任何一个城市地区、任何一个级别的城市的市域范围内，甚至可以选择在任何一个乡村的独立镇（或聚集点）内；可以在发达的一线城市地区，选择符合条件的郊区；也可以在落后地区选择有独特优势的地方。如住建部公布的第一批 127 个中国特色小（城）镇中，东部地区有 51 个，中部地区 35 个，西部地区 41 个，各省一般有 3—5 个。一线大城市地区如北京、天津和上海有 2—3 个；其余大部分分布在二、三线城市或一些小城镇地区。同时，这些小镇又分别具有特色旅游资源、文物保护、特色产品、乡镇企业示范基地、典型企业生产基地、文化艺术品牌、改革示范基地、众创空间、商业贸易、著名度假区、体育健康、科技乡镇、红色旅游、专业化生产基地以及经济强镇等特征。另外，发展途径和成长经历也各不相同。这种在全国范围内大分散、在省区范围内小集中的布局，有利于针对不同地区的发展条件和特点，形成多目标取向的城镇化价值观，在多层次区域上，探讨多元化、多模式、多类型、多层次的新型城镇化途径，打破差序格局，形成"多梯度"型城镇化模式。

3. 特色小（城）镇有利于寻找有效的政策工具

当前城镇化存在诸多问题，如城镇化进程与资源环境承载能力不匹配，城市化质量偏低，人口拥挤、交通拥堵和环境污染等"城市病"问题日益突出。据中国社科院《中国新型城镇化道路的选择》报告，在 2000—2010 年间，大城市和特大城市的人口增加迅猛，而 20 万人以下的小城市吸纳人口比重从 2000 年的 18.5% 下降到 2010 年的 10.31%。出现这种局面的根本原因是从大城市到小城镇，无论是经济发展水平，还是社会福利，抑或是基础设施建设，以及教育和就业机会等都呈递减趋势，而且差距巨大。尤其是基层公共服务比如社保、就业、医疗卫生、住房等，地方财政投入占全部投入的 90% 以上，而在这方面，小城镇基础设施投入仅相当于大城市的 13%。一直以来讨论的户籍、住房、流动人口管理等问题都是针对大城市，鲜有针对就地城镇化的地方发展问题的管理办法和措施，因而小城镇缺乏基层城镇化管理工具。加之，由于长期以来外发型发展的城镇化道路导致地方利益流失，基层组织责、权、利极其不对等，基层管理薄弱。因此，基层公共服务体制改革和共同治理体制的形成，是转移人口市民化的突破口。

特色小（城）镇扎根在远离城市、靠近乡村的地区，既可以集中地区发展力量和地方优质资源，又能利用外部资本，在逐渐开放的市场环境中，寻找地方共同治理的有效机制，探索政府、公共组织、企业和个人等，众多利益相关者共同参与地方发展的治理机制和发展道路。针对特色城镇建设中某些具体项目的实施，可以探索基于地方发展的创新模式，创立一种新的社会组织形式，使之能形成处理现代经济与传统经济、环境资源保护与经济发展、现代城市与传统文化、迁移人口与当地居民之间关系的能力；并通过这些模式在特色小（城）镇中的实践，为新型城镇化提供基层管理工具和政策实施路径。

4. 特色小（城）镇有利于搭建城乡一体化的发展平台

长期的"二元"分制使得城乡之间的经济、社会差距不断拉大，农村较为落后的经济实力无力支撑农村公共服务的深度覆盖，严重阻碍就地城镇化，导致以人为本的城镇化严重滞后，这种现状被大多数人认为是造成我国城镇化过程中很多问题的根本原因。特色小（城）镇可以充分利用本地优势，借助外部的资本、发展经验、管理经验、市场等各种先进产业、服务业和理念，利用大城市需要转移出产业和人口的机会窗口，建设乡村地区的聚集中心。在这样的聚集中心，可以运用城市的社区管理方式，淡化行政化管制，通过强化自治和自律意识的提升，打破单一的管理主体，实行多元化的社会治理；采取灵活多样的人性化管理服务方式，以公共需求为导向，取代传统的刚性政策标准；培育和组建教育、卫生、医疗、社保、治安等各方面的公共服务队伍，明确划分责、权、利，从管理主体、服务对象、内容、方式等方面进行创新。这样的聚集中心，可以模糊城乡界限，弱化城乡居民身份，推进共同治理。在这样的聚集中心，高端连接外部区域、低端连接本小镇腹地，打破以行政单元为单位的划界管理模式的差序格局，直接将乡村和高端城市连接起来，搭建一个有效的城乡发展平台，并创造出可以将城市和乡村结合起来的"单层"网络结构，使地方资源和要素能直接与外界经济建立联系，并通过资本流动、人口流动和信息流动等形成可以看得见的城乡一体化区域网络。这无疑是城乡一体化的突破口和捷径。

二、特色小（城）镇建设基础

1. 特色小（城）城镇成为新型城镇化规划的重要内容

新型城镇化已成为中国城乡建设的主要任务。2014 年，中共中央、国务院正式发布《国家新型城镇化规划（2014—2020 年）》，提出把坚持"生态文明"和"文化传承"作为新型城镇化建设的重要原则，标志着中国进入了以可持续发展为核心内容的城镇化新阶段，开启了特色小（城）镇全面推进的步伐。无论是解决大城市病，还是小城市和小城镇建设，以及新农村建设等问题，都与强化特色小（城）镇建设密切相关。在新型城镇化背景下，以人为本和生态宜居的特色小（城）镇成为建设的重点。2016 年 3 月 17 日发布的《十三五规划纲要》提出加快发展中小城市和特色镇，因地制宜发展特色鲜明、产城融合、充满魅力的小城镇。2016 年 5 月 6 日发布的《国务院关于深入推进新型城镇化建设的若干意见》中要求加快特色镇发展，并具体指出要因地制宜、突出特色、创新机制，充分发挥市场主体作用；推动小城镇发展与疏解大城市中心城区功能相结合、与特色产业发展相结合、与服务"三农"相结合；发展具有特色优势的休闲旅游、商贸物流、信息产业、先进制造、民俗文化传承、科技教育等魅力小镇。

2. 城镇化改革试点成为特色小（城）建设的重要阵地

国家发展与改革委员会分别于 2005 年 1 月 10 日、2008 年 3 月 25 日和 2012 年 3 月 8 日颁布《国家发展改革委办公厅关于公布第一批全国发展改革试点小城镇的通知》（发改办规划〔2005〕36号）、《国家发展改革委办公厅关于公布第二批全国发展改革试点小城镇名单的通知》（发改办规划〔2008〕706号）、《国家发展改革委办公厅关于公布第三批全国发展改革试点城镇名单的通知》（以下简称《通知》）（发改办规划〔2012〕507号），三批共计641个改革试点镇。《通知》要求在试点过程中，结合当前新型城镇化发展实际，坚持突出地方特色，重点在农民工融入城镇、新生中小城市培育、中心城市建设、城市绿色智能发展、产城融合发展、地方文化保护传承、城乡统筹发展等领域，根据《国家新型城镇化综合试点工作方案要点》任务，结合本地发展实际，重点突破薄弱环节，积极探索，闯出新路。

从试点内容可以看出，试点镇的主要任务在于转变政府职能，将工作重心从目前直接干预经济、参与兴办产业和完成达标考核的做法，转移到管理社会事业和提供公共服务上来，逐步建立为小城镇政府公共决策的民主参与机制寻求突破；培育和壮大小城镇经济基础，带动农村地区发展；改善小城镇的投资、就业和人居环境和基础设施建设等。尽管改革试点镇比新型城镇化提出的较早，但改革方向和内容与新型城镇化方向基本一致。特色小（城）镇作为新型城镇化的试验地，以"产、城、人、文"为一体，通过改革创新，实现生产、生活和生态融合的城镇发展目标，与城镇化的试点内容高度吻合。到目前为止，三批试点镇中有很多都变成了特色小（城）镇，并为特色小（城）镇建设提供了经验。

新型城镇化进入实质阶段后，改革试点地区成为国家推动新型城镇化的重要举措。截止到2016年底，分别设立了三批国家新型城镇化综合试点地区。其主要内容与特色小（城）镇高度吻合。三批国家新型城镇化综合试点地区分别于2015年2月4日、2015年11月16日（发改规划〔2015〕1129号）和2016年11月29日（发改办规划〔2016〕1858号）发布。试点地区名单中，第一批着重提出了一批县级市和建制镇，第二批则优先考虑改革意愿强、发展潜力大、具体措施实的中小城市、县、建制镇及符合条件的开发区和国家级新区的原则；列入名单的 59 个地区基本为县级及以下城镇地区。同时，33 个农村土地制度改革试点也分别以 19 个和 14 个分别纳入国家新型城镇化的这两批次的综合试点地区中，使农村土地制度改革试点与国家新型城镇化综合试点紧密结合，强化了小城镇在新型城镇化中的地位与作用。第三批更是强调了优先考虑特色较鲜明的中小城市、县、建制镇的原则，突出了优化生产、生活、生态空间，推动建设功能好、交通畅、环境优、形象美的新型城镇，与特色小（城）镇内容更加贴近，使特色小（城）镇成为这一试点的前沿阵地。

3. 重点镇建设为特色小（城）镇奠定了坚实基础

长期以来，小城镇的发展和建设滞后，尤其是基础设施严重缺乏，已成为制约当地经济和各项事业发展的主要瓶颈。特色小（城）镇建设的最紧迫任务之一就是改善所在地区的基础设施和公共服务。为配合新型城镇化建设，2014 年 7 月 21 日，根据住房和城乡建设部、国家发展改革委、财政部、国土资源部、农业部、民政部、科技部发布的《关于开展全国重点镇增补调整工作的通知》（建村〔2013〕119 号），按照提高质量、节约用地、体现特色等要求，以人口规模、区位优势、经济发展潜力、服务功能、规划管理水平和科技创新能力为指标，对 2004 年的全国重点镇进行了重新认定，并发布了按照新标准认定的 3675 个全国重点镇。根据住房和城乡建设部村镇建设统计年报对其中 2892 个重点镇的规划建设情况进行的总结，重点镇的基本建设和基础设施等明显好于普通镇。

【专栏 1-2】

重点镇建设成就

根据住建部的数据，截至 2014 年底，2892 个重点镇建成区面积共 10994 平方千米，平均每个镇为 3.8 平方千米，各镇的人口平均规模为 2.2

万人，人口密度达 5800 人/平方千米，远高于普通镇（4700 人/平方千米）。同时，重点镇建成区人口占镇域总人口比重达 35.7%，也高于普通镇。重点镇比普通镇表现出了较高的聚集度和吸引力。同时，在 2892 个重点镇中，2809 个镇编制了城镇总体规划，占总数的 97.1%；2730 个镇设有村镇建设管理机构，占总数的 94.4%，为进一步的城镇管理奠定了基础。

截至 2014 年底，2892 个重点镇建成区中的用水普及率为 84.2%，燃气普及率 48.7%，人均道路面积 12.5 平方米/人，排水管道及暗渠密度 6.06 千米/平方千米，人均公园绿地面积 2.71 平方米/人，绿化覆盖率 16.3%，绿地率 9.2%。城镇化的公共基础设施水平都高于普通镇。

另外，重点镇中 200 人以下自然村的比例比普通镇低 4 个百分点，城镇化程度较高；两类村庄的公共设施水平也有一定差距。重点镇中集中供水的行政村占 68.83%，燃气普及率为 25.48%，生活垃圾收集点比例为 69.49%，分别比普通镇的村庄高 6.37%、4.9% 和 5.51%。相对于普通镇而言，较好的乡村设施使城镇发展有了腹地支撑。

4. 深化改革为特色小（城）镇建设保驾护航

随着我国改革进入深水区，城镇化过程中的各项改革成为全社会改革的重要领域。2016 年 12 月 19 日，中共中央办公厅和国务院办公厅在 2010 年以来经济发达镇行政管理体制改革试点基础上，针对一些人口集聚多、经济规模大的经济发达镇行政管理体制不适应等问题，发布了《关于深入推进经济发达镇行政管理体制改革的指导意见》，明确指出以扩大经济社会管理权限、完善基层政府功能为重点，以探索建立简约精干的组织架构、务实高效的用编用人制度和适应经济发达镇实际的财政管理模式为保障，构建符合基层政权定位、适应城镇化发展需求的新型行政管理体制；并就扩大经济社会管理权限、构建简约精干的组织架构、推进集中审批服务和综合行政执法、建立务实高效的用编用人制度、探索适应经济发达镇实际的财政管理模式、创新基层服务管理方式等进一步明确了任务，以及具体的组织措施。

特色小（城）镇作为综合改革试验区，需要通过特殊区域的运行，探索城镇经济甚至社区创新的管理机制；通过改革和创新机制，实现政府色从管理型向服务型转换；并通过平衡乡村与城镇各部门、各团体、各组织、各种居民群体等附在利益关系，构建共同治理模式的特殊空间。因此，特色小（城）镇进一步发展需要的共同治理模式和改革内容与行政管理体制改革试点目标完全一致。

5. 新农村建设使特色小（城）镇找到了落脚点

特色小（城）镇建设的内在动力在于乡村发展，新农村建设是实现城乡一体化的主要内容之一。2005 年 10 月 8 日，中央十六届五中全会通过的《中共中央关于制定国民经济和社会发展第十一个五年规划的建议》首次提出，要按照"生产发展、生活宽裕、乡风文明、村容整洁、管理民主"的要求，扎实推进社会主义新农村建设；2006 年 2 月 21 日，《中共中央国务院关于推进社会主义新农村建设的若干意见》要求，推进农村综合改革，确保社会主义新农村建设有良好开局。这些文件在经济、政治、文化、社会和法制建设的同时，更突出强调了农村发展要因地制宜和突出特色。仅 2006 年中央新增支农资金比上年增长 14.2%，占总支出增量的 21.4%，强化了农村基础设施和公共服务建设，使农村地区的集中居住、道路、供暖、供水和卫生环境得到极大改善，从而推动了农村旅游；与美丽乡村建设行动相结合，形成了一大批美丽宜居示范村庄和示范小镇，这些具有特色的聚集区，正是特色小（城）镇的雏形和前身。随着农业产业化和现代化，这些村庄的生产和生活将更加集中，最终将演变为农业特色产业和旅游功能融合的特色小（城）镇。

【专栏 1-3】

北京郊区新农村建设"五项基础设施"成就

"五项基础设施"，主要包括街坊路硬化和绿化、老化供水管网改造和一户一表、污水处理、垃圾分类、户厕改造和公厕建设五个方面。北京市从 2006 年开始实施新农村建设试点，全面推进了道路硬化、安全饮水、污水处理、黑厕改造、垃圾处理等五项技术类的折子工程。到目前，各级政府一共累计投资 200 亿元，集中完善和提升了农村基础设施。截至 2010 年末，1735 个村庄环境得到了改善，累计完成街坊路硬化 3216 万平方米，街坊路绿化 1408 万平方米，改造老化供水管网 5049 千米，实施污水处理工程 286 处，改造户厕 23.6 万座，新建公厕 3085 座，并为 68 万农户配置了垃圾分类容器。新农村建设的"五项基础设施"工程覆盖了京郊所有村庄。

第二章 特色小（城）镇发展态势

特色小（城）镇作为新事物，开局之年为后续持续发展制定框架显得尤为重要。2016年以来通过各种研讨、经验交流会、论坛和各种文件，特色小（城）镇建设的基本原则和实施路径基本确定了。

一、特色小镇建设的基本原则

坚持因地制宜，防止一哄而上。我国幅员辽阔，各地情况千差万别，各具特色和优势。特色小镇和小城镇建设，一定要从本地实际出发，因地制宜、遵循规律，体现区域差异性，提倡形态多样性。要学习先进地区的理念方法、内涵实质、创新精神，不可照搬照抄、"东施效颦"，脱离本地实际，搞成空中楼阁；切不可一哄而上、遍地开花，违背客观规律，造成资源浪费；更不能变相搞房地产开发，演变为新一轮的造城运动。

坚持产业建镇，防止千镇一面。产业是小城镇的生命力。坚持产业建镇，就是要根据区域要素禀赋和比较优势，挖掘本地最有基础、最具潜力、最能成长的特色产业，打造出具有持续竞争力和可持续发展特征的独特产业生态，使每个特色小镇和小城镇都有一个特色主导产业，实现以产促城、以城兴产、产城融合。特色产业内涵丰富多样，不仅仅是制造业，旅游休闲、教育培训、健康养生、商贸物流等都可以作为特色产业来塑造，这些面向新需求的新兴产业更有竞争力，要推动传统产业腾笼换鸟、新兴产业蓬勃发展。有条件的小城镇特别是位于中心城市和都市圈周边的小城镇，要积极吸引高端要素集聚，发展先进制造业和现代服务业，成为知名的特色小镇。

坚持以人为本，防止形象工程。发展特色小镇和小城镇要以人的城镇化为核心，便捷的基础设施、完善的公共服务、宜居的生态环境、独特的文化魅力。建设富有活力的特色小镇和小城镇，需要围绕完善城镇功能，加快补齐城镇基础设施、公共服务、生态环境三块短板，使人民群众有实实在在的获得感和幸福感。同时，推进特色小镇和小城镇建设，切忌搞形象工程，避免大拆大建、破坏生态环境、割断历史文脉、抬高农民进城门槛和创新创业成本。要按照适度超前、综合配套、集约利用的原则，加强城镇道路、供水、供电、通信、污水垃圾处理、物流等基础设施建设，完善和提升特色小镇和小城镇的功能和承载能力。要推动公共服务从按行政等级配置向按常住人口规模配置转变，根据城镇常住人口增长趋势和空间布局，统筹布局建设学校、医疗卫生机构、文化体育场所等公共服务设施，大力提高教育卫生等公共服务的质量和水平，让小镇居民享受到更有质量的公共服务。镇区人口 10 万以上的特大镇可按同等规模城市标准配置教育和医疗资源。要牢固树立"绿水青山就是金山银山"的发展理念，有机协调城镇内外绿地、河湖、林地、耕地，保护城镇特色景观资源，构建生态网络，推动生态保护与旅游发展互促共融、新型城镇化与旅游业有机结合，打造宜居宜业宜游的优美环境。要保护独特风貌、挖掘文化内涵、彰显乡愁特色，建设有历史记忆、地域特色、民族特点的美丽小镇。

坚持市场主导，防止政府大包大揽。推进特色小镇和小城镇建设，最重要的是要处理好政府和市场的关系，更加尊重市场规律，使之成为市场主导、自然发展的过程，成为政府引导、科学发展的过程。要依托市场"无形之手"，充分发挥市场配置资源的决定性作用，摒弃"政府大包大揽"，不堆财政资金"盆景"。要坚持市场主导，最大限度地激发市场主体活力和企业家创造力，能够由企业投资就由企业投资，为民间资本留出多样性、差异性的发展空间。探索实行市场化运作，鼓励社会力量参与城镇建设运营和管理。对于特色产业的发展，应更多地交给市场主体来做决策，政府要顺势而为、因势利导，不能过多干预。要用好政府的"有形之手"，发挥政府在制定规划政策、提供公共服务、营造制度环境等方面的重要作用。要坚持规划先行，科学制定特色小镇规划，明确发展边界，合理有效利用空间，实现精明发展。体制机制不顺是制约特色小镇和小城镇发展的主要瓶颈，要重点围绕挖掘内生动力、释放发展活力，推进体制机制创新。要努力在营造特色小镇发展的软环境、最大限度降低发展成本、激发创新创业上下功夫。要强化扩权赋能，推动具备条件的特大镇有序设市。要按照"小政府、大服务"的模式，降低行政成本，提高行政效率。在充分保护好进城农民各类相关权益的基础上，健全完善农村产权交易制度和平台，盘活集体建设用地，促进城乡资源高效配置。

二、特色小（城）镇的实施路径

加强我国特色小镇建设总体定位和布局规划引导。确立符合小城镇实际的规划建设理念和方法，制定镇规划编制办法，推进镇规划和管理全覆盖。鼓励地方开展镇行政管理体制改革，建立全国小城镇规划建设信息系统。盘活小城镇建设用地问题，提高土地使用效率，促进土地集约利用。

各级政府需要在土地和税收，各类金融机构在信贷方面提供精准支持。全面实施城乡土地增减挂钩政策，可以统筹解决城市房价、农民增加财产性收入和特色小镇建设用地需要三个问题。在税收政策方面，借鉴浙江"三免两减"经验和特色小镇管理机构对入住企业实施税收个性化对接政策。在信贷政策方面，住建部与农发行共同实施融资支持，中国城镇化促进会与国开金融公司共同提出了"市民农庄"模式的金融创新措施，都对特色小镇融资发挥了支持作用。

特色小镇建设需特别重视吸纳就业、承载人口的核心能力。建设特色小镇，需要紧紧抓住就业和产业这个关键因素。

建设特色小镇需要发挥市场对资源配置的决定性作用，充分发挥企业的主体性作用。2016 年年初，中国城镇化促进会提出，在国家发改委的指导下，联合中国企业联合会等企业家组织，共同推出"千企千镇融合工程"。不仅是企业，大学、医院、科研机构、智库、银行等都可以参加特色小镇建设。"千企千镇工程"已在国家发改委组织指导下正式启动。目前，已有近 300 个企业等组织和 200 多个小镇表示积极参加。

坚持产城融合。以城镇为基础，承载产业发展。要围绕面向大众、服务小微企业，鼓励有条件的小城镇通过校企合作、产研融合、产教融合，对接大城市创新资源，建设科技创新服务平台和资源信息共享平台，构建富有吸引力的创业创新生态圈，提高资本、技术、创业者、孵化器等发展要素资源聚合度，推动新技术、新产业、新业态加快成长。通过发展特色产业，提升特色小镇和小城镇的活力、竞争力和吸引力，集聚人口、安居乐业，实现可持续发展。

加大力度建设基础设施。重点是完善小城镇道路、供水、教育、医疗、商业等基本功能，实现污水垃圾处理设施全覆盖。近期将启动小城镇环境综合整治工程。大力推动政府和社会资本合作，引导社会资本参与。

政府需要注重为特色小镇建设提供高品质的环境。好环境是特色小镇发展的基本要素，包括工作生活环境如交通、住房等，生态环境包括绿化、干净的空气和水，法律环境包括重合同守信用，文化环境包括文化娱乐等，这是政府提供基础设施和公共服务的基本责任。

指导培育特色小镇和重点镇。制定特色小镇和重点镇标准并大力开展培育工作。要培育 1000 个特色小镇，引导各地将全国重点镇建设成为县域副中心。通过 5 年努力，建成一批富有活力和魅力的特色产业小镇、旅游小镇、文化小镇、宜居小镇；通过改造更新一般小城镇，使大部分小城镇成为具有基本功能的生产生活服务中心。到 2020 年，努力实现小城镇承载能力有较大幅度提高，居住人口有较大幅度提高，镇容镇貌有较大幅度提升。

三、以企业为主导的模式正在形成

特色小镇建设中，浙江省提出的"政府引导、企业主体、市场化运作"模式已经成为共识。探索企业主导的市场化特色小镇建设运行机制，也正在成为普遍的做法，开局之年也表现出了朝这个方向发展的大致趋势。

1. 以企业为主导的规划和建设

企业发挥主导作用，践行产城融合发展理念，以特色小（城）镇空间为载体，积极邀请国内外城市发展规划、产业设计和空间规划专家，勾画特色小（城）镇产业和产业园发展蓝图；以打造产业集群发展生态系统为目标，引入龙头企业落地，创新手段，打造科技、人才、金融等服务平台，支持产业落地发展与结构优化；直接进行策划、投资、建设和运营，注重形成多种经营方式和固定的商业模式；注重提升特色小（城）镇生活品质，形成功能齐全、服务齐备的城市核心，带动区域经济转型发展。

【专栏 2-1】

中青旅加入乌镇

中青旅控股股份有限公司在 2007 年初以 3.55 亿元收购乌镇景区 60% 股份，获得乌镇东栅、西栅的独家经营权以及南栅、北栅的优先开发权，注资乌镇旅游公司。自中青旅 2006 年底控股乌镇以来，乌镇的游客人数和收入实现快速增长，2006 年乌镇的游客人数为 159 万人，收入为 0.88 亿元；2014 年，乌镇的游客数量为 692.2 万人，景区收入为 9.67

亿元；2015 年，乌镇游客接待量超过 795 万人，同比增长 14.84%，营业收入 11.35 亿元，同比增长 17.38%，净利润 4.05 亿元，同比增长 30.12%。2016 年上半年，乌镇的游客数量为 477.85 万人次，景区收入为 7.04 亿元。而在毛利率方面，乌镇的毛利率远高于中青旅旗下的旅行社、会展等传统旅游业务。在这个过程中，乌镇文化在传统形态和现代内容之间形成富有活力的创新，找到了乌镇的"文化之魂"。中青旅也形成了以旅行社业务为主体，景区运营和酒店管理为两翼，并辅以房地产销售、IT 等策略投资的业务结构，成为我国旅游行业综合旅游龙头企业。乌镇旅游已经成为国内一流旅游品牌。2014 年 11 月 21日，乌镇成为世界互联网大会永久会址，这一天改变了乌镇的命运，"互联网＋"的概念一跃而起，互联网基因被全面激发。从 1999 年乌镇正式启动古镇保护和旅游开发起，短短十几年先后打造出东栅景区和西栅景区，并以其独特的"乌镇模式"为业界所认可。

2016 年底，乌镇旅游与景耀咨询成立合资公司——乌镇景区管理有限公司。该公司注册资本为人民币 800 万元，其中乌镇旅游出资 392万元，持股 49%，景耀咨询出资 408 万元，持股 51%。乌镇旅游拟与乌镇管理公司（筹）签署乌镇景区管理服务协议，委托乌镇管理公司对乌镇景区提供管理服务。由此，乌镇旅游成为乌镇管理公司的第一个客户。该协议规定，委托管理服务的有效期为三年，如双方没有异议，可续签下一个三年期管理服务协议，原则上可以累计至 15 年。而在费用方面，管理服务费由年度基本管理费和业绩提成奖励组成，体现了企业作为主体的成功运作模式。

浙江省乌镇水乡（来源：高品图像）

浙江省乌镇水乡（来源：©IMAGEMORE CO., LTD.）

2. "千企千镇工程"搭建美丽特色小（城）镇大平台

2016年12月12日，国家发展和改革委员会、国家开发银行、中国光大银行、中国企业联合会、中国企业家协会、中国城镇化促进会等六部门，联合发布《关于实施"千企千镇工程"推进美丽特色小（城）镇建设的通知》，共同组织实施美丽特色小（城）镇建设"千企千镇工程"。"千企千镇工程"是根据"政府引导、企业主体、市场化运作"的新型小（城）镇创建模式，搭建小（城）镇与企业主体有效对接平台，引导社会资本参与美丽特色小（城）镇建设，促进镇企融合发展、共同成长。本着创新、协调、绿色、开放、共享的发展理念，按照党中央、国务院关于推进新型城镇化的部署要求，深入推进供给侧结构性改革，以企业等社会资本和特色小（城）镇融合协同发展为方向，以建设美丽特色小（城）镇和实现产业转型升级为目标，因地制宜、突出特色，努力探索形成政府引导、市场主导、多元主体参与的特色小（城）镇建设运营机制，长期致力于建成1000个左右特色鲜明、产城融合、惠及群众的新型美丽特色小（城）镇。"千企千镇工程"的主要内容有五点：一是聚焦重点领域，围绕产业发展和城镇功能提升两个重点，培育壮大休闲旅游、商贸物流、信息产业、智能制造、科技教育、民俗文化传承等特色主导优势产业；二是建立信息服务平台，包括"千企千镇服务网"和企业产业转型数据库、全国特色小（城）镇数据库；三是搭建镇企合作平台，定期举办"中国特色小（城）镇发展论坛"；四是镇企结合树品牌；五是推广典型经验。

"千企千镇工程"的改革创新是实施创建制度，这项制度充分发挥政企银社联动的制度创新优势，鼓励广大企业和特色小镇主动积极参加千企千镇工程，并引导企业和政府加强自我约束，提高政府加强事中、事后的监管和跟踪服务。这项制度全流程包括六个环节，即"自愿申报—培育—创建—验收命名—跟踪评估—年度公布"。每年1月份，六家主办单位共同举办"新型城镇化论坛"，邀请主流媒体参加，联合公布《千企千镇工程年度报告》。

自 2015 年 3 月初提出"千企千镇"倡议以来，已有 270 多家企业和 350 多个小城镇提出了镇企合作需求，经多方撮合，已促成 20 多对企业和小城镇建立镇企合作关系。2017 年 1 月 8 日的启动仪式现场，中信集团华晟基金与宁波余姚市人民政府、上海市金山区人民政府，中船集团九院与常熟市梅里镇人民政府，国开东方城镇发展投资有限公司与北京市房山区人民政府，华夏幸福基业股份有限公司与安徽合肥市肥东县人民政府，北京首创股份有限公司与江苏省扬中市扬中经济开发区管委会等单位签订了镇企合作协议。

【专栏 2-2】
"千企千镇"工程撮合中粮可口可乐公司落户河北五百户镇

2015 年中国城镇化促进会撮合中粮集团可口可乐公司落户河北省香河县五百户镇，是中粮可口可乐饮料有限公司在我省投资建设的第二家工厂。该项目计划投资 3.5 亿元人民币，由中粮可口可乐饮料有限公司和天津渤海轻工投资集团共同投资建设，项目选址香河县京东环保产业园。项目规划包括饮用水、桶装水、汽水饮料、非汽水饮料等 9 条生产线，计划 2017 年初建成投产。

第三章　特色小（城）镇建设行动

　　浙江省原省长、现任中共江苏省委书记李强 2014 年 10 月在杭州西湖云栖小镇举行的首场阿里云开发者大会上首次提出"特色小镇"的概念，之后浙江省的研究机构对特色小镇开始了集中研究；2015 年 1 月，"加快规划建设一批特色小镇"被列入浙江省政府 2015 年重点工作，并成为 2015 年 1 月浙江省十二届人大三次会议通过的《政府工作报告》中的一个关键词；同年 4 月 22 日浙江省政府公布的《关于加快特色小镇规划建设的指导意见》明确了特色小镇的定位和要求，将 100 个特色小镇建设作为推动全省经济转型升级和城乡统筹发展，贯彻国家新型城镇化和产城融合发展战略做出的重大决策。2016 年 6 月 1 日，浙江省公布第一批列入省级创建名单的 37 个特色小镇，6 月 24 日浙江省特色小镇规划建设工作现场推进会召开，标志着浙江省特色小镇正式步入实施阶段，浙江省继而成为我国首个发起和实施特色小镇建设的省份。以此为开端，各地纷纷开始建设特色小镇。

一、国家层面的行动

　　2015 年底，中共中央总书记、国家主席习近平对特色小镇、小城镇建设做出重要批示："从浙江和其他一些地方的探索实践看，抓特色小镇、小城镇建设大有可为，对经济转型升级、新型城镇化建设，都具有重要意义。"国务院总理李克强和副总理张高丽也先后对特色小镇和小城镇建设做出重要批示，要求各地学习浙江经验，重视特色小镇和小城镇的建设发展，着眼供给侧培育小镇经济，走出新型的小城镇之路。这标志着特色小镇建设成为国家战略。

1. 各职能部门的行动

2016 年 5 月 6 日，《国务院关于深入推进新型城镇化建设的若干意见》要求加快特色镇发展，因地制宜、突出特色、创新机制，充分发挥市场主体作用，推动小城镇发展与疏解大城市中心城区功能相结合、与特色产业发展相结合、与服务"三农"相结合；发展具有特色优势的休闲旅游、商贸物流、信息产业、先进制造、民俗文化传承、科技教育等魅力小镇。10 月 13 日，中央财经领导小组办公室、国家发展改革委、住房和城乡建设部在浙江杭州召开特色小（城）镇建设经验交流会，住房和城乡建设部同期公布北京市房山区长沟镇等 127 个镇为第一批中国特色小镇。

（1）以国家发改委等部门为主的行动。

2016 年 2 月 25 日，国家发改委于就新型城镇化与特色小镇有关情况举行发布会，介绍浙江省特色小镇建设的经验。之后各相关职能部门纷纷推出特色小镇建设行动。国家发改委 2016 年 3 月 17 日发布的《十三五规划纲要》提出，加快发展中小城市和特色镇，因地制宜发展特色鲜明、产城融合、充满魅力的小城镇；10 月 8 日，国家发展改革委发布《关于加快美丽特色小（城）镇建设的指导意见》（发改规划〔2016〕2125 号）（以下简称《指导意见》），第一次明确了特色小（城）镇包括特色小镇和小城镇两种形态，提出了五条总体要求：坚持创新探索、坚持因地制宜、坚持产业建镇、坚持以人为本和坚持市场主导，同时提出了九条具体措施：分类施策，探索城镇发展新路径；突出特色，打造产业发展新平台；创业创新，培育经济发展新动能；完善功能，强化基础设施新支撑；提升质量，增加公共服务新供给；绿色引领，建设美丽宜居新城镇；主体多元，打造共建共享新模式；城乡联动，拓展要素配置新通道；创新机制，激发城镇发展新活力。

2016 年 12 月 12 日，为了深入贯彻《指导意见》，国家发改委、国家开发银行、中国光大银行、中国企业联合会、中国企业家协会、中国城镇化促进会联合发布《关于实施"千企千镇工程"推进美丽特色小（城）镇建设的通知》，开启了政企银社联合推进特色小（城）镇建设的新探索。2017 年 1 月 13 日，国家发改委与国家开发银行联合发布《关于开发性金融支持特色小（城）镇建设促进脱贫攻坚的意见》（发改规划〔2017〕102 号），提出"在贫困地区推进特色小（城）镇建设，有利于为特色产业脱贫搭建平台，为转移就业脱贫拓展空间，为易地扶贫搬迁脱贫提供载体"。具体提出了七项任务：一是加强规划引导；二是支持发展特色产业；三是补齐特色小（城）镇发展短板；四是积极开展试点示范；五是加大金融支持力度；六是强化人才支撑；七是建立长效合作机制。

2017 年 1 月 13 日，国家发改委与国家开发银行联合发布《关于开发性金融支持特色小（城）镇建设促进脱贫攻坚的意见》（发改规划〔2017〕102 号），提出"在贫困地区推进特色小（城）镇建设，有利于为特色产业脱贫搭建平台，为转移就业脱贫拓展空间，为易地扶贫搬迁脱贫提供载体"。具体提出了七项任务：一是加强规划引导；二是支持发展特色产业；三是补齐特色小（城）镇发展短板；四是积极开展试点示范；五是加大金融支持力度；六是强化人才支撑；七是建立长效合作机制。

（2）以住建部等部门为主的行动。

2016 年 7 月 1 日，住房和城乡建设部、国家发展改革委和财政部联合发出《关于开展特色小（城）镇培育工作的通知》（建村〔2016〕147 号）提出，到 2020 年培育 1000 个左右各具特色、富有活力的休闲旅游、商贸物流、现代制造、教育科技、传统文化、美丽宜居等特色小镇，引领带动全国小城镇建设，不断提高建设水平和发展质量。2016 年 8 月 3 日，住房和城乡建设部村镇建设司发出《关于做好 2016 年特色小镇推荐工作的通知》（建村建函〔2016〕71 号），下达各省特色小镇推荐名额。同年 10 月 10 日，住房和城乡建设部和中国农业发展银行联合发布《关于推进政策性金融支持小城镇建设的通知》，明确指出：要充分发挥政策性金融的作用，支持以转移农业人口、提升小城镇公共服务水平和提高承载能力为目的的基础设施和公共服务设施建设；支持为促进小城镇特色产业发展提供平台支撑的配套设施建设；优先支持贫困地区的小城镇建设，统筹调配信贷规模，保障融资需求。

2017 年 1 月 24 日，住房和城乡建设部与国家开发银行发布《关于推进开发性金融支持小城镇建设的通知》（建村〔2017〕27 号），提出四个工作目标：一是优先支持《住房和城乡建设部关于公布第一批中国特色小镇名单的通知》（建村〔2016〕221 号）确定的 127 个特色小镇；二是落实《住房和城乡建设部等部门关于公布全国重点镇名单的通知》（建村〔2014〕107 号），大力支持 3675 个重点镇建设；三是着力推进大别山等集中连片贫困地区的脱贫攻坚，优先支持贫困地区基本人居卫生条件改善和建档立卡贫困户的危房改造；四是探索创新小城镇建设运营及投融资模式，充分发挥市场主体作用，打造一批具有示范意义的小城镇建设项目。提出三项重点支持内容：一是支持以农村人口就地城镇化、提升小城镇公共服务水平和提高承载能力为目的的设施建设；二是支持促进小城镇产业发展的配套设施建设；三是支持促进小城镇宜居环境塑造和传统文化传承的工程建设。提出建立项目储备库，建立工作协调机制，即住房和城乡建设部和国家开发银行签署《共同推进小城镇建设战略合作框架协议》，建立部行工作会商制度；省级住房和城乡建设部门、国家开发银行省级分行要参照部行合作模式建立工作协调机制，加强沟通、密切合作，及时共享小城镇建设信息，协调解决项目融资、建设中存在的问题和困难；及时将各地项目进展情况、存在问题及有关建议，分别报住房和城乡建设部以及国家开发银行总行。

2. 建设成果

明确了特色小镇发展目标。三部委联合发出的《关于开展特色小城镇培育工作的通知》提出，牢固树立和贯彻落实五大发展理念，因地制宜、突出特色，充分发挥市场主体作用，创新建设理念，转变发展方式，通过培育特色小镇，探索小镇建设健康发展之路，促进经济转型升级，推动新型城镇化和新农村建设。到 2020 年，培育 1000 个左右各具特色、富有活力的休闲旅游、商贸物流、现代制造、教育科技、传统文化、美丽宜居等特色小镇，引领带动全国小城镇建设，不断提高建设水平和发展质量。

评选出第一批中国特色小镇。2016 年 10 月 14 日，住房和城乡建设部《关于公布第一批中国特色小镇名单的通知》（建村〔2016〕221 号）提出，在各地推荐的基础上，经过专家复核，会签国家发展改革委、财政部，认定了全国首批 127 个特色小镇（见表 3-1）。这批特色小镇成为了特色小镇建设的标杆和建设的热点。

表 3-1　第一批中国特色小镇名单（127 个）

省份及个数	特色小镇名单
北京市（3 个）	房山区长沟镇、昌平区小汤山镇、密云区古北口镇
天津市（2 个）	武清区崔黄口镇、滨海新区中塘镇
河北省（4 个）	秦皇岛市卢龙县石门镇、邢台市隆尧县莲子镇、保定市高阳县庞口镇、衡水市武强县周窝镇
山西省（3 个）	晋城市阳城县润城镇、晋中市昔阳县大寨镇、吕梁市汾阳市杏花村镇
内蒙古自治区（3 个）	赤峰市宁城县八里罕镇、通辽市科尔沁左翼中旗舍伯吐镇、呼伦贝尔市额尔古纳市莫尔道嘎镇

省份及个数	特色小镇名单
辽宁省（4个）	大连市瓦房店市谢屯镇、丹东市东港市孤山镇、辽阳市弓长岭区汤河镇、盘锦市大洼区赵圈河镇
吉林省（3个）	辽源市东辽县辽河源镇、通化市辉南县金川镇、延边朝鲜族自治州龙井市东盛涌镇
黑龙江省（3个）	齐齐哈尔市甘南县兴十四镇、牡丹江市宁安市渤海镇、大兴安岭地区漠河县北极镇
上海市（3个）	金山区枫泾镇、松江区车墩镇、青浦区朱家角镇
江苏省（7个）	南京市高淳区桠溪镇、无锡市宜兴市丁蜀镇、徐州市邳州市碾庄镇、苏州市吴中区甪直镇、苏州市吴江区震泽镇、盐城市东台市安丰镇、泰州市姜堰区溱潼镇
浙江省（8个）	杭州市桐庐县分水镇、温州市乐清市柳市镇、嘉兴市桐乡市濮院镇、湖州市德清县莫干山镇、绍兴市诸暨市大唐镇、金华市东阳市横店镇、丽水市莲都区大港头镇、丽水市龙泉市上垟镇
安徽省（5个）	铜陵市郊区大通镇、安庆市岳西县温泉镇、黄山市黟县宏村镇、六安市裕安区独山镇、宣城市旌德县白地镇
福建省（5个）	福州市永泰县嵩口镇、厦门市同安区汀溪镇、泉州市安溪县湖头镇、南平市邵武市和平镇、龙岩市上杭县古田镇
江西省（4个）	南昌市进贤县文港镇、鹰潭市龙虎山风景名胜区上清镇、宜春市明月山温泉风景名胜区温汤镇、上饶市婺源县江湾镇
山东省（7个）	青岛市胶州市李哥庄镇、淄博市淄川区昆仑镇、烟台市蓬莱市刘家沟镇、潍坊市寿光市羊口镇、泰安市新泰市西张庄镇、威海市经济技术开发区崮山镇、临沂市费县探沂镇
河南省（4个）	焦作市温县赵堡镇、许昌市禹州市神垕镇、南阳市西峡县太平镇、驻马店市确山县竹沟镇

省份及个数	特色小镇名单
湖北省（5个）	宜昌市夷陵区龙泉镇、襄阳市枣阳市吴店镇、荆门市东宝区漳河镇、黄冈市红安县七里坪镇、随州市随县长岗镇
湖南省（5个）	长沙市浏阳市大瑶镇、邵阳市邵东县廉桥镇、郴州市汝城县热水镇、娄底市双峰县荷叶镇、湘西土家族苗族自治州花垣县边城镇
广东省（6个）	佛山市顺德区北滘镇、江门市开平市赤坎镇、肇庆市高要区回龙镇、梅州市梅县区雁洋镇、河源市江东新区古竹镇、中山市古镇镇
广西壮族自治区（4个）	柳州市鹿寨县中渡镇、桂林市恭城瑶族自治县莲花镇、北海市铁山港区南康镇、贺州市八步区贺街镇
海南省（2个）	海口市云龙镇、琼海市潭门镇
重庆市（4个）	万州区武陵镇、涪陵区蔺市镇、黔江区濯水镇、潼南区双江镇
四川省（7个）	成都市郫县德源镇、成都市大邑县安仁镇、攀枝花市盐边县红格镇、泸州市纳溪区大渡口镇、南充市西充县多扶镇、宜宾市翠屏区李庄镇、达州市宣汉县南坝镇
贵州省（5个）	贵阳市花溪区青岩镇、六盘水市六枝特区郎岱镇、遵义市仁怀市茅台镇、安顺市西秀区旧州镇、黔东南州雷山县西江镇
云南省（3个）	红河州建水县西庄镇、大理州大理市喜洲镇、德宏州瑞丽市畹町镇
西藏自治区（2个）	拉萨市尼木县吞巴乡、山南市扎囊县桑耶镇
陕西省（5个）	西安市蓝田县汤峪镇、铜川市耀州区照金镇、宝鸡市眉县汤峪镇、汉中市宁强县青木川镇、杨陵区五泉镇
甘肃省（3个）	兰州市榆中县青城镇、武威市凉州区清源镇、临夏州和政县松鸣镇

省份及个数	特色小镇名单
青海省（2个）	海东市化隆回族自治县群科镇、海西蒙古族藏族自治州乌兰县茶卡镇
宁夏回族自治区（2个）	银川市西夏区镇北堡镇、固原市泾源县泾河源镇
新疆维吾尔自治区（3个）	喀什地区巴楚县色力布亚镇、塔城地区沙湾县乌兰乌苏镇、阿勒泰地区富蕴县可可托海镇
新疆建设兵团（1个）	第八师石河子市北泉镇

三、地方层面的建设行动

在 2016 年之前，黑龙江、云南、贵州、陕西、海南、西藏等地就按照风情小镇、示范小镇等方向开始了特色小（城）镇的建设行动。2016 年在三部委发文之前，已有贵州、福建和重庆出台特色小（城）镇指导意见。三部委发文之后，又有甘肃、安徽、辽宁、河北、山东、天津、内蒙古自治区等省、直辖市和自治区出台特色小（城）镇政策文件，在过去本省小城镇建设的基础上推出特色小（城）镇的升级版。其中福建、河北、山东基本上采用了浙江模式，其他省则采取了各具特色的模式，以财税、用地和资金支持作为政策工具，各地支持特色小（城）镇建设的政策纷纷出台。

1. 政策支持

在财税政策方面，浙江省规定，特色小镇新增财政收入上缴省财政部分，前 3 年全额返还、后 2 年返还一半给当地财政；内蒙古鼓励并引入各类资本投资特色小（城）城镇设施建设，投资者享受自治区现行的有关优惠政策；福建省 2016—2018 年新发行企业债券用于特色小镇公用设施项目建设的，按债券当年发行规模给予发债企业 1% 的贴息，贴息资金由省级财政和项目所在地财政

密云古北口水镇（来源：高品图像）

密云古北口水镇夜景（来源：高品图像）

各承担 50%，省级财政分担部分由省发改委、财政厅各承担 50%。完成特色小镇规划设计，省级财政采取以奖代补的方式给予 50 万元补助。甘肃省财政通过整合部门资金支持特色小镇建设，同时采用"以奖代补"，补助特色小镇建设用地的租赁收入以及特色小镇基础设施配套费用。

在用地政策方面，浙江省规定将特色小镇建设用地纳入城镇建设用地扩展边界内，省里按实际使用指标的 50% 给予配套奖励，其中信息经济、环保、高端装备制造等产业类特色小镇按 60% 给予配套奖励。内蒙古自治区规定，旗县（市、区）每年的非农建设用地计划中，优先安排用地指标，支持特色小镇建设。海南省规定特色小镇规划经审批后，项目建设用地纳入市县"多规合一"中予以保障，着眼盘活存量建设用地，优先保障特色小镇建设用地，省国土厅牵头提出保障办法及奖惩措施，报省特色产业小镇产业发展和建设工作联席会议审定。重庆市按照规划、建设时序，市级专项下达特色小镇建设用地计划指标；综合运用增减挂钩周转指标、地票等政策，充分保障特色小镇建设；支持有条件的小镇试点开展农村土地、林地承包经营权、农村宅基地使用权、集体收益分配权自愿退出机制探索，盘活农村土地资源。甘肃省加强特色小镇建设用地保障，要求各地市结合土地利用总体规划调整特色小镇建设用地指标，加大特色小镇土地节约集约利用水平，把特色小镇的用地纳入城镇建设用地指标范围，加快农村土地流转力度，探索农村宅基地自愿有偿退出机制，突出保障特色小镇建设用地指标。

在资金支持方面，河北省市县美丽乡村建设融资平台对相关特色小镇的美丽乡村建设予以倾斜支持，对中心村建设示范县（市、区），再增加 100 万元奖补资金，专门用于特色小镇建设；内蒙古自治区拓宽小城镇建设投融资渠道，在镇规划区内建设项目缴交的基础设施配套费，要全额返还小城镇；海南省《海南省人民政府关于印发全省百个特色产业小镇建设工作方案的通知》（琼府〔2015〕88 号）规定：设立产业小镇产业发展引导基金，重点用于产业小镇的产业培育；

各方面财政专项资金（基金）在符合投向前提下，要向产业小镇建设项目倾斜；陕西省重点示范镇每年省财政支持 1000 万元，文化旅游名镇每年支持 500 万元；西藏自治区财政安排 10 亿元特色小城镇示范点建设启动资金，充分发挥援藏资金在小城镇建设中的重要作用。同时，广泛吸纳社会资金和民间资本支持特色小城镇示范点建设。

2. 省级特色小镇认定

到 2016 年底，共有 29 个省市自治区发布了推动特色小（城）镇建设的文件或部署了具体实施工作，提出拟建设的各省级特色小（城）镇共有 1680 家之多，其中明确落实到各地市区县镇的有 783 家，有明确名称的 391 个（见表 3-2），有具体建设和扶持对象的超过了三分之二。其中拟建设省级特色小（城）镇超过 100 个的有江苏、浙江、山东、广西壮族自治区、四川、贵州、云南、陕西等；具体到扶持重点建设对象超过 50 个的有河北、黑龙江、浙江、山东海南、重庆和云南等。

表 3-2　拟建设的各省级特色小镇名单

省份及个数	特色小镇名单
北京市 （42 个）	斋堂镇、潭柘寺镇、军庄镇、韩村河镇、窦店镇、琉璃河镇、长沟镇、河北镇、潞县镇、台湖镇、西集镇、永乐店镇、高丽营镇、杨镇、赵全营镇、李遂镇、采育镇、庞各庄镇、安定镇、榆垡镇、魏善庄镇、小汤山镇、阳坊镇、南口镇、北七家镇、十三陵镇、金海湖镇、峪口镇、马坊镇、桥梓镇、怀北镇、汤河口镇、溪翁庄镇、太师屯镇、西田各庄镇、古北口镇、巨各庄镇、穆家峪镇、康庄镇、永宁镇、八达岭镇、旧县镇
天津市 （8 个）	华明职能智造小镇、八里台智慧实力小镇、中北运河商务小镇、崔黄口电商小镇、中塘汽车橡塑小镇、茶淀葡香小镇、葛沽民俗文化小镇、杨柳青文化旅游小镇

省份及个数	特色小镇名单
河北省 （100 个）	井陉县天长镇、元氏县殷村镇、灵寿县慈峪镇、无极县张段固镇、赵县南柏舍镇、晋州市总十庄镇、正定县新城铺镇、赞皇县院头镇、平山县西柏坡镇、行唐县口头镇、鹿泉区铜冶镇、栾城区冶河镇、藁城区岗上镇、承德县六沟镇、滦平县巴克什营镇、兴隆县半壁山镇、平泉县卧龙镇、隆化县郭家屯镇、宽城满族自治县汤道河镇、丰宁满族自治县凤山镇、围场满族蒙古族自治县四合永镇、怀安县左卫镇、涿鹿县河东镇、张北县小二台镇、阳原县化稍营镇、蔚县西合营镇、卢龙县石门镇、昌黎县靖安镇、青龙满族自治县祖山镇、遵化市马兰峪镇、迁安市沙河驿镇、玉田县鸦鸿桥镇、迁西县三屯营镇、乐亭县闫各庄镇、滦南县胡各庄镇、滦县榛子镇、开平区双桥镇、丰南区黄各庄镇、丰润区沙流河镇、香河县安平镇、霸州市胜芳镇、大城县南赵扶镇、文安县左各庄镇、涿州市松林店镇、高碑店市方官镇、定兴县固城镇、蠡县留史镇、涞水县三坡镇、曲阳县灵山镇、高阳县庞口镇、涞源县白石山镇、安新县三台镇、清苑区大庄镇、沧县兴济镇、青县马厂镇、东光县连镇镇、肃宁县尚村镇、南皮县乌马营镇、吴桥县铁城镇、海兴县辛集镇、献县淮镇镇、孟村回族自治县辛店镇、任丘市鄚州镇、河间市米各庄镇、黄骅市吕桥镇、深州市前磨头镇、武邑县清凉店镇、冀州区南午村镇、饶阳县大尹村镇、景县龙华镇、枣强县大营镇、武强县周家窝镇、阜城县霞口镇、故城县武官寨镇、沙河市白塔镇、任县邢家湾镇、南宫市段芦头镇、巨鹿县官亭镇、临西县河西镇、宁晋县大陆村镇、内丘县大孟村镇、临城县西竖镇、清河县王官庄镇、隆尧县莲子镇镇、南和县郝桥镇、平乡县河古庙、峰峰矿区和村镇、广平县南阳堡镇、魏县双井镇、磁县光禄镇、肥乡县天台山镇、大名县万堤镇、馆陶县魏僧寨镇、曲周县河南疃镇、永年县大北汪镇、邱县邱城镇、涉县井店镇、李亲顾镇、清风店镇、南智丘镇
安徽省 （20 个）	肥西县三河镇、罍街文创小镇、庐江县汤池镇、杜集区朔里镇、谯城区十八里镇、灵璧县渔沟镇、怀远县万福镇、界首市光武镇、毛集实验区毛集镇、天长市铜城镇、裕安区独山镇、霍山县石斛小镇、当涂县黄池镇、繁昌县孙村镇、旌德县白地镇、宁国市港口镇、青阳县陵阳镇、岳西县温泉镇、黟县宏村镇、休宁县齐云山镇

省份及个数	特色小镇名单
山东省 （60个）	垦利区黄河口滨海旅游小镇、利津县陈庄荻花小镇、牟平区龙泉养生小镇、招远市辛庄高端装备制造小镇、海阳市辛安海织小镇、栖霞市桃村新能源小镇、莱阳市姜疃生态旅游小镇、青州市黄楼文化艺术小镇、昌乐县方山蓝宝石小镇、临朐县九山薰衣草小镇、诸城市昌城健康食品小镇、坊子区坊城1898坊茨小镇、曲阜市尼山圣地小镇、金乡县鱼山蒜都小镇、微山县欢城光伏小镇、梁山县马营旅游休闲小镇、徂徕山汶河景区汶水小镇、岱岳区大汶口水上石头古镇、新泰市羊流智能起重小镇、东平县老湖水浒影视小镇、环翠区温泉风情小镇、文登区大溪谷文化创意小镇、荣成市人和靖海渔港小镇、乳山市海阳所滨海养生小镇、东港区后村航空小镇、五莲县潮河白鹭湾艺游小镇、雪野旅游区养生休闲度假小镇、罗庄区褚墩静脉小镇、平邑县地方罐头小镇、兰陵县兰陵美酒小镇、蒙山旅游区云蒙氧吧休闲小镇、费县上冶循环产业小镇、临邑县德平孝德康养古镇、庆云县尚堂石斛小镇、乐陵市杨安调味品小镇、临清市烟店轴承商贸小镇、茌平县博平颐养休闲小镇、阳谷县石佛宜居铜谷小镇、滨城区三河湖教育小镇、沾化区冯家渔民文化小镇、阳信县水落坡古典家具小镇、平阴县玫瑰小镇、济阳县崔寨智慧物流小镇、历城区西营生态旅游小镇、长清区马山慢城小镇、城阳区棘洪滩动车小镇、胶州市胶莱高端制造业小镇、即墨市蓝村跨境电商小镇、平度市大泽山葡萄旅游古镇、莱西市店埠航空文化小镇、淄川区双杨建筑陶瓷小镇、周村区王村焦宝石小镇、临淄区朱台艺居产业小镇、桓台县起凤马踏湖生态旅游小镇、山亭区徐庄休闲慢游小镇、滕州市滨湖微山湖湿地古镇、峄城区古邵港航物流小镇、定陶区杜堂汽车小镇、曹县大集E裳小镇、郓城县郓州水浒旅游小镇
广东省 （23个）	知识小镇、宜居健康小镇、文化特色小镇、旅游休闲慢行小镇、红木小镇、基金小镇、航空小镇、健康小镇、电商小镇、花东绿色金融小镇、梯面生态旅游小镇、秀全珠宝小镇、狮岭时尚产业小镇、健康小镇、新塘基金小镇、朱村科教小镇、增江街1978文化创意小镇、童话小镇、"互联网+"生态旅游小镇、徒步休闲小镇、温泉浪漫小镇、风情小镇、桃花小镇

省份及个数	特色小镇名单
海南省 （100个）	演丰红树林国家湿地公园风情小镇、云龙工贸服务小镇、三门坡荔枝风情小镇、红旗花卉风情小镇、甲子猫眼互联网小镇、大坡胡椒风情小镇、旧州古韵风情小镇、新坡民俗文化旅游小镇、大致坡农贸物流小镇、石山互联网农业小镇、火山风情旅游小镇、亚龙湾玫瑰风情小镇、天涯兰花风情小镇、天涯小鱼温泉小镇、龙海创客小镇、海棠水稻公园小镇、青田黎苗族风情小镇、林旺旅游服务小镇、龙江手工创艺小镇、白马井古渔港风情小镇、兰洋温泉养生休闲小镇、木棠互联网创艺小镇、中和东坡文化风情小镇、光村雪茄风情小镇、王五现代物流小镇、南丰特色生态农业小镇、龙门富硒冷泉小镇、龙湖道家文化小镇、翰林富硒香米·红色旅游小镇、黄竹果园小镇、仙沟美食·物流小镇、乌坡南药养生风情小镇、枫木冬季瓜菜小镇、西昌特色养殖小镇、南坤（中坤）油茶小镇、坡心农业公园小镇、新兴旅游和健康养生小镇、大丰归侨文化小镇、福山咖啡文化小镇、老城生态软件园小镇、桥头琼台农业小镇、瑞溪农业公园小镇、文儒生态农牧业小镇、加乐沉香小镇、新盈渔家风情小镇、加来冬季瓜菜小镇、博厚乡村旅游花卉小镇、调楼渔业风情小镇、多文桑蚕小镇、昌化古城文化小镇、海尾湿地渔家小镇、八一军垦风情小镇、东郊椰林小镇、会文佛珠小镇、锦山渔牧特色小镇、航天龙楼小镇、铺前民国骑楼旅游小镇、潭牛文昌鸡美食小镇、会山黎苗风情小镇、万泉水乡风情小镇、大路农耕文化小镇、塔洋古邑风情小镇、中原南洋风情小镇、长坡椰韵风情小镇、潭门南海风情小镇、博鳌小镇、龙滚侨乡小镇、和乐龙舟渔家小镇、兴隆东南亚风情小镇、东澳燕窝小镇、毛阳红色田园风光小镇、水满雨林茶园风情小镇、大田乡村休闲游小镇、板桥国际文化小镇、新龙妈祖文化小镇、东河黎锦文化小镇、七叉木棉雨林小镇、十月田生态农业小镇、黄流商贸服务小镇、尖峰热带雨林小镇、九所养生度假小镇、千家农产品物流小镇、光坡休闲农业风情小镇、英州种业小镇、黎安海风小镇、邦溪农产品加工小镇、七坊养生度假温泉小镇、青松南药风情小镇、金波山水度假休闲小镇、白沙原生态茶园小镇、湾岭农贸物流小镇、长征乡村旅游小镇、上安温泉旅游小镇、黎母文化小镇、红毛奔格内旅游小镇、三道雨林黎苗小镇、新政旅游风情小镇、南田温泉度假小镇、南平温泉养生小镇、五指山黎苗文化小镇、南岛山地度假小镇

省份及个数	特色小镇名单
西藏自治区 （20个）	当雄县羊八井镇、墨竹工卡县甲玛乡、尼木县吞巴乡、桑珠孜区甲措雄乡、江孜县江孜镇、吉隆县吉隆镇、萨迦县吉定镇、错那县勒门巴民族乡、贡嘎县杰德秀镇、扎囊县桑耶镇、林芝县鲁朗镇、察隅县察瓦龙乡、工布江达县巴河镇、江达县岗托镇、八宿县然乌镇、安多县雁石坪镇、索县荣布镇、普兰县巴嘎乡、日土县多玛乡
甘肃省 （18个）	西固区河口黄河风情小镇、榆中县青城历史文化小镇、皋兰县什川梨园小镇、通渭县平襄书画小镇、临洮县洮阳马家窑洮砚小镇、陇西县首阳中药材小镇、康县阳坝生态度假小镇、成县西狭颂文化养生小镇、麦积区甘泉民俗风情小镇、和政县松鸣冰雪运动小镇、临泽县倪家营七彩丹霞小镇、崆峒区崆峒养生休闲小镇、肃州区酒泉玉文化小镇、景泰县黄河石林小镇、华池县南梁红色旅游小镇、夏河县拉卜楞民族风情小镇、金川区双湾香草小镇、凉州区清源葡萄酒小镇

因此，2016年是在全国层面上进行特色小（城）镇的开局之年，也是特色小（城）镇各项工作进入实质阶段的起始年，无论从评定指标上，还是工作流程上，甚至是工作规范方面，用新发展理念指导特色小（城）镇建设，规范和引导各地特色小（城）镇沿着正确的轨道前行，奠定了特色小（城）镇发展的基本框架。

第四章　特色小（城）镇发展现状与特点

一、发展现状

1. 类型及其分布

鉴于小镇特色产业、功能等方面的多样性，特色小（城）镇可以分为很多类型。我国的特色小（城）镇目前正处于起步期，根据经济特点可以分为旅游型、产业型以及其他类型。其中，旅游型又可以根据景点的资源范畴分为历史文化旅游型和自然风景旅游型；产业型则根据产业分工可以分为农产品产业型和制造业产业型，以及文化创意产业型。同时，也可以根据行业多样性特征，划分为旅游兼业型（包括旅游兼农业型、旅游兼制造业型和旅游兼文化创意产业型）和纯产业型。

首批特色小（城）镇于 2016 年 10 月公布，根据各镇已获得的各种称号、规划编制、产业、基础设施、用地、公共服务、文化传播、社会管理等指标，经过专家论证，评选出了 127 个，这些首批特色小镇成为特色小（城）镇建设的主要标志事件，引起了各界关注。根据各种类型特征，在首批 127 个特色小（城）镇中，属于纯旅游型的为 58 个，占总数的 45.67%；旅游和产业兼业型为 29 个，占总数的 22.83%，两者占总数的 69%；纯产业型的有 40 个，仅占 31%，产业型和旅游与产业兼业型共计 69 个，占总数的 54.33%（见图 4-1）。

2. 发展阶段分布

产城融合是特色小（城）镇的目标，也是城镇化质量的一个指征。尽管城

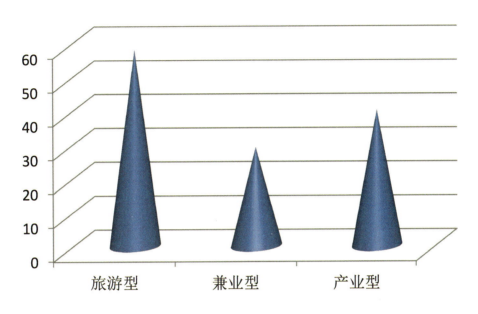

图 4-1　不同类型特色小（城）镇分布（个）

镇化有"外发型"和"内发型"两种方式，但健康的城镇化归根结底是由地区经济发展到一定程度而产生的。正是地方经济发展产生了特色小（城）镇发生的条件，以及对特色小（城）镇的需求，才使特色小（城）镇方兴未艾。"创新、协调、绿色、开放、共享"作为特色小（城）镇发展的五大理念，其最终目标是实现生态、生产和生活的"三生"融合，从而形成产业融合、功能融合的综合发展城镇。因此，根据其融合的程度，可以将特色小（城）镇划分为萌芽期、成长期、成熟期和衰退期。小镇的成长过程就是一个发现价值、创造价值和传递价值的过程；越向高级阶段，其融合价值越大。在目前阶段，主要以具有单一旅游功能或产业功能型特色小（城）镇为主，因其仅具有某种产业，尚不具备融合功能，故属于萌芽期；旅游与产业兼业型的，因将产业与旅游相结合，基本已经派生出为旅游服务的城市设施，并形成了以产业发展为基础的生产和生活服务，以及城市设施和公共服务，故属于成长期（见图 4-2）。

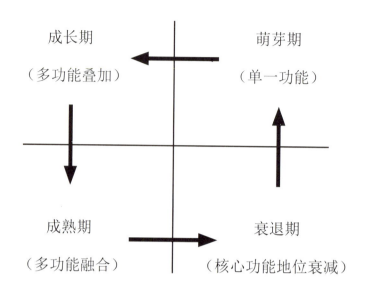

图 4-2 特色小（城）镇发展阶段及其功能特征

特色小（城）镇既是以往小城镇建设的延续，又是在创新发展理念下进行的新型城镇化试验，在新理念下开始的时间短，故大多数的发展阶段尚处在萌芽期。首批特色小（城）镇中，处于萌芽期的有 98 个，占总数的 77.17%；进入成长期的有 29 个，占总数的 12.83%；没有成熟期和衰退期的特色小（城）镇（见图 4-3）。

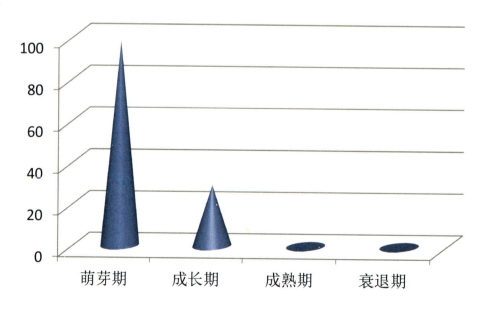

图 4-3 特色小（城）镇发展阶段分布（个）

3. 空间分布

基于地区发展基础和产业特色、景观特色、文化特色等的小镇建设是地方可持续发展的指征，也是各地区新型城镇化建设的综合成就。首批特色小镇以省级单位进行推荐申报，专家评定，体现了一定程度的地区平衡和不同地区的发展特点（见表4-1）。其中，东部地区有47个，中部地区有26个，西部地区有44个（包括新疆生产建设兵团），东北三省10个；每省平均有3—5个。一线大城市地区如北京、天津、上海都分别有2—3个，其余大部分分布在二、三线城市或一些小城镇地区。这127个特色小镇占全部建制镇的不到1%，特色小镇的发展仍有巨大的空间。目前，127个特色小镇覆盖超过25800平方千米，惠及超过600万的建制镇人口，有近2800个行政村参与到了特色小镇的建设过程当中。

表4-1 各地区首批特色小镇总量及其类型和发展阶段

地区	类型			成长阶段			
	旅游型	旅游兼业型	产业型	萌芽期	成长期	成熟期	衰退期
北京（3）	1	1	1	2	1	0	0
天津（2）	0	1	1	1	1	0	0
河北（4）	0	0	4	4	0	0	0
山西（3）	1	0	2	3	0	0	0
内蒙古自治区（3）	1	0	2	3	0	0	0
辽宁（4）	2	0	2	4	0	0	0
吉林（3）	0	1	2	2	1	0	0

地区	类型			成长阶段			
	旅游型	旅游兼业型	产业型	萌芽期	成长期	成熟期	衰退期
黑龙江（3）	2	1	0	2	1	0	0
上海（3）	2	1	0	2	1	0	0
浙江（8）	1	6	1	2	6	0	0
安徽（5）	4	1	0	4	1	0	0
福建（5）	4	1	0	4	1	0	0
江西（4）	3	1	0	3	1	0	0
山东（7）	0	0	7	7	0	0	0
河南（4）	2	2	0	2	2	0	0
湖北（5）	3	1	1	4	1	0	0
湖南（5）	3	0	2	5	0	0	0
广东（6）	2	4	0	2	4	0	0
广西（4）	2	1	1	3	1	0	0
海南（2）	1	0	1	2	0	0	0
重庆（4）	3	0	1	4	0	0	0
四川（7）	5	1	1	6	1	0	0
贵州（5）	2	1	2	4	1	0	0
云南（3）	2	0	1	3	0	0	0
西藏自治区（2）	2	0	0	2	0	0	0

地区	类型			成长阶段			
	旅游型	旅游兼业型	产业型	萌芽期	成长期	成熟期	衰退期
陕西（5）	3	1	1	4	1	0	0
甘肃（3）	2	0	1	3	0	0	0
宁夏回族自治区（2）	0	1	1	1	1	0	0
新疆维吾尔自治区（3）	0	1	2	2	1	0	0
新疆生产建设兵团（1）	0	0	1	1	0	0	0
合计	58	29	40	98	29	0	0

在首批特色小镇中，数量最多的浙江、江苏、山东、四川，分别有8个、7个和5个，主要集中在长江流域和东部沿海发达地区。其中，旅游型最多的分布在四川、安徽、福建等省，分别有5个和4个，这些地区在历史文化和自然风景资源方面有优势；产业型最多的是山东和河北，分别有7个和4个，属于农业和制造业较为发达地区；旅游和产业兼业型的主要分布在浙江、江苏和广东，分别有6个和4个，属于我国经济最发达的长三角和珠三角地区（见图4-4）。总体来看，在空间分布均衡框架下，向东部发达地区倾斜。

从成长阶段来看，萌芽期的特色小镇主要包括了纯旅游或纯产业型，主要分布在山东、四川、湖南等地，分别有7个、6个和5个；另外，河北、辽宁、安徽、福建、湖北、重庆、贵州和陕西等地也分别有4个（见图4-5），这些地区分别在产业或旅游方面有某种优势；成长期的特色小（城）镇主要是指小镇发展得较为全面，已具有了产业与旅游的融合功能，主要分布在浙江、江苏以及广东一带。

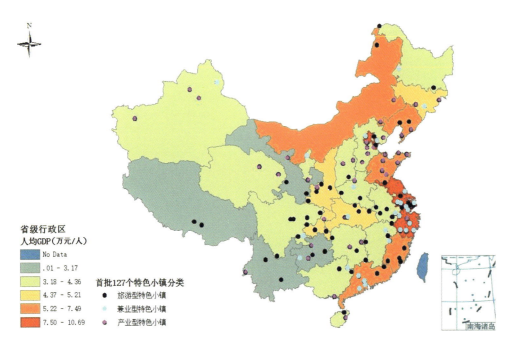

图 4-4　首批特色小（城）镇及其类型的空间分布

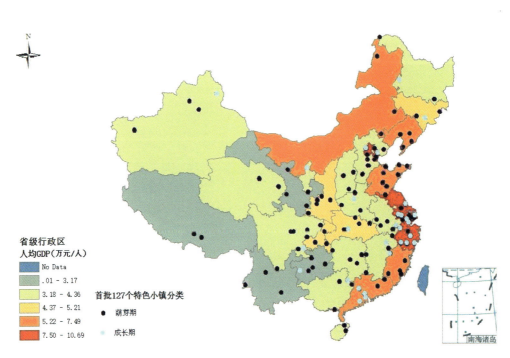

图 4-5　首批特色小镇成长阶段空间分布

二、特色小（城）镇发展特点

特色小（城）镇的核心内涵是在体现特色的同时，使地区经济不断向可持续和高级形态演化。因此，特色小（城）镇是基于地区发展特点而形成的经济和城镇化的高级形态。特色小（城）镇虽然历来已久，但是都没有将其作为一种特殊的地域类型来看待。在人类社会进入服务经济时代，不仅产业要高效率，还要环境优美，甚至更需要具有文化、创意和历史价值的城镇。特色小（城）镇作为满足这些需求的特殊城镇，受到人们的青睐。一般来说，在工业化中期很难有意识地形成特色小（城）镇。很多保留下来的特色小（城）镇，往往因为资源开发价值没有被发现或者没有能力开发而使资源得以保留；或者本地居民有很强的自我保护意识和保守的封闭意识，为了不让外界打扰其生活状态，采取了封闭式发展，使资源得以保留其特色。只有在进入工业化后期和服务经济时代，工业污染加剧和人民对物质消费的厌倦，并有条件、有能力追求精神消费，才从消费侧产生了对特色小（城）镇的需求。因而，这个阶段的特色小（城）镇成为生产者和消费者共同的愿望，而得以产生。

2016 年作为特色小（城）镇蓬勃发展的开局之年，各地、各部门、各政府和企业等积极行动，为特色小（城）镇在经济、产业和空间等方面奠定了发展的总体构架。

1. 特色小（城）镇分布体现了地区经济发展水平

地区经济发展是特色小（城）镇建设的基础。特色小（城）镇在工业化后期和服务经济时代出现，也是经济发达的标志。尽管从供给角度来看，各地区都可能产生特色小（城）镇，但从经济基础和需求角度出发，经济发达地区具有较为完善的城市基础设施和公共服务、多样性产业和完备的产业链；同时，经济发达后，人们对精神和文化的追求，导致消费者青睐宜居宜业。因此，特色小（城）镇往往与地区经济发展程度密切相关。

我国地区发展差异巨大，东部地区的大部分省份人均 GDP 已接近中高收入国家水平，特色小（城）镇作为大城市的功能区，不但承接大城市转移的人口和产业，还承担必要的研发和创新职能。中西部和边远地区的特色小（城）镇，多以某种自然资源或历史文化资源为特色，与周边乡村地区联系紧密，有很多就是乡村地区的中心城镇，往往属于资源型的旅游特色小（城）镇。

2016 年作为特色小（城）镇全面铺开的起步阶段，以浙江为典型的特色小镇建设以各自的方式在全国不同地区不断涌现。各地区政府还根据自身发展的需要，以规划、认定和商业开发等方式，建设各种特色小镇。比如长三角地区在原有各种产业园区基础上，转换规划、建设和管理方式，采用特色小镇的理念，将一部分工业园区按照特色小镇的模式整合和建设。企业家则以旅游和地产开发为契机，在各地选择合适的项目建设特色小镇，如 2016 年以"文旅小镇"为热点的开发，将旅游与地产开发，甚至养老等人文服务业乡结合，成为地产企业的转折点。到 2016 年底，除了住房和城乡建设部认定的首批 127 个特色小镇以外，还陆续出现了度假小镇、音乐小镇、农民粮画小镇等，与首批认定的特色小镇一起，大约共有近 300 个（见图 4-6），以东部和南部地区较多。这说明特色小（城）镇以经济为主，以文化和自然环境为依托的建设背景。

在新媒体出现的近 300 个特色小镇中，浙江省受到的关注度最高，特色小镇总数量共有 103 个，占总数的三分之一多；其次是江苏和山东等省。其中，首批认定的 127 个，尽管以东部发达地区较多，但仍以各省均衡分布为特点，平均每个省有 4 个，最多的是浙江省有 8 个，最少的也有 2 个（见图 4-7）。尤其需要指出的是，未被认定的特色小镇，以小镇在新媒体等渠道中流传的广度和知名度而获得；主要代表了市场对特色小镇在旅游价值、开发价值和特色产业等方面的认可，代表了非官方的力量，也代表着市场开发潜力。分布最多的在浙江、江苏和山东等地；同样反映了经济发达程度对特色小镇建设的密切

图 4-6 2016 年全国各种特色小镇分布

数据来源：包括住建部认定和未认定的，共 295 个。其中住建部认定的 127 个，未认定的 168 个，主要来源于新媒体等各种途径对特色小（城）镇的讨论和宣传材料。每个点代表一个镇，点分布为省内随机，每个省点的个数代表小镇的数量。同图 4-7。

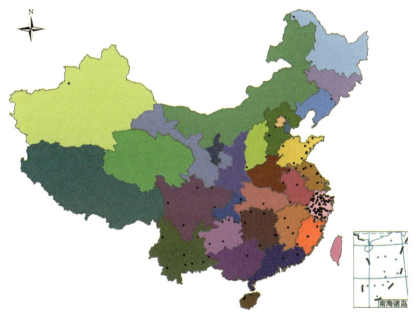

图 4-7 未列入首批认定名单的特色小镇分布

数据来源：新媒体等各种途径对特色小（城）镇的讨论和宣传材料。

关系。这说明，地区经济发展是特色小（城）镇建设的基本条件，尤其是县域经济发达的省份，特色产业也得到了快速成长。

2. 旅游型特色小（城）镇成为开局之年的最大亮点

一般来说，旅游业的发展可以分为三个阶段：人均 GDP 达到 1000 美元，主要是观光旅游，属于经济型，消费保守，旅游层次较低；人均 GDP 达到 2000 美元，开始向休闲旅游转化，旅游消费进入快速增长期；人均 GDP 达到 3000 美元，转向度假旅游，旅游消费与中收入阶层消费能力匹配；人均 GDP 达到 5000 美元，开始进入成熟的度假经济时期，旅游集娱乐、度假和体验为一体，向纵深发展。2015 年底，我国人均 GDP 超过 8000 美元，进入旅游业发展的高级阶段。旅游业不仅规模巨大、增长快，而且游客对旅游产品要求更高，尤其更注重旅游的地点、自然环境和人文环境、历史底蕴和文化内涵的体验式消费。旅游型特色小镇正是迎合了居民收入水平提高后的这种高层次旅游需求，针对成熟期的旅游业发展需求而开发、建设、服务和管理的体验型和综合型服务的城镇。

旅游特色小镇是基于地区的某种旅游价值而产生的，当然这种旅游价值也可以通过建设引导，创造出旅游资源，如影视基地和创意产业基地，从而通过旅游创造出地区价值。因此，地区的旅游价值就是旅游型特色小镇形成的基础。世界各地都有很多旅游小镇，但多数是随着城镇的发展自然形成的，如荷兰北部的羊角村，就是在村民们共同愿望下，所选择的生活方式，随着时间的流逝而一直保持下来的；法国南部的普罗旺斯，从诞生之日起，就谨慎地保守着她的秘密，直到英国人彼得·梅尔的到来，普罗旺斯许久以来独特生活风格的面纱才被渐渐揭开；德国的巴登小镇只是因为其卓越的建筑吸引了很多著名人物，由此而发展成一个集旅游、博彩和度假为一体的特色小镇；美国加州旧金山北部的索萨利托小镇，南欧的西班牙和意大利移民最先居住于此，他们将带来的地中海生活习俗不断演化，到目前为止，耀眼多姿的滨海区、步行街道、陡峻的小山环抱着的迷人的水畔船坞，都令人想起地中海小渔村，以及天然美景、多元化的艺术社区和举世闻名的艺术节等，同时还有许多旅游纪念品店、商店、画廊以及高端餐厅，形成了一个镶嵌于旧金山而又有别与美国文化的意大利风情小镇。这些小镇都有一个共同的特点，那就是不受外界干扰，保持自身独特性，按照它应该有的样子健康成长。

旅游小镇是指以开发当地具有旅游价值的自然或人文景观或在此基础上开展旅游服务的地区。根据小镇依托的旅游资源不同，在其内部又可分为自然风景旅游型和历史文化旅游型。在 2016 年 10 月公布的全国第一批 127 个特色小镇中，属于旅游型的有 87 个，其中单纯旅游型的为 58 个，旅游兼顾产业的仅为 31 个。在单纯旅游型的 58 个小镇中，以自然景观为特色的有 19 个，以历史文物古迹为特色的有 33 个，2 个以度假为主，2 个以文化影响力为特色，1 个以民俗为特征，1 个兼有休闲和娱乐（见图 4-8）。这些小镇的共同特征是地区具有深厚的历史积淀，自然环境较好。我国各地的历史文化资源均十分丰富，历史文化资源是旅游小镇最主要的发展条件，其中，古镇、民俗民族文化聚集区和特色文化是最主要的三种类型。在自然资源型中，以国家森林（地质、湿地）公园最为典型。产业兼业型的旅游特色小镇以娱乐性的创意产业为主要内容，

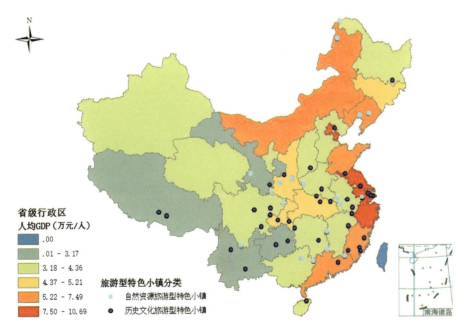

图 4-8　自然资源和历史文化旅游型特色小（城）镇空间分布

著名的四个影视城，即上海车墩影视基地、横店影视城、赤坎影视城和西部影视城是集旅游与文化产业为一体的典型特色小镇。

旅游特色小镇发展的方向是将旅游功能与产业功能相融合，旅游和产业兼业型作为旅游小镇的高级阶段说明，目前旅游小镇的知名度主要取决于现存的自然或历史文物价值，还缺少城市建设、经济发展、休闲生活等后续发展所形成的竞争力和区域品牌。旅游小镇只有在特色产业和产业集群基础上，通过逐渐完善基础设施和公共服务，且注重环境和文化建设，以及创造创新氛围，才能形成融合型特色小（城）镇。

3. 特色产业主要基于农业、制造业和创意产业发展水平

特色产业是特色小（城）镇的核心，而特色产业的发展是建立在地方产业基础上的。特色小（城）镇需要地方有特色资源、比较扎实的产业基础、一定的经营规模、生产技术、管理标准、深加工能力、市场拓展能力和一定的投资能力，才能打造特色产品。因此，以特色产业为核心的特色小（城）镇必须建立在地区产业发展水平之上。产业一般分为农业、制造业和服务业（包括金融、创意产业、文化等）。对于农产品的根植性来说，主要是基于该产品产地的地域特征而形成的品牌；对于工业品来说，则是生产配套能力和产业基础；对于第三产业来说，我国主要表现为创意产业等现代服务业集中而形成的特色小（城）镇，主要依赖于地区经济基础、当地居民的收入水平和消费习惯。

小镇的产业特色，主要是在某一个专业领域里具有独特竞争优势的情况下，企业通过与周边各种因素进行组合，采用远程分工而形成专门化的生产地区。这种小镇一般以一个地域专门化的形式与外界建立联系，或者呈一个企业族群（企业集群）的方式与其他地区进行合作与竞争。在这样的地区，企业与企业之间、企业与城镇之间，都建立了紧密的联系，也与所在城镇的各种要素融合在了一起，任何一个企业离开这个环境都很难生存，同时也会给其他企业带来损失。这类多以传统制造业为主，经过长期积累，形成了极强的品牌效应，成

为"产业之都"，如"陶都"宜兴丁蜀镇、"袜都"诸暨大唐镇、"中国灯饰之都"中山市古镇镇、"华夏笔都"南昌市文港镇等。这些地区产品类型虽然相对单一，但地方特色明显、品牌优势强，并且形成了相当规模的地方产业集群。还有小部分产业小镇已经成为工业强镇，成为全国的制造业基地，比较典型的有徐州市碾庄镇、温州市柳市镇、佛山市北滘镇、肇庆市回龙镇等。这些小城镇的经济十分发达，成为带动周边经济地区经济发展的重要力量。围绕某种独特产品而形成的产业小镇，如"一村一品""一镇一品"等，基本上都属于这种小镇的原型，在围绕该类产品逐渐丰富其产品类型和消费方式的过程中，演化成为产品与地域相融合的"地域商标"型小镇。很多乡镇工业基础薄弱，但环境和自然条件适宜特色农产品种植。同时，一些农业基础好的乡镇也陆续出现了以地域品牌为特征的农产品小镇。如天津滨海新区的中塘镇以冬枣闻名；河北邢台市隆尧县莲子镇，以在小麦产地建立了今麦郎集团而闻名；山西吕梁汾阳市杏花村镇以酒都闻名等。

还有一些小镇是在旅游业和文化创意基础上，经过投资建设和品牌打造而形成的。这些小镇往往形成时间相对较长，旅游和文化产业融合得较为充分，项目运作较为成功，从而使所在地成为特色发展地区。这类小镇一般属于旅游与产业兼业型，产业种类较多。上海青浦区朱家角镇利用沿海资源，建设了国际现代化水上设施的活动中心、上海市青少年校外活动营地、上海太阳岛国际俱乐部、上海国际高尔夫乡村俱乐部等，是集商务、度假、休闲为一体的娱乐旅游基地；江苏无锡宜兴市丁蜀镇，在紫砂壶文化基础上，形成了文化、商贸服务和旅游小镇；浙江金华东阳市横店镇，利用影视基地而形成了文化产业与旅游小镇。

另外一种旅游和产业兼业型小镇，是产业资源和旅游资源同时开发而形成的，一般是农业基础好、农产品具有地方特色，或者某一种独特的传统产品有很好的知名度，所在地区的自然环境或人文景观具有旅游价值，从而进行"两条腿"走路发展起来的小镇。如北京昌平小汤山镇，兼具农产品和温泉旅游；

天津武清区崔黄口镇，兼具地毯和古迹旅游。在农业方面，主要有特色传统农业和高科技现代农业两种。具备特色传统农业的小城镇往往具有很强的市场品牌竞争力，成为具有原产地标志的产品，如群科镇的西瓜、武陵镇的蜜柚、德源镇的大蒜等；部分小城镇还成功地发展起了当地的龙头企业，如邢台市莲子镇的今麦郎和中旺集团，成为带动当地发展的重要力量。还有部分小城镇已经成功实现了传统农业向现代化农业的转型，建立起了标准的农业基地和高科技农业示范区，这也将是未来主营农业的产业乡镇建设发展的方向，不断提升农产品生产的技术含量，提高农产品的附加值。

在 2016 年 10 月公布的全国第一批 127 个特色小镇中，属于产业型的特色小镇有 40 个，产业和旅游兼业的有 29 个，共 69 个，另外还有 1 个既有旅游又有创新功能的兼业型小镇（枫泾镇）。在纯产业型的 40 个小镇中，属于制造业的有 8 座，其中有 1—2 个为制造业向娱乐业延伸，另外还有 1 个矿业和 1 个传统手工业城镇；属于农业特色产品或农产品加工而拥有特色产品以及向农产品贸易延伸的有 28 个，另外还有 1 个由农业向农产品会展业延伸。在与旅游业兼顾的 29 个产业城镇中，有 10 个是农业和景观旅游业同时兴起；属于制造业与旅游业同时发展的也有 11 个；属于传统手工业与旅游业相互促进的仅有 3 个；文化创意产业与旅游业双赢的有 4 个；属于景观农业的有 1 个（见图 4-9）。

纯农业型主要分布在东北、华北和海南以及西部地区，主要是因为这些地区农业产业基础好、发展空间大；纯制造业型的，主要分布在长三角和珠三角地区，这一带工业基础好、制造业发达；农业兼旅游型的，则以地方资源和发展条件为决定因素，在目前数量少的情况下，分布较为分散；制造业兼旅游型的，则主要分布在长江三角洲一带，这里经济发展与制造业和文化底蕴同时兼具，具有良好的融合发展条件；这些小镇的共同特征是，所在地区经济较发达，城市建设水平较高。从全国总体情况来看，产业型特色小镇刚刚开始从地方经济向产城融合起步，具有较大融合空间。

图 4-9　不同产业类型特色小（城）镇空间分布

4. 特色小（城）镇在农村地区有巨大空间

城镇是地区经济发展到一定阶段后，以聚集优势而存在的一类特殊区域。每个城镇都有自己特定的腹地做支撑。城镇与腹地之间进行着要素流动，从而维持城镇不断聚集创新要素并向更高级城市演化。城镇从来都不是孤立存在的，而是与腹地之间、与多层的上级城市，以及横向的多个城镇之间，都存在着唇齿相依的关系。因此，作为城镇体系中的组成部分，小城镇也绝不是孤立存在的，而是作为城镇体系、城市群或大城市功能的组成部分，加入到空间体系中。特色小（城）镇与传统的功能区不同，在承担文化功能的同时还承担了一定的产业和人口居住功能；在承担生态功能的同时，也兼具文化和人口居住功能；在承担旅游功能的同时，兼具文化、生态等功能；在承担创意产业（或某一个产业）功能的时候，承担人口疏解功能等。因此，特色小（城）镇作为功能融合区，是城市重要的"微中心"，是大城市融合功能区在主中心以外的空间延伸。

特色小（城）镇对于大城市而言，作为城市郊区的卫星城或"微中心"，承担着大城市的一部分职能。中国大城市目前正面临空间扩张过快，城市"摊大饼"的蔓延带来交通人口过多、交通拥堵、环境污染等严重的"大城市病"。在大城市周边发展特色小（城）镇，正是通过疏解大城市过于拥挤的功能，成为解决"大城市病"的重要途径。选择在大城市周边、自然环境和人文条件比较好的地区，可以借助大城市的经济辐射和产业转移，承担大城市的特色功能。这类地区一般具有边缘城市的特征，即处于城市外围、依托大城市并以某一项职能为特征，具有强劲生长点的城市中心之一。但是，处于大城市边缘地区的小镇，其土地利用受到了限制，一般地价也较高，仍需要遵循该城市建设用地的总量控制，尽管可以通过一定程度的土地置换，但仍然构成了主要的商务成本；另一方面，自然环境也难以具有独特性，故特色小（城）镇数量都有限。

中小城市周边的特色小（城）镇主要基于地区产业特征，一般都分布在远离大城市的地区。特色小（城）镇往往采用背靠城市的办法，在与城市保持一定距离的情况下，既可以享受便利的产学研配套的聚集优势，又可以避免大城市的喧嚣。如杭州临安云制造小镇，定位在杭州远郊区的临安市，利用周边环境建设了客创工厂区块、众创服务中心区块、创智天地、科技创意园以及装备制造产业智能化提升改造区的综合小镇群。在产业逐渐由中心城市向外围城市转移的趋势下，特色产业往往选择在既有一定的产业基础、又有相对安静和优美的自然环境，还能发挥聚集效应吸引优质人才的地区，这类地区往往成为产业特色小（城）镇的首选之地。

作为"城市之尾"和"农村之首"的小城镇，与农村联系更紧密，是农村经济发展后产生剩余劳动力转移的最直接目的地。特色小（城）镇中的"特色"除产业特色外，还有景观特色和服务特色等内容。中国一直都是农业大国，农村地区具有长期历史积淀所形成的大量特色建筑、文化传统、风俗习惯和地域精神，这些正是特色小（城）镇的内涵所在。因此，基于农村地区的特色小（城）镇其实就是基于传统特色的小镇。小镇选择位于经济较为落后、某种自然和文化在全国甚至全球具有独特性的地区，可以利用地方经济和产业发展的需要，通过内发型方式形成自己的品牌。此类小镇一般分布在农村地区，属于县级行政单元下的独立城镇。这类小镇无大城市可依靠，需要周围腹地农业和农村发展的支持。农村地区的特色小（城）镇可以发挥小镇的聚集功能，建设农产品市场，通过提供完善的设施和公共服务吸引龙头企业进驻，建立农产品服务体系，完善农产品产业链；从而带动农村地区发展。

首批特色小镇中，大城市周边的特色小镇有 42 个，占总数的 33%，主要分布在三大城市群，即珠三角城市群、长三角城市和京津冀城市群一带；中小城市周边的特色小镇有 28 个，占总数的 22%，主要分布在长三角城市群和京津冀城市群的外围，以及山东半岛和辽东半岛城市群一带；农村地区的特色小镇有 57 个，占总数的 45%（见图 4-10），是三个区位条件中最多的一类，主要分布在农业基础较好的中部地区和东北地区，而且有巨大的发展空间。

三种区位条件的分布，体现了特色小镇在城市功能和对农村地区的带动方面，各有作用。作为城市的功能组成部分，加入到城市群中，成为连接城市的纽带；作为农村地区的对外窗口，可以连接城市和农村，促进城乡一体化。因此，农村地区建设特色小镇也大有可为。

图 4-10　不同区位特色小（城）镇的空间分布

第五章 特色小（城）镇建设经验

特色小镇建设经历了比较长的探索历程，浙江模式是其中创新意义较大且独特的模式。除浙江模式之外，其他省市根据自身的情况也有各具特色的实践。与此同时，国家发改委文件并没有完全采用浙江含义上的特色小镇概念，而是强调特色小镇原则上为建制镇（县城关镇除外），优先选择全国重点镇，包含了非镇非区的集聚中心，也包含了作为行政建制单元的城镇。因此，特色小镇是一个包容性的概念，可以包括各种不同模式的探索，有必要总结经验，相互交流，共同提高。

一、全国经验交流

2016 年 10 月 13 日，中央财经领导小组办公室、国家发展改革委和住房和城乡建设部，联合在浙江杭州召开特色小镇建设经验交流会，重点介绍浙江特色小镇的发展经验和实践模式。会议一致认为，推进特色小镇建设的理念在于"新"，核心在于"特"，根本在于"改"。必须牢固树立和贯彻落实中央提出的"创新、协调、绿色、开放、共享"五大发展理念，从实际出发，力求把小镇的特色做精做强，在差异定位中开阔大视野，在细分领域中构建大产业，在错位发展中形成大格局。会议内容随后成为很多地方特色小镇建设的学习目标和参考依据。同时，各地之间也开展了频繁的交流与互相学习。详情见表5-1。

表5-1　各地特色小镇经验交流一览

地区	做法和运行机制		制度	建设成效	交流
浙江省	特定内涵 特攻产业 特别功能 特殊形态	建设主体活 资金来源活 过程管理活 培育方式活	扶持政策：奖罚分明；政策红利：时候兑现；服务机制：创新供给	加快产业升级，形成经济新动能	主动作为，积极探索，安排规划编制、人才支持、项目推介、专项资金，对接国企、科研院校
重庆市	深化拓展五大功能区域发展战略，产城人文融合，强调三特色和三集聚	以市新型城镇化工作联席会议为平台，市发改委牵头，市城乡建委配合	立足区域实际，确定功能定位、资源整合	城乡一体化，统筹协调；打造国家级示范点	各优其优 优优与共 各美其美 美美与共
北京市	"接"字上下功夫，承接重大活动；"补"字上下功夫，补齐基础设施和公共服务短板	规划先行 分类指导 特色发展	统筹编制规划实施，推进镇域整体开发，投资审批改革试点、多元化投融资机制	非首都功能疏解，京津冀协同发展，城乡空间布局调整	认真落实，充分借鉴先进经验，推动农村集体经济经营建设用地入市试点政策扩大范围，制定城镇化发展基金实施细则
吉林省	精准选择特色示范镇，加强领导统筹，加大政策支持，强化试点推进	省统筹、市主导，县、镇实施	推进就地城镇化，创新用地供给方式，提高城市承载能力	产城互动，规划引领，多元化投资，城乡一体化，承接城市功能	全面推广特色示范镇建设经营模式，指导市县建设特色城镇

地区	做法和运行机制		制度	建设成效	交流
河南省	坚持一镇一品工业园示范镇建设，培育工业重镇、文化旅游名镇、农业强镇	政策引领规划先行宜农则农宜工则工宜旅则旅宜商则商	产业为基础，做大特色产业，五规合一	惠民为民优美宜居	加大资金投入，改革现有行政机制
山东省	突出规划引领，加大财税支持，保障发展用地，创新发展机制，严格督导考评	实施新策略，次培育发展小镇，探索新途径，分类扶持指导小镇发展	树立新理念，提升小城镇管理水平，创新设计规划理念，推进城镇管理水平	镇域经济快速发展，镇区规模扩大，设施建设日益完善，产业支撑明显增强	百镇示范行动。城市培育，特色小镇创建，扶持壮大示范镇、培育塑造特色镇、兼顾发展一般镇，小城镇梯次发展的格局形成
四川省	坚持示范带动，控制环境污染，传承历史文化，坚持设施先行，增加小镇承载能力，增加基础设施建设	统筹推进，优化城镇布局，支持多点多极发展战略，围绕城乡一体化统筹推进	多规合一，生态宜居，产业支撑，创新驱动，创新土地供给制度和管理机制，推进管理权下放	试点镇承载能力增强，吸纳人口能力增强，地区平均生产总值提高，带动农民提高收入	以创新开放的理念增强试点镇的发展活力，大力实施两个一批，即巩固一批示范镇，培育一批特色镇，实现农民就地城镇化

二、浙江省经验

浙江特色小镇建设的基本原则是"政府引导、企业主体、市场运作"，特色小镇建设的各种行动都是按照这个原则推进的。

1. 厘清了政府与市场的关系

浙江省规定，在特色小镇建设过程中，政府的职责是：编制规划；基础设施配套推进，包括水电道路建设等；要素保障，主要是土地保障；生态环境保护；营造良好的政策环境，吸引各方力量来建设特色小镇。企业的职责是：产业发展，人才引进，市场营销，项目推进，效益追求。格则的界线非常清晰。自项目申报开始，就需要明确非政府类投资主体，有利于按照产业发展规律和市场化机制，谋划小镇建设时序。建设启动期，由政府主导基础设施和重要公共服务设施建设，通过政府先期投入来引导企业共同推动小镇建设序幕。建设中后期，充分利用浙江雄厚的民营资本，以市场运作方式，结合 PPP 模式，建设经营性设施，为特色小镇的可持续发展提供运营保障。

2. 在政府主导下，发挥龙头企业作用

政府主导是指政府主要对淘汰产业进行整合，为新产业腾出空间。云栖小镇采用了"政府主导、民企引领、创业者为主体"的运作模式。民企引领的具体做法是龙头企业为众多创新创业型小微企业建设基础设施和创新平台。例如，阿里小镇利用阿里巴巴的云服务能力，淘宝天猫的互联网营销资源和富士康的工业 4.0 制造能力，以及像 Intel、中航工业、洛可可等大企业的核心能力，打造了全国独一无二的创新服务基础设施，并以创业者的需求为目标，构建了产业生态圈。利用这个生态圈，云栖小镇举办了全球规模最大的云计算以及 DT 时代技术分享盛会。"2015 年杭州云栖大会"吸引了来自全球 2 万多名开发者以及 20 多个国家、3000 多家企业参与。

杭州玉皇山基金小镇中既有龙头企业，也有很多服务企业，如私募中介服务机构（证券公司、期货公司、信托公司、银行财富管理部门、公募基金）、辅助性产业、共生性产业和配套支持部门等，共同构成了五层次的产业生态圈。生态圈内的核心决策者是龙头企业和行业协会。在招商引资过程中，政府发挥龙头企业的引领作用，引入知名的私募金融机构，有效带动了产业的快速聚集。

3. 建立了灵活的运行机制

浙江在坚持政府引导、企业主体、市场化运作中创新了建设模式、管理方式、服务手段，形成了灵活的运行机制。

建设主体活。浙江以全开放的理念，不设门槛、不问出身，敞开大门欢迎各类建设主体参与特色小镇建设。国企、民企、外企、高校，行业领军人物纷至沓来，特色小镇的建设主体英雄荟萃。如鄞州电车小镇的建设主体是央企中车集团，龙游红木小镇的建设主体是民企年年红集团，西湖艺创小镇是浙江美院和浙江音乐学院联手建设的，西湖云栖小镇是阿里巴巴集团技术委员会主席王坚博士领导谋划建设的。

资金来源活。浙江以平等开放的竞争机制，鼓励各类资金投入到特色小镇。民间资本、股权投资基金、银行信贷资金、国家建设专项基金等纷纷注资，特色小镇建设资金的渠道通畅多元。去年以来，国家建设专项基金特色小镇专项已支持浙江 6.5 亿元，省建行、省农业分别为特色小镇专设 700 亿元和 600 亿元的授信规模，更有大量社会资本集聚。如吴兴美妆小镇，实行"公司 + 基金 + 政府"的运作模式，依托行业协会组建了产业公司，区政府与产业公司按 1 : 9 的比例，成立了化妆品产业基金，该基金向社会募集二期 5 亿元，预计可撬动社会资本 16 亿元。

过程管理活。浙江非常注重特色小镇的建设过程，用足、用活、用好统计监测制度，管理服务好特色小镇。采取一季一通报、一季一现场会、一年一考核、不定期约谈等方式，以成绩说话，淘汰低速、低效、低质发展的特色小镇。如根据去年年度考核结果，我委对年度考核排名靠后的小镇进行了约谈，点出努力方向，力求特色小镇少走弯路。

培育方式活。浙江的特色小镇建设采取宽进严定、动态培育、实绩摘牌的"创建制"。择优分批公布省级特色小镇创建名单和培育名单，对于年度考核不达标的特色小镇，实施退出机制，确保活力；择优公布 10 个省级示范特色小镇名单，典型引路；对三到五年后完成建设目标的省级创建小镇，验收合格后再由省政府公布为特色小镇，以实绩论英雄。今年，我们已将 1 个年度考核不合格的特色小镇从省级创建名单降格为培育名单。

4. 紧跟时代的成长路径

延续历史文脉、发展经典产业。浙江将特色小镇的建设与当地传统文化和当地社会经济结合。相当一部分特色小镇发展茶叶、丝绸、黄酒、中药、青瓷、木雕、根雕、石雕、文房等历史经典产业，不仅对文化遗产的保护与传承起到了十分有利的作用，同时又把文化遗产提到对当下社会发展有促进作用的地位。

着眼未来经济、发展新兴产业。与历史经典产业相对应，浙江的相当一部分特色小镇在产业规划之初，就将目光瞄准了新兴产业。例如云栖小镇、梦想小镇都发展信息经济，但为了凸显特色，二者又有所不同：云栖小镇以发展大数据、云计算为特色；而梦想小镇主攻"互联网创业 + 风险投资"。

5. 双产业同时推进

特色小镇的最终目标是多产业融合的地区综合发展。浙江省一开始就选择了"特色产业 + 旅游产业"的双产业模式，实施了高起点战略。

特色产业开发具体落地架构主要分为事业导入与产业开发两个方面：事业导入又分为科（产业科研基地）、教（教育培训园区）、文（产业博物馆）、其他（相关配套设施）。产业开发主要包括产业本身（科技产业园、产业孵化园、双创中心、创想园等）；产业应用（应用示范园等）；产业服务（产业 + 贸易、产业 + 会议、产业 + 康养、产业 + 运动、产业 + 休闲娱乐等）三大类。

旅游产业项目开发则主要采用"旅游吸引核 + 休闲聚集 + 商街 + 居住"的架构模式。旅游吸引核——特色项目吸引核（包括主题乐园、景区等）、风貌吸引核（包括古镇、艺术、创意等）、广场吸引核（包括激光水秀、篝火晚会等）、餐饮吸引等。休闲聚集——餐饮聚集、酒吧与夜间聚集、创意客栈聚集等。

商街——创意工坊街区（诸如百工坊、百艺坊等）、娱乐游乐街区（演艺、洗浴、养疗等）、休闲街区与商业地产。居住——就业与本地居民第一居所、大城市与周末居住第二居所、养老与度假居住第三所等。

6. 措施具体细致

扶持方法，以创建制代替审批制。在政策实施策略上尝试用后评估倒闭创建过程，对列入名单中的小镇进行考核，倒逼上名单的小镇加快特色小镇建设步伐。不以获得殊荣而享受特殊，而是通过对有潜力的地区建立创建制。对纳入重点培育特色小镇创建名单的对象，对如期完成年度规划目标任务的，按实际使用指标的 50% 给予配套奖励，其中信息经济、环保、高端装备制造等产业类小镇按 60% 给予配套奖励，对 3 年内未达到规划目标任务的，加倍倒扣省奖励的用地指标。在创建期间及验收命名后，其规划空间范围内的新增财政收入上缴省财政部分，前 3 年全额返还，后两年返还一半给当地财政。用创建制代替审批制。另外，一些市还提出要"宽进严出"，要建立特色小镇创建的退出机制，对考核不合格的要"摘牌"。这些策略采用的都是标杆管理手段，可以避免地方对"帽子"展开争夺战；对政策制定者、执行者也提出了长线跟踪和过程控制的新要求。并且一些市还出台了支持中小企业的直接支持措施，直接补助众创空间，支持科技孵化器建设，开展集群化注册制度，设立创新型中小微企业专项技术支持资金等。

明确投资主体，提出每个特色小镇均应明确一个主要的投资主体，投资主体可以是国有投资公司、民营企业或混合所有制企业。政府重点做好特色小镇建设的规划引导、资源整合、服务优化、政策完善等工作即可。如杭州西湖云栖小镇，以阿里巴巴为战略合作伙伴，由企业资助投资并进行项目运作，打造了基于云计算产业的特色小镇；嘉兴海盐核电小镇，围绕秦山核电站，由企业独立运作项目，地方政府进行外围基础设施建设，与中国核工业集团共建"中国核电城"；衢州龙游红木小镇，则由年年红家具（国际）集团公司投资 80 亿元，建设和运营自己的项目。这种以企业为投资主体的运作方式，有效解决了城镇化融资难的问题，也释放了市场活力和企业竞争力。

7. 杭州经验

杭州特色小镇的建设实行项目带动。通过选好项目、大项目、产业群项目和产业链项目，进行产业化集聚，形成产业生态圈。如临安市的创客小镇，以浙江省环科院研发中心具体进行项目建设，以杭州源牌环境科技有限公司浙江绿色低碳建筑科技馆、杭州福斯特光伏材料有限公司研发基地、国家林业局竹子研究开发中心、浙大—中国安防智慧能源研发基地等生态产业和生态研发项目为开端，形成了生产、生活、生态"三生共融"的创新生态体系。酷玩小镇政府，通过依托东方山水乐园和浙江国际赛车场两个核心项目，并使之与已建的鉴湖高尔夫场、乔波滑雪馆，与在建的若航直升机场、天马（F2）赛车场等项目相结合，形成"酷玩"主题。这些例子说明，通过引入龙头企业打造一个以核心企业为依托，企业与企业间相互联系，并采用众筹模式等手段，带动相关企业进入的"项目包"，以"大项目支撑，小项目扩张"的形式，将这些项目落实在规划中，通过直接引导，到实际项目落实的路径建设特色小镇，可以取得较好效果。

搭建平台。例如杭州玉皇山基金小镇，创建了基金行业交流平台，针对私募（对冲）基金的特殊性，设置了一系列特色配套服务，包括成立浙江省金融家俱乐部、浙江金融博物馆、对冲基金研究院、私募基金孵化器和训练营等。杭州梦想小镇通过简政放权，设立一站式服务、多政合一以及O2O平台，并委托财务、法律服务、人力资源、知识产权等机构，对入驻企业提供服务；并通过新券这种虚拟货币的扶植方式，保证政府的投入有效地用于企业的发展，使政府工作从传统的税源培训转变为创新主体和创新能力的培育。在梦想小镇的创新创业平台上，每年有三百多场不同的创业交流活动，实现了资、智融合的常态化；对于初创者，梦想小镇通过给予创客们租金减免、资源补贴、配套人才公寓等政策优惠，为创业者提供轻松的创业环境，创立了"种子仓—苗圃—孵化器—加速器—产业园"的接力式孵化服务模式；同时淘汰孵化期间不理想项目；并对创业者建立了跟踪机制，鼓励创业团队吸取经验教训，重新挖掘创新项目。另外，与一般众创空间针对创业初期仅仅为创客提供融资平台不同，梦想小镇提供了一个以互联网为核心的多维立体产业生态圈，通过分析并提取创业企业的共性需求（比如财务、法律、技术服务、政务等），以云平台的方式开展专业化服务、一揽子和标准化服务。孵化出来的创业企业，形成了再孵化能力。比如成立于 2010 年的遥望网络，通过孵化、指导、管理"游戏公会"等模式，实现了单月手游流水超 1.4 亿元人民币，牵头成立了手游村，集聚了基金、手游开发商等产业主体，构建了手游产业链孵化基地。小镇组委会还通过提供各种工作空间、提供配套设施、搭建交流平台，发展人才梯队，促进创客与企业、创客与创客、企业之间的互相合作；同时，在小镇外围，通过对土地等资源整合，为创业项目的发展壮大预留了后续发展空间；另外还通过中国（杭州）财富管理论坛、中国青年互联网创业大赛、中国互联网品牌盛典、中国研究生电子设计大赛等大型活动，搭建了吸引外界资源的平台。在组织协调方面，建立了特色小镇规划建设工作联席会议，由常务副省长担任召集人，省委宣传部、发改委、经信委、科技厅、财政厅、国土厅、建设厅、商务厅、文化厅、统计局、旅游局、省政府研究室、省金融办等单位负责人为成员，办公室设在省发改委，为创建特色小镇提供了有力的组织保障。

三、陕西省经验

陕西省自 2006 年开展"千村百镇"整治建设工作，每年提升 1000 个村、100 个镇的设施建设水平和村容村貌。2008 年，启动了"关中百镇"和陕南陕北各 50 个镇建设，省委、省政府给予每镇 100 万元的启动资金。2009 年，省委、省政府又做出 107 个重点镇建设的部署。2011 年起，全省启动了重点示范镇和文化旅游名镇建设，采取专项资金引导、土地指标支持、专业人才帮扶、目标责任考核等一系列措施，取得了明显成效，示范引领全省小城镇快速发展；提出了"建好西安、做美城市、做强县城、做大集镇、做优社区"的总体思路，特别是把特色小城镇建设作为推进新型城镇化、促进城乡发展一体化的重要突破口。从 2011 年起，全省启动了重点示范镇和文化旅游名镇建设，经过 5 年的努力，初步探索出加快推进农村人口就近城镇化，实现城乡协调发展的新路子。2011 年 3 月，确定了 31 个重点示范镇，采取专项资金引导、土地指标支持、专业人才帮扶、目标责任考核等一系列措施，目标是建设成为县域副中心，成为农民进城落户和创业的平台，2013 年 7 月又增加了 4 个沿渭镇，总数达到 35 个。同时，为充分保护历史遗存、传承传统文化，又确定了 31 个文化旅游名镇（街区），通过保护修复、打造特色、开发旅游、实现富民宜居，促进县域经济发展。几年来，在省委、省政府的正确领导下，35 个重点示范镇和 31 个文化旅游名镇建设取得了明显成效，示范引领全省小城镇快速发展。因此，2016 年住建部将陕西省的特色小城镇建设实践向全国推广。

一是一体化规划，做到管控有力，突出特色。充分发挥一体化规划的龙头引导作用，强化规划的严肃性、管控性，35 个重点示范镇利用省测绘局的航拍技术监测重点示范镇规划工作。按照农民居住相对集中、公共服务设施配套完善的要求，运用城市建设的理念和方法，依托老镇区，选择集中连片用地，规划建设功能分区合理、设施配套齐全、生态环境优美的综合服务新区模块，明确了基本功能定位、产业支撑、用地布局、综合交通体系等内容，明确制定了市政基础设施、公共服务设施、各类住房项目等新区建设的模块规划和量化指标。

二是精细化建设，做到要求明确，有章可依。制定了详细的建设标准，从基础设施、公共服务设施、环境改造、住房建设等 5 个大类、29 个分类严格规定了建设实施标准。按照基础设施和公共服务设施先行的原则合理安排建设时序，逐月开展项目进展排名，确保小城镇建设项目快速推进。对文化旅游名镇建设，坚持进行分类推进，对文化旅游资源丰富、区位优势明显的镇，加大旅游开发投入，形成特色鲜明的旅游产业；对人口规模小，历史文化遗存分散、交通不便的镇，以保护修复为主。

三是特色化建设，做到文化传承，风貌显现。2013 年，全省启动了 31 个文化旅游名镇建设后，各镇抢抓机遇，迅速启动了历史遗存修复、综合环境整治以及配套设施建设，按照"修旧如旧"的原则加快现代建筑改造，名镇传统街区风貌显现。

四是系统化推进，做到产城融合，协调同步。重点示范镇按照"加快建设新区、改造提升老区、整合镇域社区、发展产业园区"的工作思路，四位一体，同步推进，着力提高镇区基础设施和公共服务设施水平，按照城市社区的模式创新管理，把为民服务、便民服务延伸到居住社区。按照"一镇一业、一镇一品、一村一品"的思路，把产业园区作为产业集群发展的主要载体，依托特色优势，明确产业定位，不断打造和延长产业链。以农产品加工、能源转化、文化旅游、现代物流等为重点，培育了一批市场前景看好的主导产业；引导重点项目和工业、教育及养老等项目向园区布局，大力发展第三产业，推进区域产业分工和协同发展，构建了工业、农业、现代服务业等各具形态的发展格局。

五是动态化管理，做到科学评价，有效激励。将建设任务落实到具体项目，建立项目库，按照基础设施和公共服务设施先行的原则合理安排建设时序，制定目标责任考核措施，由省政府对各镇的建设情况进行考核，逐月开展项目进展排名，实行动态化考核，形成比进度、争排名、重效果的良性竞争氛围和考核奖励机制，推进特色小城镇项目建设实施。

六是制度化创新，做到政策一致，服务均等。重点示范镇提供优质公共服务来吸引聚集群众，使进城农民能够享受与城市一样的服务和生活。全面放开户籍限制，已登记为城镇常住户口的进镇农民和申领居住证的流动人口，享受

与当地城镇居民同等的公共服务待遇。加快教育、医疗、社会保障、就业等相
关配套制度改革，将进镇农民工子女纳入了义务教育经费保障范围，免除学杂
费。将进镇群众纳入了城镇医疗卫生服务体系，享有与城镇居民平等的基本医
疗卫生服务。

四、贵州省经验

随着旅游业进入兴盛时期，以"多彩贵州"为特色的西部旅游正在成为中国
人的主要消费方式之一。贵州旅游业的蓬勃发展带动了一大批旅游小镇，如六盘
水市水城县玉舍镇、黔南州贵定县盘江镇、雷山县丹江镇、兴仁县巴铃镇、黎平
县肇兴镇、湄潭县永兴镇、六枝特区岩脚镇、瓮安县猴场镇、黔东南苗族侗族自
治州镇远县的镇远古镇等，在古镇和古街以及自然风景方面，都具有得天独厚的
自然旅游资源和多彩的民族文化特色，正在以旅游特色小镇的形式成为特色小镇。
在新型城镇化过程中，进行着以自然风景、历史古迹与民族文化相融合的旅游型
特色小镇建设之路。以旧州镇为例，其主要做法归纳为以下几点。

一是发挥生态和文化优势，建设绿色旅游小镇。贵州的多数城镇都是以种植、
养殖和加工为主的农业乡镇，经济总量小、发展水平低。在推进特色小城镇建
设过程中，依托丰富的文化资源和良好的生态环境，按照"镇在山中、山在绿中、
山环水绕、人行景中"的规划布局和发展理念，坚持生态保护优先，进行古街
道和历史古迹修复修缮工作；打造国家级国家生态文化旅游景区；建立特色观
光农业示范区；同时加快旅游慢道、旅游小火车、游客服务中心等旅游基础设
施建设，推动生态旅游与人文旅游融合发展。

二是探索就地就近城镇化路径，建设美丽幸福小镇。根据各地实际，就
地就近城镇化是推进特色小镇发展的重要路径，是打好脱贫攻坚战的必然选
择。按照国家"3个1亿人"城镇化行动方案和省"5个100工程"建设目标

要求，探索实践城镇基础设施"8+X"项目建设模式，完善了基础设施、优化教育医疗、文化、体育、便民服务等公共服务设施。加强政企合作、借助外力发展。同时，把小城镇建设与异地扶贫搬迁结合起来，将生活在治安条件极其恶劣、生态环境脆弱、自然灾害频繁区域的贫困户搬迁，集中安置到镇区附近，并帮助其就业。

三是按照国家新型城镇化试点要求，积极探索创新城镇化发展体制机制，围绕城乡发展一体化，投融资机制、公共服务、供给机制等试点要求，深化改革探索创新投融资模式，成立了镇级投融资平台，积极争取各方面的投资资金。

四是加快省级示范小城镇建设，着力打造文化生态旅游古镇。坚持规划引领，注重绿色发展的理念，树立"一盘棋"思想。把特色小镇建设与全面小康结合起来，按照建设美丽乡村的要求，统筹镇村基础设施、公共服务设施建设，构建"以镇带村、以村促镇、镇村融合"的"1+N"镇村联动发展模式。

贵州省振远古镇（来源：高品图像）

第六章　特色小（城）镇的特色表现

"特色"是特色小（城）镇建设的核心，特色小（城）镇建设必须以"特色"引领发展，同时需避免人为盲目地制造"特色"。特色小（城）镇的内涵是与其他地区相比具有本地的独特性，这种独特性往往是通过外界的认识而产生。因此，独特性不是人为界定、更不是地方政府自己认为的特色，而是通过其知名度传播程度体现出来的。随着信息技术所提供传播能力的提高，新媒体和互联网技术的普及，相关知名度网络调查变得容易起来。

为了加强小城镇建设，在特色小（城）镇之前我国就已经有了多种名目的小镇，如全国发展改革试点小镇、小城镇建设示范镇、中国历史文化名镇、全国重点镇、国家美丽宜居小镇等。尽管每一次的提法都有其侧重点，但其主要内容都与特色小（城）镇有较多的交叉和重叠。特色小（城）镇建设的目的也是将这些复合小镇发展方向的内容，通过综合的理念进行融合。能够在某一方面列入国家的名单中，说明该特色小（城）镇在某一方面走在了其他城镇的前列。列入的名单越多，则比其他地区做得越好。因此，这里用知名度表示特色程度、用达标度指标表示特色小（城）镇中某些特色发展的程度。

一、知名度

特色小（城）镇的知名度需要跨越空间，影响到全国甚至全球。通常的竞争力等指标，很难得出有效的结果。互联网和新媒体为这种传播提供了非常方便的途径。尤其是作为对小尺度空间地域的某项内容的知名度，在互联网上可以得到比较真实的反映。当利用关键词在百度等著名搜索引擎搜索时，出现的频率越高，说明知名度越高。目前我国以百度搜索引擎最为常用，故这里以百度搜索量分别作为不同类型特色小（城）镇的知名度指标。

用搜索引擎时，主要采用关键词在搜索引擎界面上进行检索，能够显示出的检索量即为该指标值。由于不同类型的特色小（城）镇知名度的内容分布在不同领域，具有不可比性，我们也同时针对不同类型的小镇对细分类型做了搜索量的排名。

1. 综合排名

综合类型是指对目前全国第一批 127 个小镇不分类型，进行综合排名。排名结果见表 6-1。

表 6-1 特色小镇知名度综合排名

所属省份	第一批特色小镇名称	百度搜索量	排名
河南省	南阳市西峡县太平镇	6280000	1
贵州省	遵义市仁怀市茅台镇	4870000	2
浙江省	温州市乐清市柳市镇	4110000	3
广东省	肇庆市高要区回龙镇	2510000	4
江西省	上饶市婺源县江湾镇	2450000	5
湖北省	宜昌市夷陵区龙泉镇	2250000	6
广东省	佛山市顺德区北滘镇	2160000	7
江苏省	无锡市宜兴市丁蜀镇	2050000	8
上海市	金山区枫泾镇	1810000	9

所属省份	第一批特色小镇名称	百度搜索量	排名
黑龙江省	齐齐哈尔市甘南县兴十四镇	1780000	10
黑龙江省	牡丹江市宁安市渤海镇	1690000	11
广西壮族自治区	桂林市恭城瑶族自治县莲花镇	1500000	12
福建省	南平市邵武市和平镇	1460000	13
广东省	中山市古镇镇	1400000	14
上海市	青浦区朱家角镇	1320000	15
浙江省	杭州市桐庐县分水镇	1140000	16
河北省	秦皇岛市卢龙县石门镇	1120000	17
内蒙古自治区	呼伦贝尔市额尔古纳市莫尔道嘎镇	1090000	18
北京市	房山区长沟镇	1080000	19
上海市	松江区车墩镇	1000000	20
海南省	海口市云龙镇	925000	21
四川省	成都市大邑县安仁镇	805000	22
北京市	昌平区小汤山镇	796000	23
浙江省	金华市东阳市横店镇	739000	24
四川省	宜宾市翠屏区李庄镇	702000	25
江苏省	苏州市吴江区震泽镇	674000	26
重庆市	潼南区双江镇	666000	27
浙江省	绍兴市诸暨市大唐镇	655000	28
山东省	泰安市新泰市西张庄镇	650000	29

所属省份	第一批特色小镇名称	百度搜索量	排名
浙江省	嘉兴市桐乡市濮院镇	620000	30
湖南省	湘西土家族苗族自治州花垣县边城镇	612000	31
贵州省	安顺市西秀区旧州镇	608000	32
江苏省	盐城市东台市安丰镇	574000	33
重庆市	万州区武陵镇	568000	34
辽宁省	丹东市东港市孤山镇	487000	35
天津市	武清区崔黄口镇	475000	36
北京市	密云区古北口镇	470000	37
福建省	泉州市安溪县湖头镇	465000	38
甘肃省	兰州市榆中县青城镇	441000	39
山东省	青岛市胶州市李哥庄镇	441000	40
江苏省	南京市高淳区桠溪镇	418000	41
天津市	滨海新区中塘镇	414000	42
江西省	南昌市进贤县文港镇	408000	43
贵州省	黔东南州雷山县西江镇	396000	44
湖南省	郴州市汝城县热水镇	385000	45
云南省	大理州大理市喜洲镇	358000	46
湖北省	襄阳市枣阳市吴店镇	356000	47
安徽省	铜陵县郊区大通镇	352000	48
浙江省	湖州市德清县莫干山镇	345000	49
四川省	成都市郫县德源镇	345000	50

所属省份	第一批特色小镇名称	百度搜索量	排名
福建省	龙岩市上杭县古田镇	344000	51
海南省	琼海市潭门镇	340000	52
湖南省	娄底市双峰县荷叶镇	318000	53
河南省	许昌市禹州市神垕镇	317000	54
安徽省	六安市裕安区独山镇	312000	55
陕西省	西安市蓝田县汤峪镇	304000	56
陕西省	宝鸡市眉县汤峪镇	304000	57
山东省	威海市经济技术开发区崮山镇	298000	58
广东省	江门市开平市赤坎镇	297000	59
广东省	梅州市梅县区雁洋镇	290000	60
吉林省	通化市辉南县金川镇	278000	61
山东省	淄博市淄川区昆仑镇	277000	62
湖南省	长沙市浏阳市大瑶镇	274000	63
新疆维吾尔自治区	塔城地区沙湾县乌兰乌苏镇	273000	64
四川省	泸州市纳溪区大渡口镇	269000	65
安徽省	安庆市岳西县温泉镇	267000	66
广西壮族自治区	北海市铁山港区南康镇	266000	67
四川省	达州市宣汉县南坝镇	265000	68
安徽省	黄山市黟县宏村镇	258000	69
甘肃省	武威市凉州区清源镇	257000	70

所属省份	第一批特色小镇名称	百度搜索量	排名
河北省	保定市高阳县庞口镇	254000	71
辽宁省	辽阳市弓长岭区汤河镇	252000	72
江西省	宜春市明月山温泉风景名胜区温汤镇	251000	73
江苏省	泰州市姜堰区溱潼镇	250000	74
湖北省	随州市随县长岗镇	246000	75
福建省	福州市永泰县嵩口镇	244000	76
贵州省	贵阳市花溪区青岩镇	223000	77
青海	海西蒙古族藏族自治州乌兰县茶卡镇	223000	78
广东省	河源市江东新区古竹镇	216000	79
山东省	潍坊市寿光市羊口镇	212000	80
江苏省	徐州市邳州市碾庄镇	207000	81
湖北省	黄冈市红安县七里坪镇	206000	82
山东省	临沂市费县探沂镇	205000	83
山西省	晋城市阳城县润城镇	202000	84
福建省	厦门市同安区汀溪镇	201000	85
云南省	红河州建水县西庄镇	199000	86
浙江省	丽水市莲都区大港头镇	197000	87
河南省	驻马店市确山县竹沟镇	196000	88
新疆生产建设兵团	第八师石河子市北泉镇	195000	89
陕西省	铜川市耀州区照金镇	191000	90

所属省份	第一批特色小镇名称	百度搜索量	排名
安徽省	宣城市旌德县白地镇	175000	91
山西省	晋中市昔阳县大寨镇	172000	92
重庆市	黔江区濯水镇	162000	93
湖南省	邵阳市邵东县廉桥镇	162000	94
黑龙江省	大兴安岭地区漠河县北极镇	161000	95
江西省	鹰潭市龙虎山风景名胜区上清镇	157000	96
河南省	焦作市温县赵堡镇	151000	97
重庆市	涪陵区蔺市镇	143000	98
山东省	烟台市蓬莱市刘家沟镇	143000	99
湖北省	荆门市东宝区漳河镇	141000	100
广西壮族自治区	贺州市八步区贺街镇	139000	101
新疆维吾尔自治区	阿勒泰地区富蕴县可可托海镇	136000	102
陕西省	杨陵区五泉镇	136000	103
陕西省	汉中市宁强县青木川镇	132000	104
广西壮族自治区	柳州市鹿寨县中渡镇	126000	105
贵州省	六盘水市六枝特区郎岱镇	126000	106
河北省	邢台市隆尧县莲子镇	111000	107
内蒙古自治区	赤峰市宁城县八里罕镇	108000	108
江苏省	苏州市吴中区甪直镇	107000	109

所属省份	第一批特色小镇名称	百度搜索量	排名
吉林省	延边朝鲜族自治州龙井市东盛涌镇	105000	110
四川省	攀枝花市盐边县红格镇	100000	111
浙江省	丽水市龙泉市上垟镇	99200	112
辽宁省	大连市瓦房店市谢屯镇	97300	113
四川省	南充市西充县多扶镇	86000	114
新疆维吾尔自治区	喀什地区巴楚县色力布亚镇	84000	115
河北省	衡水市武强县周窝镇	77400	116
内蒙古自治区	通辽市科尔沁左翼中旗舍伯吐镇	76800	117
宁夏回族自治区	固原市泾源县泾河源镇	73800	118
云南省	德宏州瑞丽市畹町镇	71400	119
吉林省	辽源市东辽县辽河源镇	61500	120
青海省	海东市化隆回族自治县郡科镇	60200	121
辽宁省	盘锦市大洼区赵圈河镇	58200	122
西藏自治区	拉萨市尼木县吞巴乡	55700	123
西藏自治区	山南市扎囊县桑耶镇	54200	124
山西省	吕梁市汾阳市杏花村镇	29700	125
宁夏回族自治区	银川市西夏区镇北堡镇	19300	126
甘肃省	临夏州和政县松鸣镇	8090	127

注：搜索量数值每时每刻都在变化，这是 2016 年 11 月份某一时刻的值。

2. 旅游型特色小镇排名

旅游型特色小镇在第一批国家特色小镇中数量最多。主要是因为大多数小镇都处于萌芽期，依赖自然风景和历史文化古迹等发展旅游而成为特色小镇。同时，旅游是在互联网和新媒体中最容易传播的内容。因此，这类特色小镇的知名度在互联网等新媒体中体现的也最充分。除了采用百度搜索量外，我们还补充了旅游业中著名的百度旅游、携程、去哪儿、同程等网站中的旅游点评页面，用网民游客对小镇的旅游满意度和点评数的乘积作为该指标，然后对不同网站的数值和综合数值进行排名。第一批属于旅游型的小镇共 52 个，排名结果见表 6-2。

表 6-2　旅游型特色小镇排名

排名	百度旅游	携程	去哪儿	同程	综合排名
1	黄山市黟县宏村镇	黄山市黟县宏村镇	黄山市黟县宏村镇	泰州市姜堰区溱潼镇	黄山市黟县宏村镇
2	大理州大理市喜洲镇	晋城市阳城县润城镇	晋城市阳城县润城镇	黄山市黟县宏村镇	松江区车墩镇
3	大兴安岭漠河县北极镇	松江区车墩镇	松江区车墩镇	松江区车墩镇	盘锦市大洼区赵圈河镇
4	贵阳市花溪区青岩镇	贵阳市花溪区青岩镇	福州市永泰县嵩口镇	苏州市吴中区甪直镇	苏州市吴中区甪直镇
5	苏州市吴中区甪直镇	密云区古北口镇	密云区古北口镇	金山区枫泾镇	大兴安岭地区漠河县北极镇
6	盘锦市大洼区赵圈河镇	苏州市吴中区甪直镇	苏州市吴中区甪直镇	福州市永泰县嵩口镇	呼伦贝尔市额尔古纳市莫尔道嘎镇
7	上饶市婺源县江湾镇	盘锦市大洼区赵圈河镇	贵阳市花溪区青岩镇	上饶市婺源县江湾镇	梅州市梅县区雁洋镇

排名	百度旅游	携程	去哪儿	同程	综合排名
8	金山区枫泾镇	大兴安岭漠河县北极镇	泰州市姜堰区溱潼镇	密云区古北口镇	密云区古北口镇
9	红河州建水县西庄镇	泰州市姜堰区溱潼镇	厦门市同安区汀溪镇	成都市大邑县安仁镇	泰州市姜堰区溱潼镇
10	松江区车墩镇	大理州大理市喜洲镇	金山区枫泾镇	安庆市岳西县温泉镇	郴州市汝城县热水镇
11	汉中市宁强县青木川镇	呼伦贝尔市额尔古纳市莫尔道嘎镇	娄底市双峰县荷叶镇	红河州建水县西庄镇	南阳市西峡县太平镇
12	宜宾市翠屏区李庄镇	宜宾市翠屏区李庄镇	郴州市汝城县热水镇	贺州市八步区贺街镇	金山区枫泾镇
13	密云区古北口镇	梅州市梅县区雁洋镇	大理州大理市喜洲镇	南阳市西峡县太平镇	安庆市岳西县温泉镇
14	呼伦贝尔市额尔古纳市莫尔道嘎镇	金山区枫泾镇	呼伦贝尔市额尔古纳市莫尔道嘎镇	宝鸡市眉县汤峪镇	辽阳市弓长岭区汤河镇
15	龙岩市上杭县古田镇	成都市大邑县安仁镇	成都市大邑县安仁镇	梅州市梅县区雁洋镇	攀枝花市盐边县红格镇
16	厦门市同安区汀溪镇	郴州市汝城县热水镇	随州市随县长岗镇	辽阳市弓长岭区汤河镇	贵阳市花溪区青岩镇
17	泉州市安溪县湖头镇	上饶市婺源县江湾镇	宝鸡市眉县汤峪镇	晋城市阳城县润城镇	宝鸡市眉县汤峪镇
18	宜春市明月山温汤镇	娄底市双峰县荷叶镇	安庆市岳西县温泉镇	龙岩市上杭县古田镇	大理州大理市喜洲镇
19	泰州市姜堰区溱潼镇	随州市随县长岗镇	梅州市梅县区雁洋镇	大理州大理市喜洲镇	宜春市明月山温汤镇
20	福州市永泰县嵩口镇	山南市扎囊县桑耶镇	盘锦市大洼区赵圈河镇	娄底市双峰县荷叶镇	汉中市宁强县青木川镇

排名	百度旅游	携程	去哪儿	同程	综合排名
21	辽阳市弓长岭区汤河镇	黄冈市红安县七里坪镇	黄冈市红安县七里坪镇	攀枝花市盐边县红格镇	贺州市八步区贺街镇
22	成都市大邑县安仁镇	鹰潭市龙虎山上清镇	铜川市耀州区照金镇	六安市裕安区独山镇	晋城市阳城县润城镇
23	鹰潭市龙虎山上清镇	兰州市榆中县青城镇	宜春市明月山温汤镇	南充市西充县多扶镇	柳州市鹿寨县中渡镇
24	黄冈市红安县七里坪镇	铜川市耀州区照金镇	大兴安岭地区漠河县北极镇	黄冈市红安县七里坪镇	成都市大邑县安仁镇
25	达州市宣汉县南坝镇	龙岩市上杭县古田镇	拉萨市尼木县吞巴乡	潼南区双江镇	临夏州和政县松鸣镇
26	潼南区双江镇	南阳市西峡县太平镇	攀枝花市盐边县红格镇	宜春市明月山温汤镇	福州市永泰县嵩口镇
27	牡丹江市宁安市渤海镇	潼南区双江镇	汉中市宁强县青木川镇	兰州市榆中县青城镇	六安市裕安区独山镇
28	海口市云龙镇	攀枝花市盐边县红格镇	鹰潭市龙虎山上清镇	贵阳市花溪区青岩镇	上饶市婺源县江湾镇
29	铜川市耀州区照金镇	襄阳市枣阳市吴店镇	山南市扎囊县桑耶镇	郴州市汝城县热水镇	达州市宣汉县南坝镇
30	南阳市西峡县太平镇	柳州市鹿寨县中渡镇	宜宾市翠屏区李庄镇	山南市扎囊县桑耶镇	黄冈市红安县七里坪镇
31	驻马店市确山县竹沟镇	涪陵区蔺市镇	襄阳市枣阳市吴店镇	泉州市安溪县湖头镇	娄底市双峰县荷叶镇
32	拉萨市尼木县吞巴乡	徐州市邳州市碾庄镇	驻马店市确山县竹沟镇	牡丹江市宁安市渤海镇	龙岩市上杭县古田镇
33	山南市扎囊县桑耶镇	辽阳市弓长岭区汤河镇	临夏州和政县松鸣镇	厦门市同安区汀溪镇	厦门市同安区汀溪镇
34	柳州市鹿寨县中渡镇	汉中市宁强县青木川镇	海口市云龙镇	盘锦市大洼区赵圈河镇	宜宾市翠屏区李庄镇

排名	百度旅游	携程	去哪儿	同程	综合排名
35	攀枝花市盐边县红格镇	拉萨市尼木县吞巴乡	辽阳市弓长岭区汤河镇	大兴安岭地区漠河县北极镇	鹰潭市龙虎山上清镇
36	宝鸡市眉县汤峪镇	安庆市岳西县温泉镇	六安市裕安区独山镇	临夏州和政县松鸣镇	山南市扎囊县桑耶镇
37	贺州市八步区贺街镇	福州市永泰县嵩口镇	南阳市西峡县太平镇	呼伦贝尔市额尔古纳市莫尔道嘎镇	红河州建水县西庄镇
38	梅州市梅县区雁洋镇	厦门市同安区汀溪镇	柳州市鹿寨县中渡镇	柳州市鹿寨县中渡镇	随州市随县长岗镇
39	兰州市榆中县青城镇	贺州市八步区贺街镇	贺州市八步区贺街镇	达州市宣汉县南坝镇	潼南区双江镇
40	娄底市双峰县荷叶镇	驻马店市确山县竹沟镇	达州市宣汉县南坝镇	汉中市宁强县青木川镇	泉州市安溪县湖头镇
41	襄阳市枣阳市吴店镇	临夏州和政县松鸣镇	牡丹江市宁安市渤海镇	徐州市邳州市碾庄镇	铜川市耀州区照金镇
42	临夏州和政县松鸣镇	六安市裕安区独山镇	徐州市邳州市碾庄镇	铜陵县郊区大通镇	牡丹江市宁安市渤海镇
43	晋城市阳城县润城镇	宜春市明月山温汤镇 L	铜陵县郊区大通镇	鹰潭市龙虎山上清镇	兰州市榆中县青城镇
44	郴州市汝城县热水镇	达州市宣汉县南坝镇	泉州市安溪县湖头镇	驻马店市确山县竹沟镇	襄阳市枣阳市吴店镇
45	安庆市岳西县温泉镇	宝鸡市眉县汤峪镇	龙岩市上杭县古田镇	襄阳市枣阳市吴店镇	拉萨市尼木县吞巴乡
46	六安市裕安区独山镇	牡丹江市宁安市渤海镇	上饶市婺源县江湾镇	随州市随县长岗镇	驻马店市确山县竹沟镇
47	徐州市邳州市碾庄镇	铜陵县郊区大通镇	河源市江东新区古竹镇	河源市江东新区古竹镇	徐州市邳州市碾庄镇
48	铜陵县郊区大通镇	泉州市安溪县湖头镇	涪陵区蔺市镇	海口市云龙镇	海口市云龙镇

排名	百度旅游	携程	去哪儿	同程	综合排名
49	随州市随县长岗镇	河源市江东新区古竹镇	潼南区双江镇	涪陵区蔺市镇	铜陵县郊区大通镇
50	河源市江东新区古竹镇	海口市云龙镇	南充市西充县多扶镇	宜宾市翠屏区李庄镇	南充市西充县多扶镇
51	涪陵区蔺市镇·	南充市西充县多扶镇	红河州建水县西庄镇	拉萨市尼木县吞巴乡	涪陵区蔺市镇
52	南充市西充县多扶镇	红河州建水县西庄镇	兰州市榆中县青城镇	铜川市耀州区照金镇	河源市江东新区古竹镇

注：仅以自然风景和文物古迹旅游为例，其余创意和影视等旅游休闲型未括在内。

表 6-2 显示，风景级别高的小镇其知名度也靠前，这说明特色小镇的旅游仍然以资源型旅游观光为主，且以旅游产业为其主要经济基础，与综合性的城镇建设仍有较大差距。

3. 农产品产业型特色小镇排名

在产业型特色小（城）镇中，我们通过国家对该镇主要产品的认证程度，作为衡量其产品知名度的指标。由于制造业尚未有统一的认证体系，也很难从认证体系衡量其产品的特色度，故这里仅对农产品型的特色小镇，采用国家各类农产品认证（商标数量）指标，每一项通过认证的产品或具有注册农产品商标的均赋值为 1，各项相加即为每个小镇的农产品知名度分值。共计有十项认证内容（见表 6-3），最高值为 10。

表 6-3 农产品认证 / 商标类型

无公害认证（2003 年修订）	食品卫生安全认证（2004 年开始）
绿色产品认证（1990 年开始）	种植规范 GAP 认证（2007 年开始）

有机食品认证（2002 年开始）	加工 GMP 认证（美国 60 年代发起）
原产地保护认证（2005 年）	国际通用标准 ISO9000 族质量体系认证
地理标志保护认证（1999 年开始）	国际 ISO14000 管理模式认证

根据上述认证所得分值，对获得过这些荣誉的小镇进行排名，结果发现仅有 7 个（见表 6-4）。

表 6-4　农产品认证的特色小镇排名

所在省份	特色小镇	认证项数量	排名
湖北省	荆门市东宝区漳河镇	5	1
上海市	金山区枫泾镇	3	2
四川省	成都市郫县德源镇	1	3
上海市	青浦区朱家角镇	1	3
黑龙江省	牡丹江市宁安市渤海镇	1	3
江苏省	泰州市姜堰区溱潼镇	1	3
贵州省	遵义市仁怀市茅台镇	1	3

由表 6-4 可见，由于特色小镇的主导产业尚不明显，故目前通过认证的产品数量少，甚至有很多小镇从未有任何产品进行过认证或获得国家特色产品荣誉。

二、达标度

特色小（城）镇仅是新型城镇化的目标之一。事实上，之前国家在很多领域对小城镇建设都给予过不同的荣誉称号，并配备相应的验收指标，作为鼓励城镇健康发展的导引性认证。经过这些认证所获得的荣誉称号也反映小镇在某些方面所达到的水准。我们认为，鉴于特色小（城）镇功能的综合性和多样性，以及成熟阶段的融合性，这些认证同样是特色小（城）镇建设内容的组成部分。因此，采用之前的一些指标可以反映小镇在各方面建设所取得的成就，即达标度。达标度越高，说明与特色小（城）镇的目标越近。

根据已经公布的各种国家级小镇评选结果和名录，每一项赋值为1，共有29项（见表6-5）。

表6-5　小城镇建设各种称号列表

荣誉类型	荣誉称号	单位
综合	全国重点镇（2014）	国家住建部等六部委
	全国小城镇建设试点镇（1994、1995）	国家住建部
	全国小城镇建设示范镇（1997、1999）	国家发改委
	全国发展改革试点镇（2005、2008、2012）	国家发改委
	国家级小城镇综合改革试点镇（1995）	国家体改委
	全国建制镇示范试点（2014）	国家发改委等部门
环境	全国环境优美乡镇（2003、2004、2006、2007、2008、2010、2011）	国家环保总局
	国家级生态乡镇（原名全国环境优美乡镇）（2014）	国家环保总局
	国家绿色低碳重点小城镇（2011）	财政部、住建部、国家发改委
	国家生态文明建设示范村镇（2014）	国家环保部

荣誉类型	荣誉称号	单位
环境	全国文明镇（2005、2009、2011、2015）	国家精神文明指导委员会、中央文明办
	中央精神文明创建工作先进单位（2002）	国家精神文明指导委员会
	美丽宜居小镇／村庄（2013、2015、2016）	国家住建部
	国家卫生镇（2013）	全国爱国卫生运动委员会
	全国安全社区（2014）	国家安全监管总局
旅游	中国历史文化名镇（2003、2005、2007、2008、2010、2014、2016）	住建部和国家文物局
	全国特色景观旅游名镇（2010、2011、2015）	住建部、国家旅游局
	国家 5A 级旅游景区（2007 年开始）	国家旅游局
	全国重点文物保护单位（1961、1982、1988、1996、2001、2006、2013）	国家文物局
	中国特色村（2012）	中国村社发展促进会
	全国农业旅游示范点（2012）	国家旅游局
	全国红色旅游先进单位（2011）	中央办公厅、国务院办公厅
经济	全国一村一品示范镇（2011、2012、2013、2014、2015、2016）	农业部
	国家级小城镇经济综合开发示范镇（2010）	国家发改委
	全国深化城镇基础设施有融资模式创先试点特色镇（2016）	国家发改委
	中国经济发达镇行政管理体制改革试点镇（2016）	国家六部委

1. 综合评价

根据上述的认证内容，在每项内容里找出首批 127 个特色小镇的名称，分别对其进行赋值，然后对 127 个小镇的分值进行加总，得出综合达标度分值和排名（见表 6-6）。

表 6-6 达标度综合排名

特色小镇	荣誉分值（排名）	特色小镇	荣誉分值
兰州市榆中县青城镇	6（1）	徐州市邳州市碾庄镇	0
昌平区小汤山镇	6（1）	湖州市德清县莫干山镇	0
苏州市吴中区甪直镇	5（2）	铜陵县郊区大通镇	0
汉中市宁强县青木川镇	5（2）	厦门市同安区汀溪镇	0
苏州市吴江区震泽镇	5（2）	龙岩市上杭县古田镇	0
绍兴市诸暨市大唐镇	5（2）	上饶市婺源县江湾镇	0
密云区古北口镇	4（3）	襄阳市枣阳市吴店镇	0
南阳市西峡县太平镇	4（3）	黄冈市红安县七里坪镇	0
长沙市浏阳市大瑶镇	3（4）	随州市随县长岗镇	0
盘锦市大洼区赵圈河镇	3（4）	湘西自治州花垣县边城镇	0
金山区枫泾镇	3（4）	河源市江东新区古竹镇	0
黄山市黟县宏村镇	3（4）	柳州市鹿寨县中渡镇	0
六安市裕安区独山镇	3（4）	贺州市八步区贺街镇	0
宜春市明月山温汤镇	3（4）	海口市云龙镇	0
温州市乐清市柳市镇	3（4）	涪陵区蔺市镇	0

特色小镇	荣誉分值（排名）	特色小镇	荣誉分值
南昌市进贤县文港镇	3（4）	成都市大邑县安仁镇	0
佛山市顺德区北滘镇	3（4）	攀枝花市盐边县红格镇	0
淄博市淄川区昆仑镇	3（4）	南充市西充县多扶镇	0
万州区武陵镇	3（4）	宜宾市翠屏区李庄镇	0
大兴安岭地区漠河县北极镇	2（5）	贵阳市花溪区青岩镇	0
娄底市双峰县荷叶镇	2（5）	红河州建水县西庄镇	0
江门市开平市赤坎镇	2（5）	大理州大理市喜洲镇	0
齐齐哈尔市甘南县兴十四镇	2（5）	拉萨市尼木县吞巴乡	0
无锡市宜兴市丁蜀镇	2（5）	山南市扎囊县桑耶镇	0
丽水市莲都区大港头镇	2（5）	铜川市耀州区照金镇	0
南平市邵武市和平镇	2（5）	宝鸡市眉县汤峪镇	0
荆门市东宝区漳河镇	2（5）	武清区崔黄口镇	0
房山区长沟镇	2（5）	通化市辉南县金川镇	0
邢台市隆尧县莲子镇	2（5）	丽水市龙泉市上垟镇	0
吕梁市汾阳市杏花村镇	2（5）	宣城市旌德县白地镇	0
青岛市胶州市李哥庄镇	2（5）	许昌市禹州市神垕镇	0
宜昌市夷陵区龙泉镇	2（5）	肇庆市高要区回龙镇	0
晋城市阳城县润城镇	1（6）	中山市古镇镇	0
牡丹江市宁安市渤海镇	1（6）	桂林市恭城县莲花镇	0
青浦区朱家角镇	1（6）	泸州市纳溪区大渡口镇	0

特色小镇	荣誉分值（排名）	特色小镇	荣誉分值
泰州市姜堰区溱潼镇	1（6）	六盘水市六枝特区郎岱镇	0
金华市东阳市横店镇	1（6）	银川市西夏区镇北堡镇	0
安庆市岳西县温泉镇	1（6）	保定市高阳县庞口镇	0
福州市永泰县嵩口镇	1（6）	衡水市武强县周窝镇	0
泉州市安溪县湖头镇	1（6）	晋中市昔阳县大寨镇	0
鹰潭市龙虎山风景名胜区上清镇	1（6）	赤峰市宁城县八里罕镇	0
驻马店市确山县竹沟镇	1（6）	通辽市科尔沁舍伯吐镇	0
郴州市汝城县热水镇	1（6）	大连市瓦房店市谢屯镇	0
梅州市梅县区雁洋镇	1（6）	丹东市东港市孤山镇	0
黔江区濯水镇	1（6）	辽源市东辽县辽河源镇	0
潼南区双江镇	1（6）	延边龙井市东盛涌镇	0
达州市宣汉县南坝镇	1（6）	烟台市蓬莱市刘家沟镇	0
黔东南州雷山县西江镇	1（6）	潍坊市寿光市羊口镇	0
西安市蓝田县汤峪镇	1（6）	泰安市新泰市西张庄镇	0
临夏州和政县松鸣镇	1（6）	威海市开发区崮山镇	0
南京市高淳区桠溪镇	1（6）	焦作市温县赵堡镇	0
盐城市东台市安丰镇	1（6）	邵阳市邵东县廉桥镇	0
杭州市桐庐县分水镇	1（6）	琼海市潭门镇	0
嘉兴市桐乡市濮院镇	1（6）	成都市郫县德源镇	0

特色小镇	荣誉分值（排名）	特色小镇	荣誉分值
阿勒泰地区富蕴县可可托海镇	1（6）	遵义市仁怀市茅台镇	0
滨海新区中塘镇	1（6）	德宏州瑞丽市畹町镇	0
秦皇岛市卢龙县石门镇	1（6）	武威市凉州区清源镇	0
临沂市费县探沂镇	1（6）	海东市化隆回族自治县群科镇	0
北海市铁山港区南康镇	1（6）	海西自治州乌兰县茶卡镇	0
安顺市西秀区旧州镇	1（6）	固原市泾源县泾河源镇	0
杨陵区五泉镇	1（6）	喀什地区巴楚县色力布亚镇	0
呼伦贝尔市额尔古纳市莫尔道嘎镇	0	塔城地区沙湾县乌兰乌苏镇	0
辽阳市弓长岭区汤河镇	0	第八师石河子市北泉镇	0
松江区车墩镇	0	徐州市邳州市碾庄镇	0

注：分值为零者无须排名（下同）。

由表 6-6 可以看出，已有的各项荣誉中，特色小镇在榜上有名者并不多，本批次 127 个特色小镇中，只有不到一半的曾有过荣誉，而且总体频次很低，最高仅有 6 次，还不到全部评定次数的 1/6。同时，分布分散，无明显规律。

2. 旅游型

由于上述的每种称号有较强的针对性，需要进一步对不同类型特色小镇分开进行评估。在旅游型特色小镇中，由于创意、休闲等旅游模式与通常的观光旅游有诸多差异之处，故这里仅考虑纯粹的自然风景或历史文物古迹（古城）类型。根据上述荣誉称号分值进行的排名见表 6-7。

表 6-7　旅游型特色小镇达标度分值与排名

特色小镇	荣誉分值（排名）	特色小镇	荣誉分值
兰州市榆中县青城镇	6（1）	呼伦贝尔市额尔古纳市莫尔道嘎镇	0
苏州市吴中区甪直镇	5（2）	辽阳市弓长岭区汤河镇	0
汉中市宁强县青木川镇	5（2）	松江区车墩镇	0
密云区古北口镇	4（3）	徐州市邳州市碾庄镇	0
南阳市西峡县太平镇	4（3）	湖州市德清县莫干山镇	0
盘锦市大洼区赵圈河镇	3（4）	铜陵县郊区大通镇	0
金山区枫泾镇	3（4）	厦门市同安区汀溪镇	0
黄山市黟县宏村镇	3（4）	龙岩市上杭县古田镇	0
六安市裕安区独山镇	3（4）	上饶市婺源县江湾镇	0
宜春市明月山温汤镇	3（4）	襄阳市枣阳市吴店镇	0
大兴安岭地区漠河县北极镇	2（5）	黄冈市红安县七里坪镇	0
娄底市双峰县荷叶镇	2（5）	随州市随县长岗镇	0
晋城市阳城县润城镇	1（6）	湘西自治州花垣县边城镇	0
牡丹江市宁安市渤海镇	1（6）	河源市江东新区古竹镇	0
泰州市姜堰区溱潼镇	1（6）	柳州市鹿寨县中渡镇	0
安庆市岳西县温泉镇	1（6）	贺州市八步区贺街镇	0
福州市永泰县嵩口镇	1（6）	海口市云龙镇	0
泉州市安溪县湖头镇	1（6）	涪陵区蔺市镇	0
鹰潭市龙虎山风景名胜区上清镇	1（6）	成都市大邑县安仁镇	0

特色小镇	荣誉分值 （排名）	特色小镇	荣誉分值
驻马店市确山县竹沟镇	1（6）	攀枝花市盐边县红格镇	0
郴州市汝城县热水镇	1（6）	南充市西充县多扶镇	0
梅州市梅县区雁洋镇	1（6）	宜宾市翠屏区李庄镇	0
黔江区濯水镇	1（6）	贵阳市花溪区青岩镇	0
潼南区双江镇	1（6）	红河州建水县西庄镇	0
达州市宣汉县南坝镇	1（6）	大理州大理市喜洲镇	0
黔东南州雷山县西江镇	1（6）	拉萨市尼木县吞巴乡	0
西安市蓝田县汤峪镇	1（6）	山南市扎囊县桑耶镇	0
临夏州和政县松鸣镇	1（6）	铜川市耀州区照金镇	0
		宝鸡市眉县汤峪镇	0

3. 产业型

产业型本应包括农业、制造业、创意产业等，但由于创意产业型的特色小（城）镇数量较少，不便于排名。这里仅指农业和制造业。采用同样的方法，对农产品和制造业相关的产业型特色小镇分别进行排名（见表 6-8）。

表 6-8   产业型特色小镇达标度分值与排名

农业产业型特色小镇	荣誉分值 （排名）	制造业产业型特色小镇	荣誉分值 （排名）
长沙市浏阳市大瑶镇	4（1）	绍兴市诸暨市大唐镇	5（1）
万州区武陵镇	3（2）	淄博市淄川区昆仑镇	3（2）

农业产业型特色小镇	荣誉分值（排名）	制造业产业型特色小镇	荣誉分值（排名）
房山区长沟镇	2（3）	青岛市胶州市李哥庄镇	2（3）
邢台市隆尧县莲子镇	2（3）	临沂市费县探沂镇	1（4）
宜昌市夷陵区龙泉镇	2（3）	保定市高阳县庞口镇	0
滨海新区中塘镇	1（4）	衡水市武强县周窝镇	0
秦皇岛市卢龙县石门镇	1（4）	威海市开发区崮山镇	0
北海市铁山港区南康镇	1（4）		
安顺市西秀区旧州镇	1（4）		
杨陵区五泉镇	1（4）		
晋中市昔阳县大寨镇	0		
赤峰市宁城县八里罕镇	0		
通辽市科尔沁左翼中旗舍伯吐镇	0		
大连市瓦房店市谢屯镇	0		
丹东市东港市孤山镇	0		
辽源市东辽县辽河源镇	0		
延边朝鲜族自治州龙井市东盛涌镇	0		
烟台市蓬莱市刘家沟镇	0		
泰安市新泰市西张庄镇	0		
焦作市温县赵堡镇	0		
邵阳市邵东县廉桥镇	0		
琼海市潭门镇	0		

农业产业型特色小镇	荣誉分值（排名）	制造业产业型特色小镇	荣誉分值（排名）
成都市郫县德源镇	0		
德宏州瑞丽市畹町镇	0		
武威市凉州区清源镇	0		
海东市化隆回族自治县群科镇	0		
固原市泾源县泾河源镇	0		
喀什地区巴楚县色力布亚镇	0		
塔城地区沙湾县乌兰乌苏镇	0		
第八师石河子市北泉镇	0		

4. 旅游与产业兼业型

特色小镇的发展目标是多业融合，尤其是其他产业与旅游业融合，才能更容易实现特色小镇的"四个融合"和人与环境的和谐和可持续发展。这里分别对第一批特色小镇中的 22 个旅游 – 农业兼业型小镇和 20 个旅游 – 制造业兼业型小镇的数值进行排名（见表 6-9）。

表 6-9　旅游 – 产业兼业型特色小镇排名

旅游 – 农业兼业型特色小镇	排名	旅游 – 制造业兼业型特色小镇	排名
昌平区小汤山镇	1	苏州市吴江区震泽镇	1
佛山市顺德区北滘镇	2	温州市乐清市柳市镇	2
佛山市顺德区北滘镇	2	南昌市进贤县文港镇	2

旅游－农业兼业型特色小镇	排名	旅游－制造业兼业型特色小镇	排名
齐齐哈尔市甘南县兴十四镇	3	温州市乐清市柳市镇	2
荆门市东宝区漳河镇	3	南昌市进贤县文港镇	2
齐齐哈尔市甘南县兴十四镇	3	南平市邵武市和平镇	3
荆门市东宝区漳河镇	3	南平市邵武市和平镇	3
南京市高淳区桠溪镇	4	盐城市东台市安丰镇	4
阿勒泰地区富蕴县可可托海镇	4	嘉兴市桐乡市濮院镇	4
南京市高淳区桠溪镇	4	盐城市东台市安丰镇	4
阿勒泰地区富蕴县可可托海镇	4	嘉兴市桐乡市濮院镇	4
通化市辉南县金川镇		丽水市龙泉市上垟镇	
肇庆市高要区回龙镇		宣城市旌德县白地镇	
桂林市恭城瑶族自治县莲花镇		许昌市禹州市神垕镇	
六盘水市六枝特区郎岱镇		丽水市龙泉市上垟镇	
银川市西夏区镇北堡镇		宣城市旌德县白地镇	
通化市辉南县金川镇		许昌市禹州市神垕镇	
肇庆市高要区回龙镇		中山市古镇镇	
桂林市恭城瑶族自治县莲花镇		泸州市纳溪区大渡口镇	
六盘水市六枝特区郎岱镇			
银川市西夏区镇北堡镇			

第七章 特色小（城）镇发展潜力

　　按照特色小(城)镇的成长阶段，初始阶段往往是"一村一品"和"一镇一品"，到高级阶段后，传统产业与旅游融合、生产与消费融合、物质产品与文化创意融合，就会成为多业融合的综合特色小（城）镇。因此，小镇的成长过程就是一个发现价值、创造价值和传递价值的过程。越向高级阶段，其融合价值越大。初始阶段一般具有六个基础要素中的一种或几种，随着向高级阶段演化，具备的要素越多、越齐全；六项基本要素是产业基础、空间区位、资金、创新氛围、文化底蕴、自然环境。因此，特色小（城）镇需要循序渐进、在合适的地区寻找合适的发展路径；而不是全面开花、一拥而上、大拆大建，搞"造镇"运动。在发展初期考察其发展潜力时，倾向于在某些要素具备的地方，通过增加或改善其他方面的要素或条件，即弥补短板，促进其向高级阶段迈进。因而，具有这六项要素的地方代表着这些地区在某一方面具有发展特色小（城）镇的潜力。

　　我国城镇化从快速发展期走向转型期，尤其是新型城镇化取得了很多成就，对于小城镇建设和发展起了极大的推动作用。归纳起来，对特色小（城）镇在经济发展、空间区位条件、创新氛围、文化特色、自然环境建设等有影响的重点镇建设、新型城镇化试点镇改革、对小镇传统文化的保护和宜居环境建设等方面，直接与特色小（城）镇的六项要素相关。这些城镇化建设的成就已经为特色小（城）镇奠定了基础，在这些地区根据不同类型弥补各自的短板，将继续在某些方面成为我国特色小（城）镇发展最有潜力的地区。

一、重点镇建设为特色小（城）镇发展奠定经济基础

为增强小城镇的实力和强化小城镇在城镇化中连接城乡的纽带作用，实现城镇过程中提高质量、节约用地、体现特色等要求，国家发展和改革委员会、建设部、民政部、国土资源部、农业部、科技部等部门在 2004 年根据人口规模、区位条件、经济发展潜力、服务功能、规划管理水平和科技创新能力，在全国确定了一批重点镇，在政策、土地及项目安排上对全国重点镇建设发展予以扶持，并于 2014 年重新增补明确了 3675 个城镇作为全国的重点镇。这些城镇经过了十余年的发展后，大都成为经济实力强、综合发展能力得到有效提升的重要城镇。在经济基础和综合发展能力方面，有望成为特色小（城）镇的有利条件。

根据《中国统计年鉴（2016）》数据，截止到 2015 年，我国共有县级区划数 2850 个（包括自治县 117 个），乡镇级规划数 39789 个（其中镇 20515 个，乡 11315 个，街道 7957 个）。2014 年 7 月 21 日，根据住房和城乡建设部、国家发展改革委、财政部、国土资源部、农业部、民政部、科技部联合发布的《关于开展全国重点镇增补调整工作的通知》（建村〔2013〕119 号），对全国重点镇基础上进行增补后的最新数据，全国重点镇共计 3675 个，占建制镇的18%，占全部乡镇区数量的 0.2%。同时，首批特色小镇仅占全国重点镇的 3.4%。这些重点镇多分布于中部地区，其中重点镇超过 150 个的有 6 个省份，分别是四川 277 个、山东 207 个、河南 203 个、河北 191 个、云南 184 个、湖南 170 个，6 省共计 1232 个，占全部重点镇的 33.52%（见图 7-1）。鉴于中部地区在农业和制造业方面都具有良好的基础和发展优势，这些重点镇的经济基础和产业实力，将继续为产业型特色小（城）镇建设提供综合经济和产业基础。

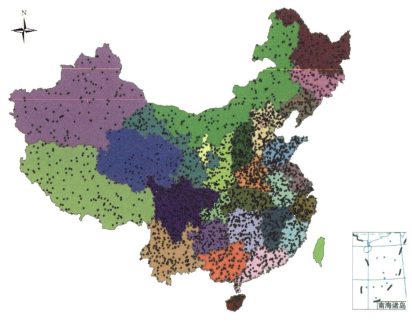

图 7-1　全国重点镇分布

数据来源：住房和城乡建设部、国家发展改革委、财政部、国土资源部、农业部、民政部、科技部联合发布了《关于开展全国重点镇增补调整工作的通知》（建村〔2013〕119 号）（2014 年 7 月 21 日）。图中的点为随机点，点数仅代表各省的数量，不代表位置。

二、新型城镇化试点镇也将是特色小（城）镇的改革方向

　　随着新型城镇化进入转型期，要求新型城镇化通过进一步改革实现创新。为配合新型城镇化的改革目标，国家发展和改革委员会分别于 2005 年 1 月 10 日颁布《国家发展改革委办公厅关于公布第一批全国发展改革试点小城镇的通知》（发改办规划〔2005〕36 号），于 2008 年 3 月 25 日颁布《国家发展改革委办公厅关于公布第二批全国发展改革试点小城镇名单的通知》（发改办规划〔2008〕706 号），于 2012 年 3 月 8 日颁布《国家发展改革委办公厅关于公布第三批全国发展改革试点城镇名单的通知》（发改办规划〔2012〕507 号）。试点过程中要求，结合当前新型城镇化发展实际，坚持突出地方特色，重点在农民工融入城镇、新生中小城市培育、中心城市建设、城市绿色智能发展、产城融合发展、地方文化保护传承、城乡统筹发展等领域，根据《国家新型城镇化综合试点工作方案要点》任

务，结合本地发展实际，重点突破薄弱环节，积极探索，闯出新路。

经过对试点镇健全领导协调机制、强化责任分工落实、建立试点报告制度、建立监测考评机制、加强双向沟通交流和加强舆论宣传引导等方面的不断推进，试点镇的改革创新走在了城镇化建设的前沿。特色小（城）镇作为改革的突破口，正是延续了城镇化的改革需要和改革成果。在三批综合改革试点镇中，第一批116个，第二批159个，第三批366个，三批共计641个改革试点镇，占全国乡镇的3.1%，是首批特色小镇数量的5倍多。大多分布于东部沿海地区，其中发展改革试点小城镇超过25个的有10个省份，分别是浙江44个、山东38个、辽宁37个、江苏32个、安徽31个、黑龙江31个、广东30个、河北29个、吉林27个、湖北26个，10省共计325个，占三批发展改革试点小城镇的50.55%（见图7-2）。这些地区既是经济强镇，也是改革的前沿阵地；事实

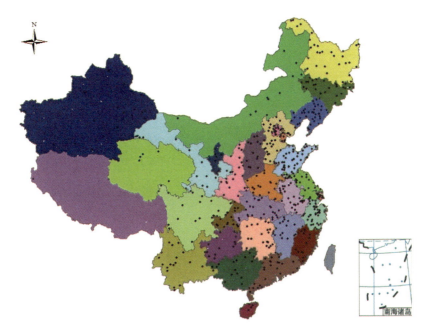

图7-2　全国综合改革试点镇分布

数据来源：2005年1月10日颁布《国家发展改革委办公厅关于公布第一批全国发展改革试点小城镇的通知》（发改办规划〔2005〕36号，2008年3月25日颁布《国家发展改革委办公厅关于公布第二批全国发展改革试点小城镇名单的通知》（发改办规划〔2008〕706号），2012年3月8日颁布《国家发展改革委办公厅关于公布第三批全国发展改革试点镇名单的通知》（发改办规划〔2012〕507号）。图中的点为随机点，点数仅代表各省的数量，不代表位置。

上，也是特色小（城）镇最发达的地区。随着特色小（城）镇的进一步铺开，这些试点镇通过改革取得的经验，为特色小（城）镇改革创新提供更大的动力，也将成为创新特色小（城）镇的所在地。

三、历史文化名镇（村）将成为特色小（城）镇 文化独特性的根基

文化底蕴是特色小（城）镇的灵魂和内涵，每个小镇都有自己的文化图腾，才能形成向心力和凝聚力。小镇的个性、特点、灵魂和魅力，均体现在其文化中。特色小（城）镇之所以能够在较小空间范围内，产生出全国甚至全球知名度，需要的是文化内涵所产生的影响力。这种影响力就是通过文化对各种要素和各利益相关者的凝聚力实现的。任何一种共同体都需要赖以维系的共同精神为纽带，这种共同体精神的基础，就是共同体成员对文化的认同。通过这种认同，可以实现共同体文化对个体的统摄、规范、吸引和关怀；同时也使个体对共同体文化做到自觉皈依、奉行和遵守，从而使他们为一个共同的目标而采取统一行动。这种文化凝聚力所产生的软实力，可以通过导向、吸引和效仿得以传播，从而产生更大的影响力。因此，特色小（城）镇的文化是一个贯穿产业、空间、生产和生活的融合剂，是整体文化而不是单独文化。

我国村镇有大量历史传统建筑，这是我国灿烂传统文化的重要组成部分，其中不少具有很高的历史文化保护价值和可供借鉴的建筑艺术价值，它们是了解地区文化独特性的重要组成部分。为更好保护、继承和发扬我国优秀建筑历史文化遗产，弘扬民族传统和地方特色，建设部（现住房和城乡建设部）在全国范围评选命名了全国历史文化名镇和全国历史文化名村。内容包括：历史价值与风貌特色、地方特色和民族风情，并要求保护的完好程度和现状具有一定规模。这与特色小（城）镇秉承文化的传承性和延续性一脉相承。事实上，现

今的很多特色小（城）镇是在古镇基础上形成的，尤其旅游型特色小（城）镇绝大多数基于古镇文化。

自 2003 年到 2014 年，建设部共评选了六批中国历史文化古镇：第一批 10 个、第二批 34 个、第三批 41 个、第四批 58 个、第五批 38 个、第六批 71 个，共计 252 个，占全国所有镇的 1.2%，约是首批特色小镇的 2 倍。多分布于东部沿海和川渝地区，其中省域历史文化名镇超过 20 个的有 3 个省份，分别是江苏 27 个、四川 24 个、浙江 20 个，3 省共计 71 个，占 6 批中国历史文化名镇的 28.17%（见图 7-3）。

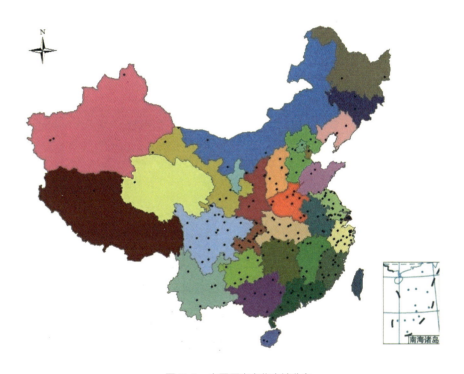

图 7-3　中国历史文化古镇分布

数据来源：建设部《关于公布中国历史文化名镇（村）（第一批）的通知》（2003 年 10 月 8 日，建村〔2003〕199 号），《关于公布第二批中国历史文化名镇（村）的通知》（2005 年 9 月 16 日，建规〔2003〕156 号），《关于公布第三批中国历史文化名镇（村）的通知》（2007 年 5 月 31 日，建规〔2007〕137 号），《关于公布第四批中国历史文化名镇（村）的通知》（2008 年 10 月 14 日，建规〔2008〕192 号），《关于公布第五批中国历史文化名镇（村）的通知》（2010 年 7 月 22 日，建规〔2010〕150 号），《住房和城乡建设部 国家文物局关于公布第六批中国历史文化名镇（村）的通知》（2014 年 2 月 19 日，建规〔2014〕27 号）。

图中的点为随机点，点数仅代表各省的数量，不代表位置。

　　建设部评选的中国传统村落共四批：第一批 646 个、第二批 915 个、第三批 994 个、第四批 1592 个，共计 4147 个。传统村落多分布于东中部地区和少数民族聚集地区，其中美丽宜居村庄超过 200 个的有 7 个省份，分别是：云南 615 个、贵州 546 个、浙江 401 个、山西 279 个、湖南 257 个、福建 230 个、四川 225 个，7 省共计 2553 个，占 4 批美丽宜居村庄的 61.56%（见图 7-4）。

　　这些地区的古镇和古村旅游分别组成了北方大院建筑群、西北古镇古村群落、西南古村群落、南诏古镇古村群落、水乡古镇古村群落、岭南古村群落、湘黔古镇古村群落，从而奠定了中华文化的基本空间格局。特色小（城）镇的传统文化传承也将在此空间格局下进行提升和不断挖掘。因此，这些古镇古村将是特色小（城）镇寻找传统文化和挖掘传统文化的最佳地区，也是借助旅游

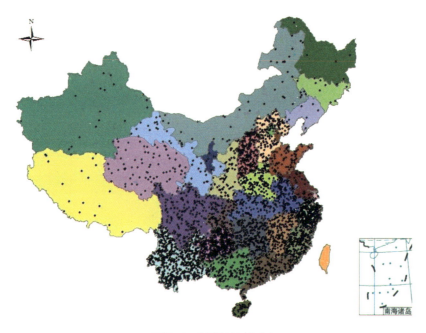

图 7-4　中国传统村落分布

数据来源：《住房和城乡建设部 文化部 财政部关于公布第一批列入中国传统村落名录村落名单的通知》（2012 年 12 月 17 日，建村〔2012〕189 号），《住房和城乡建设部　文化部　财政部关于公布第二批列入中国传统村落名录的村落名单的通知》（2013 年 8 月 26 日，建村〔2013〕124 号），《住房和城乡建设部等部门关于公布第三批列入中国传统村落名录的村落名单的通知》（2014 年 11 月 17 日，建村〔2014〕168 号），《住房和城乡建设部等部门关于公布第四批列入中国传统村落名录的村落名单的通知》（2016 年 12 月 9 日，建办〔2016〕278 号）。图中的点为随机点，点数仅代表各省的数量，不代表位置。

创建知名度和品牌的重要途径。需要注意的问题是避免就古镇做古镇、千镇一面、注重观光忽视产业等问题，突破旅游局限性，以全域旅游为契机，将重心转向综合和融合发展的特色小（城）镇建设模式中来。

四、自然环境建设将成为特色小（城）镇的最佳本底

自然环境是特色小（城）镇建设的基础。我国经济在经历了30多年的高速增长后，自然环境破坏比较严重，以可持续发展为首要任务的新型城镇化中特别突出了自然环境的重要性。自然环境也是特色小（城）镇建设中贯穿始终的重要组成部分。我国大部分地区普遍走着先污染后治理的老路。在自然环境方面临严峻挑战和巨大压力下，环境的改善和治理在某种程度上决定着特色小（城）镇建设的成败。自然环境好的地区也是特色小（城）镇建设好的地区。

自然环境特色作为特色小（城）镇的先天基础，只有在当地特殊环境下才能出现，是大自然赋予的财富，是任何人工建设所不能代替的。美丽宜居城镇和宜居村庄的评选，是住房和城乡建设部根据环境保护的要求对具有特色宜居环境的保护措施。这些被保护的村镇是指风景美、街区美、功能美、生态美、生活美的建制镇和村庄，其评判标准分五方面，包括整体风貌、格局特色、街巷空间、园林绿地、景观设施、建筑住房、历史遗产、文化活力等内容，以及收入水平、就业保障、社会管理、安全管理、建设管理等内容。其中风景类要求在自然景观、田园风光、村庄风貌等方面都要体现当地的特色和自然地理特征；街区类需要在整体风貌、格局特色、街巷空间、园林绿地、景观设施、建筑住房、历史遗产和文化活动等方面具有保护完好的传统特色；功能类要求在公共服务、商业服务、生活用水、污水处理、垃圾治理、道路建设、防灾设施等方面要求，设施健全，基本满足居民生活需要；生态类型在生态环境和绿色低碳等方面，要求达到指定的国家标准；生活类型在收入水平、就业保障、社

会管理、安全管理和建设管理等方面也有基本要求。这些评选标准正是特色小（城）镇自然环境建设所需要的，美丽宜居小镇是在丰富自然、人文景点的基础上，保留村镇特色，使生活在城区里的人离开城市来到这里时，能忘记城市的喧嚣，看得见山水，记得住乡愁。因此，选出的村镇也能从一定程度上反映目前我国在环境建设方面走在前列的城镇和村庄。

截止到 2016 年底，住房和城乡建设部评选的美丽宜居小镇共计四批：第一批 8 个，第二批 45 个，第三批 42 个，第四批 95 个，共计 190 个。多分布于经济发达地区和自然环境基础良好地区，其中美丽宜居小镇超过 10 个的有 4 个省份，分别是江苏 12 个、湖南 11 个、浙江 11 个、四川 10 个，4 省共计 44 个，占 4 批美丽宜居小镇的 23.16%（见图 7-5）。事实上，这些地区也是特色小（城）

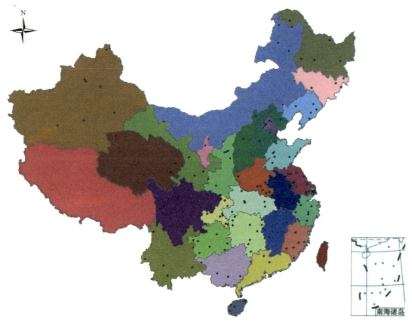

图 7-5   美丽宜居城镇分布

注：数据分别来源于 2013 年 11 月 11 日颁布的建村〔2013〕159 号《住房和城乡建设部关于公布第一批建设美丽宜居小镇、美丽宜居村庄示范名单的通知》；2015 年 1 月 20 日颁布的建村函〔2015〕12 号《住房和城乡建设部关于公布第二批建设宜居小镇、宜居村庄示范名单的通知》；2016 年 1 月 12 日颁布的建村〔2016〕13 号《住房和城乡建设部关于公布第三批美丽宜居小镇、美丽宜居村庄示范名单的通知》；2016 年 12 月 28 日颁布的建办村〔2016〕71 号《住房和城乡建设部办公厅关于公布第四批美丽宜居小镇、美丽宜居村庄示范名单的通知》；总量为 4 批美丽宜居小镇之和。同美丽宜居村庄分布图。图中的点为随机点，点数仅代表各省的数量，不代表位置。同图 7-6。

镇发展较好的地区。

美丽乡村建设作为新农村建设的高级阶段，以"看得见山水、留得住乡愁"为核心，最终目的都是改善农村生活环境，尤其是让农民不进城也能享受到与城市居民同样的公共服务和生活品质，而且还保持了乡村田园风光和良好的生态环境。这与特色小（城）镇的环境、文化、产业等融合的城镇功能区目标完全一致。因此，特色小（城）镇是从城市一端实现健康的城镇化目标；美丽乡村建设是从乡村一端，实现健康居住和美好生活的目标，两者殊途同归。

美丽乡村建设是为了缩小城乡差距，使乡村居民也能享有与城市同等的基础设施、公共服务和良好的生态环境。这是一个动态化的过程，尤其是随着城镇化程度和质量的提高而改变的过程。随着城镇化水平的提高，以及乡村生产力水平的提高，实现农业现代化和产业化，农业生产呈现大规模种植和现代化经营，农村地区产值接近全国平均水平，人均 GDP 大概是 0.5 万—1 万美元，那时农民有条件集中居住，集中生产和生活，反而使现在建设的美丽乡村建筑和设施以及公共服务，都远远不能满足他们的需要；同时，生产关系已经是工厂化的雇佣和被雇佣关系，脱离了自家宅基地和土地的个人或集体所有形式，现在以家庭经济为形式的美丽乡村建设显然也不能适应；更有甚者，将来的农村人士很可能大都是有能力的农业生产经营者和管理者，以及有创新精神的创业者和富裕阶层的养老者，在目前框架形成的美丽乡村显然也不是他们想要的。因此，以聚集为特征的特色城镇，既能保证宜居环境、又能发挥城镇的聚集效应，是美丽乡村的未来。反过来，现在的美丽村庄中的一部分也将会随着人口聚集而变成特色小（城）镇。

截止到 2016 年底，住房和城乡建设部评选的美丽宜居村庄第一批 12 个、第二批 61 个、第三批 78 个、第四批 413 个，共计 564 个，多分布于东中部地区，其中美丽宜居村庄超过 20 个的有 18 个省份，分别是浙江 34 个，四川 30 个，江苏 29 个，湖南 27 个，辽宁 25 个，福建 25 个，湖北 25，江西 24 个，重庆 24 个，贵州 24 个，安徽 23 个，陕西 23 个，北京 21 个，山东 21 个，新疆 21 个，天津 20 个，河南 20 个，云南 20 个，18 省市共计 436 个，占 4 批美丽宜居村庄的 77.30%（见图 7-6）。这些村庄的环境保护、文化传承、基础设施和公共服务建设等将会为特色小（城）镇奠定天然基础，但是需要进一步整合，选择其中的一部分作为将来的特色小镇。

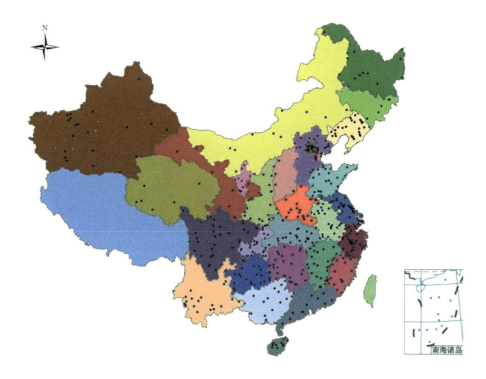

图 7-6　美丽宜居村庄分布

数据来源：同图 7-5。

五、旅游景区建设为特色小（城）镇提供先发条件

旅游型特色小（城）镇既是特色小（城）镇的一种主要类型，又是各种类型特色小（城）镇发展到成熟阶段、走向融合功能后必要的基本功能。浙江省特色小镇发展模式中，将打造 3A 级旅游景区作为指标之一。因此，特色小（城）镇也是风景旅游地的高级发展目标。

我国旅游业的快速发展已经近 30 年。一些开发时间长的旅游点由于其功能完善已经成为特色小（城）镇（见旅游型特色小（城）镇分布）。而大量旅游景点经过进一步完善和产业多样化后也将成为特色小（城）镇。因此，旅游景点的发展潜力也是特色小（城）镇发展具有潜力的地区。例如 5A 级景区最核心的内涵是对文化性与特色性的要求是"以人为本"的服务，为游客营造舒适优美的旅游环境，以及对基础设施、交通、卫生、管理等方面都有严格规定，而且强调动态管理和进入和退出机制。这些内容与特色小（城）镇有着异曲同工之处。

截止到 2016 年底，我国共有 218 个 5A 级旅游景区，这些景区多分布在东部沿海地区，以江苏和浙江为代表。西部一些有特点的地区，如新疆维吾尔自治区、云南、贵州等也有一定数量，在景区数量上西部地区占全国 5A 级景区总数的 20% 以上（见图 7-7）。因此，5A 级景区的普及程度，将为以旅游为特

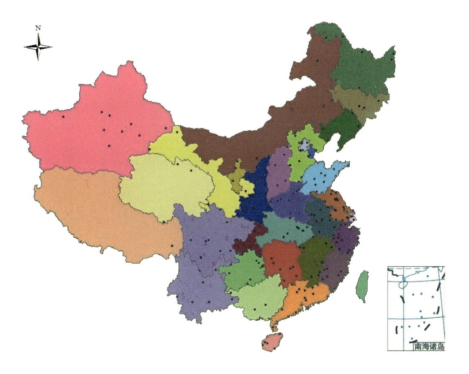

图 7-7　国家 5A 级旅游景区分布（2016 年底）

数据来源：国家旅游局官方网站。图中的点为随机点，点数仅代表各省的数量，不代表位置。

色的小镇建设提供旅游产业和人口流动基础。

　　随着全域旅游在各地逐渐铺开，以综合发展为理念的旅游越来越接近特色小（城）镇的发展目标。全域旅游使一批有条件的地方率先启动城镇综合规划，一批立足于旅游的特色小（城）镇将应运而生。另外，全域旅游的"旅游+"将在旅游形成的地区品牌和知名度基础上，不断扩展农业、制造业和服务业，增加城镇的融合功能。东部沿海和西部的云南、贵州、新疆维吾尔自治区，以及中部广大地区的特色旅游将通过全域旅游开发和不断延长旅游产业链和基础设施，成为特色小（城）镇建设的主要领地，并将促进文旅产业与旅游产业的进一步融合。

六、林场将成为贴近自然的"森林特色小（城）镇"

　　在特色小（城）镇自然环境建设中，森林资源是最主要的资源之一，它不仅直接构成了景观的一部分，森林还是改善整体环境的重要因素。我国森林覆盖率低，只要有森林的地方就成为重要的风景点和旅游景区。因此，森林资源在一定程度上成为自然风景的代名词。但是，由于长期对林业资源的过度采伐，目前呈现出森林覆盖率低、采伐多、更新少、林区道路少、森林资源利用率低等特点。有的林场甚至陷入资源危机与经济危困的"两危"状态。国外森林旅游以及森林城镇的建设说明，以森林为依托的发展模式可以在保护资源的基础上，通过多种经营与综合开发，有效地实现可持续发展。

　　目前我国共有国有林场4507家，分布在31个省（区、市）的1600多个县（市、旗、区），约占全国林区的1/2，其中2500多家为森林公园，其中包括湿地公园。林场的资源和环境效应正在逐渐显现。以"森林小镇"为特征的特色小（城）镇建设，既能保护森林，又能为人们提供宜居、宜养、宜游的地方。与农业小镇、科技小镇、互联网小镇、创新小镇和制造业小镇有很大区别，"森林小镇"是一个能够体现人与自然和谐发展的地方，是典型的贴近自然的特色小（城）镇，更能体现特色小（城）镇的内涵。"森林小镇"建设可以推动林区的"健康产业、养老产业、旅游产业"与新型城镇化融合，又能实现"以人为本"的新型城镇化发展路径和发展质量，还能带动就地城镇化，改善林场职工的生活条件。

我国"森林小镇"或者生态价值最好的地市集中在南北"四＋八"地区，北部包括黑吉辽、内蒙自治区，南边主要集中在湖南、江西、福建、两广、云贵川等。这些地区除了森林资源与水资源丰富外，还具有海拔错落有致的特点，更适宜成为"森林小镇"先行先试的试点地区。我国地级省市以上国有林场主要分布于黑龙江、湖南、湖北三省，林场总数占全国国有林场数量的63.03%（见图7-8），西部地区的国有林场份额只有10%左右，林业资源在我国分布极不均衡。尤其是东北的黑龙江，在东北经济出现下滑的现状下，以林场资源为主

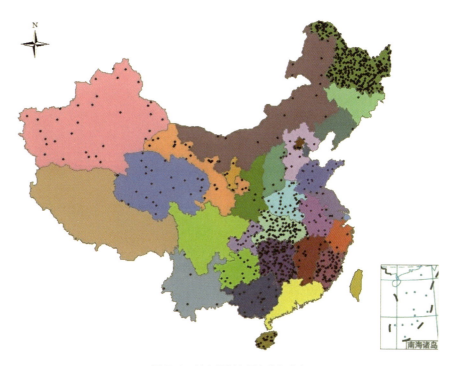

图7-8　地市级以上国有林场分布

注：数据来源于中国林业局官方网站。原数据中部分林场按照大兴安岭口径统计，后通过查询林场所归属林业局的所在行政单位进行划分。图中的点为随机点，点数仅代表各省的数量，不代表位置。

的林业及其服务业将成为经济转型的新型领域。因此，以林场为依托的特色小（城）镇建设将为黑龙江等地带来新的发展机遇。

但是，我国的林业旅游仍停留在纯粹的自然观光层面上，林场除旅游之外的收入仍然很低，基础设施和公共服务完全不能满足城镇建设的需要。尤其是处于老、少、边、穷地区的林场，还承担对当地村落进行托管的责任，如何通过促进森林资源合理利用，增进特色小（城）镇建设，推动地区扶贫和促进地区发展也成为特色小（城）镇建设的任务之一。如何利用特色小（城）镇建设中的基础设施、产业发展和扶贫政策，充分发挥市场作用实现 PPP 的投融资模式，改善林区的基础设施和公共服务条件，将是森林小镇的主要任务。

特色小（城）镇就是要在重视环境的基础上，更强调利用资源进行综合发展与融合发展，林场既有环境与资源优势，又有林产业，还有以森林为依托的生活着的林场职工，以及他们长期生活组成的社区与社会管理，完全具备特色小（城）镇发展的资源与特色产业基础和社会基础条件。只要合理地利用资源发展综合经济，在旅游和林业经济的基础上，延长林产业的产业链，改善基础设施，强化林业经济与旅游和服务经济的融合发展，不断提升林业经济发展质量，这将是特色小（城）镇建设的重要领域。目前我国有大量林场可以为特色小（城）镇提供这样的条件。

【专栏 7-1】

浙江省开始森林特色小镇建设

2015 年 11 月，浙江省林业厅出台《关于推进森林特色小镇和森林人家建设的指导意见》（下面统称《意见》），支持各地创建特色小镇，《意见》提出，力争通过 3 年创建，全省将培育建设 20 个左右森林特色小镇、100 个以上森林人家。森林特色小镇主要针对乡镇或社区、省级以上森林公园，而森林人家则以村为单位。创建森林特色小镇以及森林人家，主要重点是发展森林休闲养生新兴产业，兼顾木艺、竹艺、山货等具有地方特色的历史经典产业，允许民间资本参与合作。森林特色小镇的区域森林覆盖率要达到60%以上，小镇及其毗邻区域的森林面积不小于200公顷。而且林业主导产业要特色明显，产业集聚度和优势位居省内前列，并开展电子商务进行品牌建设和营销服务。按照《意见》要求，各地创建森林特色小镇满3年后，森林特色小镇林业总产值需达到5亿元以上，林业产值占当地总产值的50%以上；以森林休闲养生为特色的小镇林业总产值达到2亿元以上；以涉林历史经典产业为特色的小镇林业总产值达到1亿元以上。创建森林特色小镇以及森林人家，有利于加快推进现代林业经济发展，推动资源整合、产业融合，促进林业产业集聚、创新和转型升级。

下篇　地区篇

第八章　东北及内蒙古地区

内蒙古自治区东西狭长，虽然通常被划为中部地区，但其特色小镇主要分布在临近东北一带，自然景观和发展条件与东北地区极其相似。东北是我国的工业重镇，随着近年东北经济的下滑，经济增长速度五年来一直低于全国平均水平，第二产业也一直处于下降状态。城镇化水平相对较高，城乡居民人均收入差距较小，城镇发展具有一定基础。东北地区历来就是我国资源丰富、工农业基础雄厚的地区。其中，黑龙江省是我国著名的粮仓并拥有独特的森林资源，在生态环境和资源方面都具有独特的优势，水资源总量达到810亿立方米，居东北、华北和西北各省之首，是我国北方地区水资源最富集的省份。辽宁省有较长的海岸线，且四季分明，一年四季景色不同，各有特色。内蒙古自治区高原地形坦荡，资源丰富，并且森林、草原、戈壁等自然景观丰富多样，可以进行大规模的特色小镇建设。

四个省份在旅游方面，已经形成了独特的资源和环境优势，现有的特色小镇也以旅游为主。但是，旅游形象模糊、旅游信息化服务缺失、管理过于粗放。需要在充分打造地域产品品牌和挖掘民族文化多样性方面形成优势，并且能够将这些品牌和文化因素嵌入产品中，只有提高地域产品附加值，才能提升经济竞争力。

东北和内蒙古地区特色小镇发展的SWOT(优势、劣势、机遇、挑战)如图8-1所示。

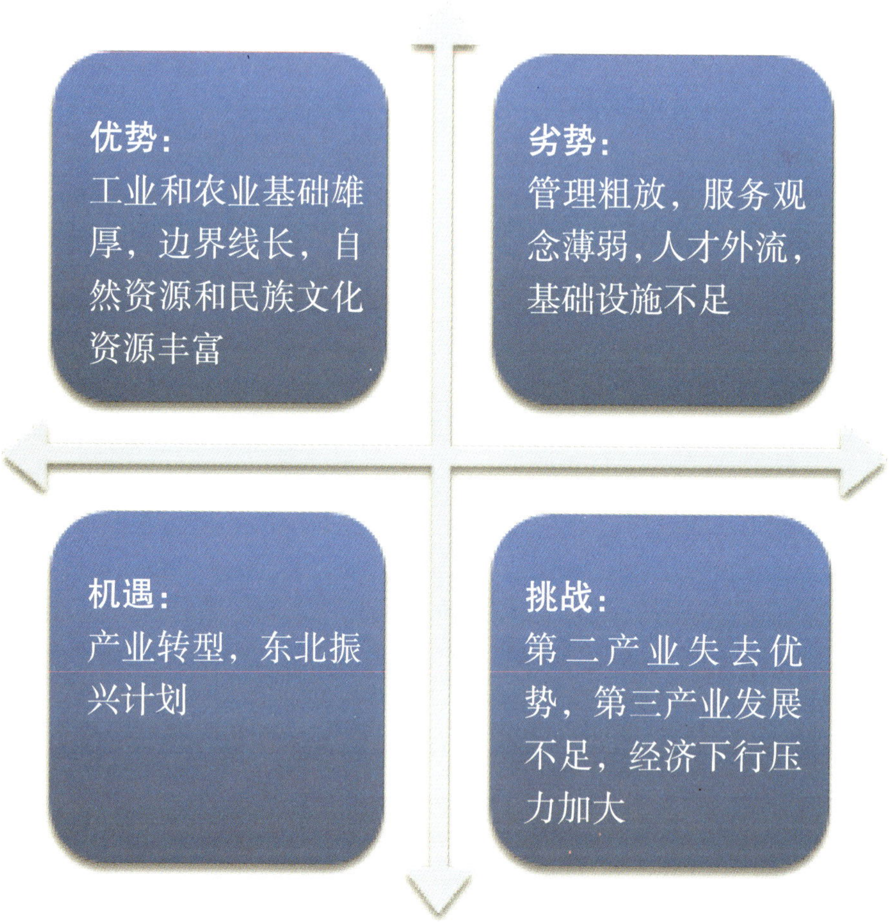

图 8-1 东北和内蒙古地区特色小（城）镇发展的 SWOT

（优势、劣势、机遇、挑战，下同）

黑龙江省

一、特色小（城）镇建设行动

2009 年以来，黑龙江省规划建设了 16 个特色化、精品化、要素完善的旅游名镇。同时重点推出的 11 个生态养老旅游名镇依托五大资源布局，均分布在黑龙江冬夏 5 条旅游精品线路上。它们不仅具备了旅游资源丰富独特、自然生态环境优美、所在区域空气清新等特点，同时还拥有发展生态养老健康产业和高端服务业的优势。

2012 年 10 月 11 日，黑龙江省政府办公厅发布了《黑龙江省人民政府关于印发黑龙江省现代化大农业发展规划（2011—2015 年）的通知》，通知中指出，要以"百镇"和旅游名镇建设为重点，以农垦、森工城镇为依托，进一步完善城镇规划，建设和发展一批带动承载力强的城关镇、重点乡镇和特色小镇。继续抓好双峰农场与裴德镇、鹤山农场与双山镇共建，加快推进沿乌苏里江四县（市）率先实现城镇化。因地制宜发展城镇主导产业，努力建设一批工业重镇、商贸大镇、边贸强镇、旅游名镇。完善城镇基础设施和社会服务功能，加快建设一批事关民生的项目。创新城乡一体化发展体制机制，加快城镇户籍、住房、社会保障等改革，为推进城镇化建设提供制度保障。到 2015 年，全省城镇化率达到 60% 以上。这个"百镇"计划从全省 57 个县城镇、402 个建制镇、410 个集镇、116 个农垦小城镇、19 个森工小城镇等共 1004 个小城镇中遴选出来，其中第一批 48 个、第二批 53 个。

二、典型特色小（城）镇

1. 齐齐哈尔市甘南县兴十四镇

兴十四镇位于黑龙江省西北部的大兴安岭林区边缘地带。草原资源和玉米种植，使其具有发展饲养的优越条件。早在 1985 年，作为村庄的兴十四村人就建起了一座日处理 10 吨鲜奶的乳品厂。到 1988 年，村里建成了一座以玉米为原料，年产 1500 吨、创产值 5000 万元的甜蜜素厂；之后又陆续建成了啤酒专用糖浆厂等 33 家企业，组建了 8.7 亿元总资产的大型企业集团—富华集团，形成了生物工程、精细化工、畜禽饲料、乳制品等四大系列、100 多个品种的农业产业体系。饲养业和加工业的兴起为种植业（如玉米）提供了销路；同时，还带动了与农业相关联的林业、牧业及旅游业，形成了种植、养殖、加工和旅游融合的产业链。主要原因是，坚持以农为主、农林牧副渔全面发展，1980 年时全村农业生产已实现了机械化和水利化，只用少数劳动力承包农业生产；同时拨出一部分劳动力发展养牛等畜牧业和养殖业。另一方面，在于将主导产业根植于本地资源和发展条件中，围绕龙头企业延长产业链。尤其是注重生态环境建设和保护，30 多年来，坚持植树造林，累计造林 1.13 万亩，森林覆盖率达到 34.2%。2004 年，兴十四村被中央文明委评为"全国生态建设文明村"，同年被国家评定为首批农业旅游示范点。2005 年 5 月，兴十四村被联合国北北合作委员会冠名为国际生态产业示范基地，并先后有"龙江第一村""黑土地上一颗耀眼的明珠""改革开放几十年不倒的红旗"等美誉。

在城镇建设方面，兴十四村逐步完善了上水、下水、供热和垃圾转运等公用设施，住宅安上了太阳能，建有村史展览馆、文化休闲广场、大面积停车场、老年活动室、休闲健身器材活动场地等设施。生活区内有线电视、电话、光纤等入户率都已达 100%，设有专门的物业管理部门。村史展览馆展示以史实为本，以拓荒沃野、铸造辉煌为主题，通过大量图片，附以相应的文字、实物、沙盘等，全方位、多侧面展示了兴十四村 60 年来拓荒创业、快速发展的历史画卷，体现了该镇坚忍不拔的毅力和奋斗精神。

在公共服务方面，先后建成了商业服务一条街、省委基层干部兴十四培训中心、五保供养中心和社区服务中心、兴十四学校高中教学楼、食宿楼、幼儿园、医院、计划生育辅导站等项目。村民享受新型农村合作医疗，享受社保补贴和公益性岗位补贴，还享受物业管理、合作医疗和学生上学等"十免费"以及米、面、油等 14 项福利待遇。

2. 牡丹江市宁安市渤海镇

渤海镇辖区地处渤海平原中心，牡丹江纵贯全境。主要特点是工农业和旅游业全面发展。农业方面，响水村生产的响水优质大米驰名中外，已被国家定为人民大会堂和国宴用米，是一个地域特色产品。工业方面，有农机修造厂、电机厂外，镇办工业有铸造厂、家具厂等加工业，尤其乡镇企业曾发展较好。旅游方面，境内有重要名胜古迹和景观，如唐代渤海国都城上京龙泉府遗址、兴隆寺、渤海国三灵坟、吊水楼瀑布，以及红松、落叶松、水曲柳、黄菠萝、核桃楸等珍贵树种和人参、香菇、刺五加、黑豆、山葡萄、蕨菜、龙牙葱、黄瓜香、柳蒿芽等多种土特产品；另外，还有以满族文化前身靺鞨文化建设的旅游景区风情园，依据朝鲜族民俗文化建设的旅游景区镜泊峡谷，品尝响水大米体验民族风情的响江西邨和正在开发建设的东珠湾旅游度假区等一批独具特色的旅游景点。因此，这是一个经济全面发展的特色城镇。

3. 大兴安岭地域漠河县北极镇

北极镇是我国大陆最北端的临江小镇，由于其地理位置所具有的极端气候特点而著名，森林覆盖率达 92%。处于祖国的最北端，北极镇素有"中国北极""金鸡之冠"的美称。这里是全国观赏北极光和极昼胜景的最佳之处，有北陲哨兵、神州北极、古水井、日伪电厂遗址、最北第一家等景点。每年夏至节期间都在江边举办夏至节篝火晚会，载歌载舞、通宵达旦。

　　北极镇充分依托变幻莫测的天文奇观，历史悠久的人文景观以及大界江、大森林、大冰雪等得天独厚的地缘优势，坚持"投入与开发并重，基础设施建设和环境整治并重"的指导方针，开始了高标准的旅游名镇创建活动，先后被评为全国创建文明村镇先进集体、3A 级旅游区、省级"平安乡"等荣誉称号。镇单位有中国科学院地球物理研究所北极地磁台等。

　　发展特点：一是生态旅游业增势强劲。结合中国最北、龙江之源、极地天象等优势，主攻生态旅游产业。二是现代农业优化升级。结合旅游发展，积极调整种植结构，大力发展观光型农业。三是森林绿色食品业规模发展。推进森林绿色食品向产业化、规模化发展。四是服务业持续壮大，推进了服务业由单一服务向配套服务转变。五是养老健康业快速崛起，引进了河南皖西制药企业，建成了北极村张仲景养生院。

　　城镇建设。一是城镇风貌特征突出。楼房控高控量，突出简欧风格；平房体现北方少数民特色；城镇绿化、美化、亮化、香化就地取材，形成了空间布局与周边自然环境相协调。二是居住区高度开放融合，合理布置院落空间布局，所有经营场所全部明码标价上墙，开放、融合的生态特色小城镇进一步凸显。三是镇区环境整洁优美，实施了兴安杜鹃城一期工程；制定了环境卫生长效保洁机制；积极培育"美丽乡村庭院清洁户"，带动村民参与环境卫生治理，营造共管共建的浓厚氛围。

　　突出特色。一是深入挖掘"北"文化，坚持主打"北"字品牌，精心设计寻北体验线路，提升"北"文化档次，打造了"北极村—洛古河村—北红村"的大北极精品旅游线路。二是深入挖掘民俗文化，建成了版画和俄罗斯油画创作基地、北方民俗园、"北极人家"文化产业园等。三是深入挖掘节庆文化，举办了 26 届北极光节、16 届冬至文化节和国际冰雪汽车挑战赛、中国漠河国际冰雪汽车越野拉力赛，建成了以游客参与性为主的冰雪娱乐园，举办了北极圣诞婚礼、极寒钢管舞挑战赛、圣诞狂欢季等冬季旅游活动。

东北北极村（来源：高品图像）

黑龙江省漠河县洛古河风光（来源：高品图像）

吉林省

一、特色小（城）镇建设行动

吉林省共有建制镇 429 个，人口近 1300 万，接近全省人口的 50%，许多重点镇具有独特的区位和资源优势。近年来，该省选择了 18 个人口较多、经济实力较强、服务功能完善、发展潜力较大的镇开展了重点城镇扩权试点，采取直接放权、委托授权和设立派出机构 3 种方式，赋予特大镇部分县级经济社会管理权。

该省将示范城镇产业园区纳入省级开发区奖补资金支持范围，有条件的地方农村集体经济组织可以以土地使用权入股与其他经济组织和个人联营、联建工业项目。目前，该省 22 个示范城镇共建设工业园区 24 个，3 年入户企业 1384 家；建设现代农业园区 58 个，2015 年实现年销售收入 8.6 亿元。经过 3 年的创新探索，已经初步形成了产城互动、规划引领管控、多元投资建设、城乡双向一体化、承接城市功能外溢、社会保障推动、商贸促进、资源开发带动等具有示范引领作用的发展模式。

2016 年，国家三部委发出《关于开展特色小镇培育工作的通知》以来，吉林省委书记就指出，当前，吉林省正处在振兴发展的关键时期，全省将着力推进中小城市扩容和特色小城镇发展，努力建设一批特色鲜明的小城镇。"吉林省委、省政府高度重视新型城镇化建设，按照'大城市要提质、中心城市要扩容、县城和特色城镇要加快'的基本思路，坚持规划先行，注重城乡统筹，走出了一条以人为本、优化布局、生态文明、传承文化的新型城镇化道路。"2016

年9月5日，吉林省县域网发布专题，讨论特色小镇建设问题。吉林已经将特色小镇建设列为县域经济发展重点。

二、典型特色小（城）镇

1. 辽源市东辽县辽河源镇

辽河源镇是东辽县最大的乡镇，所在的东辽县是国家命名的生态示范县，辽河源镇依托示范区的建设和发展，以生态有机农业为增长点，积极促进各类生态农业相互交叉、融合、孵化，形成了集有机水稻、食用菌、绿皮豆、花卉，种植、培育、科研于一体的特色农业产业集群；并以示范项目为动力，与德国农业集团进行合作，项目已列入国家、省市"十三五"规划，进入国家重大项目库。

借势生态农业和森林资源，集休闲娱乐、特色餐饮、度假观光、科学教育、研究博览于一体的特色生态观光旅游产业集群，和集农业科技展示、科研、加工、商贸、物流于一体的农业科技产业集群，使辽河源镇形成了特色鲜明的融合产业形态。

同时，辽河源镇大力进行基础设施建设，进行大规模的环境整治，成果显著，通过提高硬件设施，促进产业发展和小城镇建设，成为一个典型的山水型小城镇。

2. 通化市辉南县金川镇

金川镇的自然资源包括矿产、矿泉水和森林资源。首先发展起来的是全国最大的火山口湖群、国家级自然保护区、4A级景区吉林龙湾群森林公园，先后获得"国家级特色景观旅游名镇""全国重点镇""国家级矿泉水之乡"等美誉。以此为契机，又利用著名的"河里会议"遗址等人文旅游资源，开发了金川镇烈士陵园，被吉林省委、省政府命名为"吉林省爱国主义教育基地"。以独家和冰雪旅游为特色，建立以乡村冰雪旅游区、旅游服务核心区、矿泉水加工展示区和观光农业区四个功能区和一个生态旅游产业带组成的综合生态旅游。但是，该镇仍然延续了以自然资源为依托的主导产业选择思维，如果大力开发矿产资源，而农业和服务业相对滞后的话，则有可能使生态环境受到巨大压力，从而导致生态旅游半途而废。

3. 延边朝鲜族自治州龙井市东盛涌镇

东盛涌镇地处延吉、龙井和图们三市的交汇处，是中国朝鲜族民俗文化发祥地，自清朝光绪初年建屯以来已有 100 多年历史，是朝鲜族民俗文化保存最为丰富、最为集中、最为精彩的文化小镇。其特点表现为：主要盛产东盛大米，为国内较为知名的地域农产品区；位于长吉图开发开放的前沿，是延龙图一体化发展战略的核心区域；保存了朝鲜族文化和民族传统。以此为基础，该镇通过龙山达沃斯小镇、澳乐江山墅、延边海兰湖风景区、龙山朝鲜族民俗村、仁化村朝鲜族特色村寨、棚膜种植园、仁化果蔬基地、海兰江大桥、新区集中供热等项目群，建成了初具规模的绿色水稻、有机果蔬为主的种植业和以延边黄牛为主的养殖业，引导旅游业与现代农业紧密结合，开辟民俗风情和观光农业旅游路线。目前，海兰江民俗生态园景区被评为吉林省 3A 级旅游景区，获得了全国重点镇、省级文明村镇等称号。此外，该镇初步建成了生态宜居、休闲养生的龙井新区，正在打造极具特色的朝鲜族民俗文化旅游产业。

辽宁省

一、特色小（城）镇建设行动

为贯彻落实省委领导关于学习借鉴浙江特色小镇建设经验做法的重要批示精神，2016年3月13日至15日，辽阳市委书记王凤波一行赴浙江绍兴市，专题学习考察当地特色小镇建设经验。其产业有特色、形态如小镇的特点在辽阳特色小镇建设中得到推广借鉴。

2016年8月9日，辽宁省政府出台了《关于推进特色乡镇建设的指导意见》，其中对建设特色乡镇的总体要求、主要目标、重点任务和组织实施等做出了明确要求。即从2016年起到2020年，将规划建设50个产业特色鲜明、体制机制灵活、人文气息浓厚、生态环境优美、多种功能叠加的特色乡镇，培育新的经济增长点，促进城乡统筹协调发展。对有价值、有特色的乡镇（村）争取列入中国传统村落和省级传统村落名录以及历史文化名镇名村、特色景观旅游名镇名村名录，并将旅游型、历史文化型、民族特色型、现代农业型、生态宜居型列为省特色乡镇创建的重点。其中，对历史文化型特色乡镇建设，将开展对古建筑、近现代重要史迹及代表性建筑的修缮，盘活现有古迹历史，组织考古发掘，实施古遗址、古墓保护和展示。

辽阳市也早在2016年1月12日政府工作报告中，对特色小镇建设做出了部署和安排：着力推进"四个辽阳"建设，"加快重点镇建设，培育一批市级特色小城镇。"到4月底，该市已完成《关于加快特色小镇建设的实施意见》《辽阳市特色小镇建设总体规划（2016—2018年）》和《辽阳市特色小镇创建导则》

三份文件起草工作。未来几年内，辽阳市将进一步规范创建特色小镇程序，采取"宽进严定"的创建方式推进特色小镇建设，促进当地经济发展，加速振兴步伐。

二、典型特色小（城）镇

2016 年，住建部公布第一批中国 127 个特色小镇名单，辽宁省共有 4 个镇入选，分别为：大连市瓦房店市谢屯镇、丹东市东港市孤山镇、辽阳市弓长岭去汤河镇、盘锦市大洼区赵圈河镇。

1. 大连市瓦房店市谢屯镇

谢屯镇位于近海地区，并与长兴岛临港经济区一桥相连，既有海洋资源又临近市场。该镇充分发挥资源和区位优势，以水产养殖作为主导产业，大力投资主导产业，使该镇荣获瓦房店市渔业生产优胜乡镇称号；在此基础上，利用养殖业的田园景色发展了综合旅游产业。同时，以"政府主导、企业主体、村民土地入股"方式，开发建设"香洲田园城"旅游项目，并以该项目为龙头，建设了集温泉、酒店、娱乐、文化等于一体的旅游综合体；同时，利用自然环境优势，建设了养老项目，并引进北京中医药大学本科部，作为养老产业的人才基地。同时，又以项目为主导，与壹桥公司合作建设大连良农谢屯基地，标志着现代农业产业的快速成长。这样，谢屯镇就成为一个现代农业、水产养殖、旅游和养老，甚至教育相融合的特色小镇。其中的竞争力就是，充分利用资源和环境优势，深入挖掘以本地资源为依托的产业链，并将多种相关产业相互渗透，实现融合发展。同时，大力投资基础设施，重点工程大连—长兴岛高速公路，14 千米在境内通过；对开发区投入数亿资金进行"七通一平"建设，积极引进外资。

2. 丹东市东港市孤山镇

孤山镇临海而居，地理位置优越，具有深厚的文化底蕴和良好的自然环境。在资源方面具有四方面特点：一是自然环境优美。大孤山国家级森林公园，风景旖旎，古木参天，巨柞、古槐夹道成荫；孤山境内南部的大鹿岛，是中国海岸线最北端的最大岛屿，是辽东半岛著名的省级风景名胜区和国家3A级旅游区。二是历史古迹众多。镇内的千年古刹，建于唐朝，兴盛于明清两代，集佛、道、儒三教为一体，汇集了我国南北建筑艺术的风格，是中国东北地区最大、保存最为完好的古建筑群之一，被划为省级文物保护单位；位于上庙楼阁后的圣水宫、下庙的天后宫为东北地区规模最大的妈祖庙；大鹿岛上有甲午海战古战场。三是儒、佛、道三教俱全的各种文化活动。每年农历4月18日的大孤山庙会，吸引着四面八方的人们云集在这里，进行文化、物资和科技的交流；孤山的剪纸、版画、农民画更是驰名中外，民族器乐、泥塑、民间文学研究等在国内文化艺术界也都占有一席之地。尤其是，这些文物古迹和文化活动都是在环境优美的森林地带进行，估计与文化活动以及优美的环境相互交叉、融为一体，使之成为还不可复制的特色。但是，由于受限于资源分布，精华都仅限于已有的自然资源和历史文化资源，集聚度较差。

3. 辽阳市弓长岭区汤河镇

汤河镇有汉、满、回、壮、蒙古、朝鲜、维吾尔、俄罗斯、锡伯等九个民族，数多民族地区。所在地是我国著名的温泉产地。该镇充分利用特色资源——温泉，建设有多家矿泉水企业、温泉疗养旅游产业项目，包括温泉度假村、假日酒店，形成了集餐饮、住宿、娱乐、游玩于一体的特色景区。小镇在建设过程中，以保护生态环境为核心，在通过规划引导旅游业发展的同时，加大生态保护和环境治理力度，先后实施了大汤河、小汤河、百亩荷花塘、千亩花海等生态治理和景观打造工程及荒山治理、围栏封育、退耕还林等工程，大汤河湿地公园跻身国家级湿地公园行列。汤河镇已成功跻身国家级生态乡镇行列，成为全省首家美丽乡村建设全覆盖的乡镇。与此同时，全镇在生态建设的总体目标下，不断加大无公害农产品和特色农产品种植面积，以葡萄、食用菌、中草药为代表的新兴种植业有了较快发展，逐步形成了"一村一品"的种植业格局。

4. 盘锦市大洼区赵圈河镇

赵圈河镇位于双台子河口国家级自然保护区腹地。地处辽东湾辽河入海口处，是由淡水携带大量营养物质的沉积并与海水互相浸淹混合而形成的适宜多种生物繁衍的河口湾湿地。湿地资源得天独厚，是全球保存得最完好、规模最大的湿地，不但风景好，而且还是候鸟栖息流连的生态保育之地。境内的红海滩风景区是国家 4A 级景区、辽宁省优秀旅游景区。另外，这里民俗与人文底蕴深厚，有独一无二的塘铺文化和草编苇画技艺，还有知青回忆点，以及建在泥滩上的仿古木质红海滩码头等。这些人文景观与自然景观都得到了较好的融合，使之成为既贴近自然又能够体会到历史脉络的特色小镇，但目前过于依赖自然资源，后续产业较薄弱。

内蒙古自治区

一、特色小（城）镇建设行动

在全国认定首批特色小镇后，内蒙古自治区政府于 2016 年 9 月 14 日颁布了《关于特色小镇建设工作的指导意见》（以下简称《意见》），对总体要求、基本原则和发展目标做了详细界定；提出通过因地制宜发展工业、农业、牧业、林业、旅游、物流、商贸、口岸、文化等产业，打造各具特色的工业重镇、农业重镇、牧业重镇、商贸重镇、旅游旺镇和历史文化名镇类型的特色小镇；明确指出了特色景观和生态保护措施，以及推进改革、拓宽投融资渠道、保障用地指标和加强取值领导等具体建议。为配合《意见》内容的进一步实施，于 2016 年 10 月 27 日下发文件，要求做好自治区特色小镇推进工作；并对推荐信息和上报材料进行了详细说明，从而开启了推动全区特色小镇的建设工作。

二、典型特色小（城）镇

1. 赤峰市宁城县八里罕镇

八里罕镇，是内蒙古自治区东南部地区通往京津唐的重要通道，地理位置得天独厚，距首都北京仅 400 千米、距承德避暑山庄 200 千米。作为特色小镇有三方面优势。一是工业发展较快。依托名牌企业顺鑫宁城老窖集团，以酒业园区建设为重点的白酒产业蓬勃发展；而且酒业园区与顺鑫宁城老窖集团连为一体，形成"千亩酒业园"，现有入驻园区的企业 20 余家，年可生产白酒 2 万吨。另外，辖区内矿产资源丰富，有金、铁、铅、锌、萤石等十余种矿产资源，现有建罕矿业、豫莹矿业、龙腾工贸有限公司、赤峰瑞鑫新型建材公司等工业企业 52 家，工业基础较好。二是农牧业稳步增长。现有设施农业面积 2215 亩，建高标准蔬菜棚室 498 个，建食用菌小区 5 个，生产单位达 360 万，种植药材 500 亩。同时，该镇加快奶牛产业项目建设，建有北方最大的黄牛交易市场，肉牛养殖小区达 15 处，肉牛存栏达 39200 头，基础母牛存栏达 13635 头。三是城市建设成就卓著。在原有的"井"字形框架的基础上，全镇搭起了"两纵五横"小城镇建设框架，完成了集中供水、集中供热、管道排污等基础设施建设。基本建成了三个综合区域：以宁城老窖和八里罕酒业园区为中心的工业经济区，以农贸市场和三泉街为中心的商贸流通区，以文化路和万隆园为中心的办公住宅区。同时建成了街心广场，根治了脏乱差，镇容镇貌发生了很大变化。实现了农民进城、工业进园、商业进市、住宅进区的目标，基本达到了城镇功能完善、环境优美、宜商宜居的现代化文明小城镇标准。2014 年，八里罕镇被国家住建部等七部委列为全国重点镇。

另外，八里罕镇还依托天然优质水源，发展特色酿酒业，八里罕镇一带有着千年的酿酒历史。景泰泉、隆盛泉和天巨泉使该地区的酒具有独特味道，并形成了"三泉古镇"和独特的酒文化；与天然水源紧密相连的是温泉，八里罕热水温泉地处燕山余脉，是全国水温最高的温泉。小镇还举办品酒大赛、卡拉OK 大奖赛、拔河、篮球、登山等 20 余种文化体育活动。此外，便捷、完善的城市设施，使之成为既有产业支撑、又有文化活动，既有产业经济、又有旅游娱乐的多样化特色小镇。

2. 通辽市科尔沁左翼中旗舍伯吐镇

舍伯吐镇是一个以蒙古族为主要居民的乡村建制镇。由于其较好的自然条件，这里的农业和畜牧业都有较强实力，在此基础上形成了全国最大的黄牛交易中心——成峰牲畜交易市场，辐射范围涉及黑龙江、吉林、辽宁、天津、河北、内蒙古自治区、广东等近百个市县；自治区有著名的粮食交易市场和生产、生活资料市场。农牧业商贸服务的发展，带动了本地的农业种植、畜牧业养殖，以及粮食和畜牧产品的加工、储存和交易，延长了第一产业链；同时，种植业又为畜牧业提供了饲料来源，使两者相互渗透、融合发展；第一产业不断增强的实力，也为服务业奠定了基础，从而实现了产业融合。

3. 呼伦贝尔市额尔古纳市莫尔道嘎镇

内蒙古额尔古纳市莫尔道嘎镇地处大兴安岭腹地，居住有汉、蒙古、鄂伦春、鄂温克、满、俄罗斯、朝鲜、回、藏、苗、侗、土家、黎、水等 14 个民族，是一个地广人稀、多民族融合的乡镇。该镇自然环境优美，以林业为经济基础。在国家实施天然林保护工程的转型下，发展森林生态旅游项目，着力打造绿色、有机农畜林产品生产加工基地。同时，我国最后一片寒温带明亮针叶原始林景观，以及周围山水资源和地形地貌特点，林海、松风、蓝天、白云的夏季风光和冰峰、雪岭、严寒、雾凇的冬季风韵，可以为游客提供清凉避暑、休闲度假、生态考察的理想境地。因此，莫尔道嘎镇以林业和旅游为特色产业，代表了我国东北林区特色小镇的发展方向。但是，由于林区和景点分布都比较分散，不利于聚集中心的形成，需要在进一步延长林业和旅游产业链的同时，将林业加工和后续产业，以及旅游集散等功能进行集中，以利于规模化运营和城镇设施的完善。

第九章　京津冀地区

随着京津冀地区一体化进程的不断加快，北京、天津和河北之间的产业和经济相互渗透，特色小镇建设也表现出了越来越强的联系。北京市是我国的政治中心、文化中心、国际交往中心和科技创新中心，经济水平、产业结构和城镇化水平都与发达国家接近，在疏解非首都核心功能的过程中，大量人口和产业迁移将给河北和天津带来机会，同时，教育、养老、文化等产业大力发展，将在郊区形成人文产业小镇。天津市作为"全国先进制造研发基地、北方国际航运核心区、金融创新运营示范区、改革开放先行区"，虽然经济水平与北京和上海相比较低，但制造业发展强劲，有巨大发展空间。河北省历史悠久，旅游资源丰富，加上靠近首都，从而一直备受关注。同时，两个直辖市的人口表现为在城市中心地区集中，郊区人口密度较小；河北省的城镇人口在城市之间形成明显的倒金字塔梯度，人口也主要集中在地级及以上城市中。因此，随着人口向外疏散力度加大，在郊区建设特色小镇有很大潜力。

京津冀地区以城郊型特色小镇为主，主要承接大都市功能，以解决大城市病为主要任务，通过城郊特色产业形成大都市圈的"微中心"，与中心城市形成空间一体化的城镇体系。但是，地区内部发展差距较大，天津和河北郊区的基础设施和经济发展水平远比城市地区落后，承接人口和产业转移有一定难度。

京津冀地区特色小镇发展的 SWOT，见图 9-1。

优势：
教育资源充足，人口充裕，交通便利，历史文化资源丰富

劣势：
水资源紧缺，津冀服务业滞后，土地供给受限

机遇：
京津冀一体化，非首都核心功能疏解、冬奥会相关产业带动

挑战：
地区差距较大，外围地区基础较差，农业缺乏特色

图 9-1　京津冀地区特色小（城）镇发展的 SWOT

北京市

一、特色小（城）镇建设行动

在"十二五"规划中，北京市正式设立总规模 100 亿元的小城镇发展基金，引导北京市 42 个重点小城镇打造成旅游休闲、商务会议、园区经济等五类特色小镇。这些小镇全部分布在城市发展新区和外围的生态涵养区。

《北京市"十三五"时期城乡一体化发展规划》明确指出，要进一步完善中心城—新城—小城镇—新型农村社区的城镇体系；并分别对城乡接合部建设、新城建设、小城镇建设、美丽乡村建设和山区发展进行了部署。规划指出，到 2020 年北京市将打造一批功能性的特色小城镇，其中部分平原地区的乡镇，将承接中心城区疏解的医院、产业和学校等，打造一批大学镇、总部镇和高端产业镇，带动本地农民就地就近实现城镇化；西北部山区的乡镇，重点发挥生态保障、水源涵养、旅游休闲、绿色产品供给等功能，打造一批健康养老镇、休闲度假镇，带动农民增收。与此同时，按照小镇发展路径，分三种类型进行培育：一是围绕重点镇的特色产业功能，如根据密云旅游资源特点打造的"古北水镇"；二是围绕世园会、环球影城、新机场建设、冬奥会等重大工程项目开展小镇建设，如延庆的世园小镇；三是承接中心城部分功能疏解的小镇，如海淀城市学院搬迁顺义形成教育小镇。

同时，"十三五"规划围绕重大项目的建设、重点资源的利用，统筹规划建设雪上运动小镇、世园小镇、环球影城小镇、新机场服务小镇、高教小镇、医养小镇、科技信息小镇、休闲旅游小镇、现代农业小镇等一批功能性特色小城镇；并配合农村基础设施的建设，将与 2017 年完成土地确权颁证主体工作。

二、典型特色小（城）镇

1. 长沟镇—加持"北京基金小镇"

房山区长沟镇位于北京西南，总面积 40 平方千米。此前，其已先后被确定为全国小城镇建设试点镇、全国重点镇，获得"全国环境优美乡镇""国家卫生镇"等称号。近年来，也被北京市政府确定为重点小城镇和旅游集散特色镇。长沟镇拥有长沟泉水等国家湿地公园、长沟油菜花田、传奇大墓等旅游景点。

除此之外，为承接功能疏解和首都金融功能外溢，长沟镇正在全力打造北京的基金小镇，位于长沟镇中心区北部，规划总占地面积 18 平方千米，其中建设用地面积 1.03 平方千米，规划建筑面积约 90 万平方米，有约 50 万平方米办公基地、约 40 万平方米生活配套设施，建成后将成为中国最大的基金产业集聚区。

北京基金小镇作为北京市"十三五"规划的重点项目，将极大拉动长沟镇的发展。2016 年 9 月 29 日，北京基金小镇动迁大会已经启动。截至目前，已有文资光大、国开金融、柒壹投资等已经入驻的企业 102 家，管理基金规模1760 亿元，预计到 2020 年管理资金规模超过 1 万亿元。

2. 小汤山镇——正北之上的"温泉古镇"

小汤山镇位于北京正北中轴线的延长线上，早在 1994 年，小汤山镇就被确定为北京市小城镇建设试点镇，1995 年被确定为国家级小城镇综合改革试点镇，2002 年被联合国开发计划署确定为中国可持续发展小城镇试点，2003 年被国家环境保护总局授予"全国环境优美镇"的称号，2004 年被国家发展改革委员会确定为第一批全国发展改革试点镇和被国家建设部等六部委确定为全国 1887 个重点镇之一，2005 年被中国矿业联合会命名为"中国温泉之乡"，2006 年被建设部评为全国小城镇建设示范镇，2009 年被北京市政府确定为全市 42 个重点发展小城镇之一，也因 2003 年因抗击非典而增加了知名度。镇域内诸多因素使其一直行走在建设特色小镇道路上。

小汤山以温泉旅游和生态农业而著名，有多个温泉疗养院和农业观光园，文化博览设施有亚洲最大的航空博物馆，收藏了 200 多架 132 种型号的中外名机，700 多件武器装备样品；有世界之最的蝴蝶博物馆，占地 1300 平方米，厅内展出国内外珍稀蝴蝶 2000 多种、40000 多只。与此同时，还集聚有多家生态农业和有机农业公司、国家现代农业科技示范园以及多个民俗游等项目。全镇已形成了"名胜古迹、文物博览、娱乐度假、休闲保健、观光农业、民俗旅游"综合旅游产品体系和生态农业融合的特色产业。但由于地下水的过度开采，目前温泉水质已大幅度下降，在一定程度上阻碍了特色旅游的可持续发展。

3. 密云古北口镇——"打扮历史"的小镇

古北口镇以服装、纺织、橡胶、轻工制造等为主导产业；历史悠久，文物古迹众多，历史上有大小庙宇 72 座，现保存和修缮完整的有 12 处，其中县级文物保护重点 8 个。1983 年被列为密云区第一批重点文物保护单位，以古北水镇和司马台长城为主要旅游资源。古北口镇同样为北京市 42 个重点镇之一，也是北京市 30 个文化创意产业集聚区之一。2008 年古北口镇被住房和城乡建设部和国家文物局评为"中国历史文化名镇"；2011 年被中央文明委评为"全国文明镇"，被财政部、住房和城乡建设部、国家发改委确定为"全国首批绿色低碳重点小城镇试点镇"。2015 年被住房和城乡建设部、国家旅游局评为"全国特色景观旅游名镇"。

2010 年成功引进了"古北水镇"国际休闲旅游度假区项目，极大带动了古北口镇旅游产业的发展。2014 年 10 月 1 日正式运营，年内接待游客 100 余万人次，实现综合收入 2 亿元。综合旅游以重现北方文化风采为核心，老北京杂耍、京东大鼓、河北梆子、扎风筝、糊灯笼等，成为展现老北京乃至北方非物质文化的平台。

天津市

一、特色小（城）镇建设行动

早在"十二五"期间，天津市就注重郊区发展。郊区县 31 个示范工业园区加快建设，一批投资大、带动能力强的龙头项目建成投产，培育了一批强区强街强镇，持续推进"三区"联动发展，规划建设了 54 个示范小城镇。

2016 年 8 月，天津市发布了《天津市特色小镇规划建设工作推动方案》，到 2020 年，本市将创建 10 个市级实力小镇、20 个市级特色小镇，在现代产业、民俗文化、生态旅游、商业贸易、自主创新等方面竞相展现特色，建设成一镇一韵、一镇一品、一镇一特色的实力小镇、特色小镇、花园小镇。2016 年 10 月 20 日，天津市特色小镇规划建设工作联席会议办公室印发《天津市特色小镇规划建设指导意见》，更进一步强调了所创建的 10 个实力小镇和 20 个市级特色小镇，要达到花园小镇建设标准，每个区因地制宜自主创建 2 到 3 个区级特色小镇。截止到 2016 年底，共认证了市级首批小镇 14 个，郊区和市辖县都有分布。在本次认定和打造的 14 个特色小镇中，从行业方面来看，第一、第二和第三产业都有，且基本均衡分布；在空间分布来看，郊区和外围各区县也都有分布，但以武清和滨海新区较多。这表明以制造业为基础的地区经济为将来特色小镇发展提供了物质基础。

2016 年，各区相继启动编制特色小镇规划。武清区将打造电商小镇、台商小镇、工业创新小镇、创客小镇、欧式风情小镇、运河创意休闲小镇等"市级特色小镇"，以及自行车小镇、绢花小镇、泉州水城、津门首驿、东方马都等"区级特色小镇"。西青区中北镇打造产城融合特色小镇，大力发展新能源汽车、无人驾驶汽车。东丽区华明高新区建设制造业特色小镇，打造智能网联汽车生产基地，同时发展生物医药与医疗器械、新材料、工业科技打印等。

二、典型特色小（城）镇

1. 崔黄口镇

崔黄口镇系文化底蕴深厚的古镇，旅游资源众多，同时又是中国著名的"地毯之乡"，中华地毯园坐落于此。地毯制造业是全镇的传统产业，已有百年发展历史，一度代表了中国地毯手工制作的最高水平。龙湾、巷虹、康福利达等品牌产品多次在国际、国内获金奖。随着电子商务产业园成功转型，该镇的电子商务产业园，是天津市人民政府批准建立的三十一个市级示范园区之一，已经成为全市唯一一个以电子商务为主导产业的示范园区，连续两年获批市级优秀园区，是天津市首批电子商务示范园区，首批电子商务与快递物流特色园区，被科技部认定为国家火炬特色产业基地，被商务部确定为国家电子商务示范基地。2016 年以来全面启动特色小镇一期建设，截止到年底已启动了 11 万平方米电商孵化器和"小镇客厅"建设。因此，崔黄口镇是一个名副其实的产业与文化和旅游融合的特色城镇，属于全镇域综合发展的城乡一体化特色镇域，而不仅是核心聚集区发展的小镇。

2. 中塘镇

中塘镇地处天津市南部，属于滨海新区。中塘镇具有雄厚的工业基础，全镇有工业企业 500 余家，其中汽车橡塑、配件企业 70 余家，形成全国最大的汽车胶管研发生产基地。2015 年，主导产业总产值完成 125.6 亿元，占全镇工业总产值的 75% 左右，主导产业在镇域经济发展中具有突出地位。形成了以天津鹏翎胶管股份有限公司、天津市大港胶管股份有限公司、天津顺达零部件有限公司和天津大港汽车配件弹簧厂等企业为代表，各类汽车专用胶管及零配件的研发、制造、销售与服务的企业集群，是全国最大的集科研、开发、生产于一体的汽车胶管研发生产基地。

同时，中塘镇坚持工厂化、规模化的现代农业发展方向，确定了"工业反哺农业，农业助推工业"的发展思路，形成了"114411"现代农业格局，即11个畜牧养殖基地、4大设施蔬菜种植园、4个绿色生态经济园、1个冬枣深加工企业和1个国家级农机合作社，培育了全国目前最大的杜泊绵羊和澳洲白绵羊原种基地、全国最大的肉羊养殖基地、华北地区个人投资最大的奶牛养殖企业和全市最大的蛋鸡养殖基地。中塘镇成为国家级星火技术密集区、全国小城镇建设示范镇、全国乡镇企业示范区、全国文明村镇，中塘旧貌换新颜，跻身天津市经济强镇。因此，以制造业为基础，全面推动特色农业，通过城乡经济共同发展推动城乡一体化，是中塘特色城镇发展的成功之路。

河北省

一、特色小（城）镇建设行动

2016 年 8 月 12 日，河北省委省政府出台的《关于建设特色小镇的指导意见》（以下简称《简介》）提出，力争通过 3 至 5 年的努力，培育建设 100 个产业特色鲜明、人文气息浓厚、生态环境优美、多功能叠加融合、体制机制灵活的特色小镇。同时，搭建省市县美丽乡村建设融资平台对相关特色小镇的美丽乡村建设予以倾斜支持，对符合中心村申报条件的特色小镇建设项目，按照全省中心村建设示范点奖补标准给予重点支持，并纳入中心村建设示范点管理，对中心村建设示范县（市、区）再增加 100 万元奖补资金，专门用于特色小镇建设。

在申报特色小镇时，没有数额限制，不搞平均分配。采取特色小镇自愿申报原则，由各县（市、区）结合实际提出申请，由各市（含定州、辛集市）向省特色小镇规划建设工作联席会议办公室报送创建书面材料。凡符合特色小镇内涵和质量要求的，纳入省重点培育特色小镇创建名单。制定年度考核办法，以年度统计数据为依据，公布年度达标小镇，兑现奖惩政策；对连续 2 年没有完成建设进度的特色小镇，退出创建名单。通过 3 年左右的创建期，对实现规划建设目标、达到特色小镇标准要求的小镇，通过验收各县（市、区）制定的创建方案，明确特色小镇的四至范围、产业定位、投资主体、投资规模、建设计划，并附概念性规划。

《意见》要求特色小镇建设坚持高强度投入和高效益产出，每个小镇要谋划一批建设项目，原则上 3 年内要完成固定资产投资 20 亿元以上，其中特色产业投资占比不低于70%，第一年投资不低于总投资的20%，金融、科技创新、旅游、文化创意、历史经典产业类特色小镇投资额可适当放宽，对完不成考核目标任务的予以退出。根据产业定位量身定制政策，打造创新创业平台，吸引企业高管、科技创业者、留学归国人员等创新人才，引进新技术，开发新产品，做大做强特色产业，建设特色小镇公共服务 APP，提供创业服务、商务商贸、文化展示等综合功能，集聚高端要素，引进人才，创新特色产业城镇。将要打造的 100 个特色小镇主要分布在石家庄和沧州等地区。

二、典型特色小（城）镇

1. 秦皇岛市卢龙县石门镇

石门镇特色产业以农业为主，已形成以石门街、东阚、西阚和孟团店为中心的核桃基地，以高各庄、团山子村为中心辐射周边十个行政村的食用葡萄基地，以唱石门生猪养殖、胡石门蛋鸡养殖、孟石门獭兔养殖为主的养殖基地和甘薯种植基地。小镇的商业服务业以镇政府为中心，在东北部形成了初步规模的职业教育文化区，在西北部形成了建材工业区，总体呈现出"一核两翼"的空间格局。加之具有一些历史古迹，又临近北戴河，也通常被作为北戴河旅游地的后花园。同时，以发展现代新型工业为主，近年来先后被评为国家小城镇建设试点镇、河北省新型城镇化试点镇、小城镇经济综合开发示范镇、小城镇综合改革试点镇和国家级重点镇。

产业形态特色鲜明。小镇对传统产业加大环保力度，发展循环经济，推进节能减排，倡导清洁生产，关停污染企业，实施脱硫除尘等一系列升级改造，严把招商引资关。以新兴产业为引领，集聚了人造石英石、光伏能源和现代物流等一批新兴产业项目。同时，小镇引入现代发展理念，建设循环经济示范基地、果品技术创新基地，引导"龙头企业＋合作社＋农户"的新型合作方式进行规模化特色农业生产，建设集"自然—生产—休闲—康养"于一体的景观综合体，并逐步向现代农业观光、旅游、度假产业转型。

正向环境和谐宜居发展。以"城乡一体、功能拓展、品位提升、文化引领"为原则，科学有序地推进特色小镇建设，以美丽乡村建设为抓手的农村面貌改造提升行动，进一步推动基础设施和公共服务向农村延伸，积极打造推进润杨山居旅游示范项目、石门万亩核桃园旅游休闲观光项目。

基础设施完善。立足河北省新型城镇化试点镇建设定位，加快推动城乡一体化，相继实施了全镇范围的路网维护工程、污水处理厂、集中供热、集中供水三大民生工程、垃圾中转站建设工程和公租房保障工程等，城镇的服务职能和形象得到全面提升。

2. 邢台市隆尧县莲子镇

莲子镇地势平坦，土壤肥沃，适宜农作物种植，是全国知名的优质小麦主产区之一。以小麦种植为特色，形成了以今麦郎食品集团有限公司和河北中旺集团为中心的东方食品城，并以食品生产加工（尤其是制面）为主，成为邢台的农业产业中心，也是邢台滏阳经济开发区的组成部分。与此同时，每年的农历十月十六是莲子镇的过"会"日期，传统的"过会"节作为莲子镇重要的民俗风情，体现了传统的农耕文化。另外，莲子镇在镇建城区内四个村庄大力实施文明生态村创建工作，以改善人居环境为突破口，实施了高标准别墅式的旧村改造工程，新型生态庄园工程已初具规模，构成镇区靓丽的组成部分。2004年被评为"全国重点镇"。2005 年莲子镇被评为"全国环境优美乡镇"，是全国评选出的 40 个环境优美乡镇之一，更是河北省唯一入选乡镇。2014 年被河北省评为"省级经济发达镇行政管理体制改革试点"，2015 年被确定为"省级新型城镇化综合改革试点"，2016 年被确定为"首批中国特色小镇"，体现出将农业特色产业与文化、生态环境融为一体的融合特色小镇发展理念。

3. 保定市高阳县庞口镇

庞口镇尽管是一个主产小麦、玉米和高粱的农业镇，但是自20世纪90年代我国汽车产业起步阶段，就建立了全国最大的汽车农机配件市场，使以汽车配件为主的商贸服务成为该镇的主导产业；2000年经过规划和投资建设，引导汽配市场向定位更明确、腹地更广阔的方向进一步发展；2003年后又进一步扩大投资修建了通往河北其他城市和天津等地的公路等交通设施，使镇区经济得到了快速发展。庞口镇的汽车农机配件市场被国务院发展研究中心命名为"中华之最"，以市场为依托的庞口镇1997年被河北省列为小城镇建设试点镇，2004年6月15日被河北省命名为"全省50个重点小城镇之一"。

4. 衡水市武强县周窝镇

周窝镇位于石家庄与沧州的连接线上，全镇以农业、工业、商贸服务业和文化产业综合发展为经济基础。同时，围绕特色产业——乐器制造衍生出音乐文化产业，使小镇的品位和发展质量沿着文化、制造业和娱乐为一体的融合方式快速提升。其发展模式可以概括为四点：一是以龙头企业为主导，特色突出。该镇的乐器生产历史悠久，龙头企业——金音集团的西管乐器产量全国第一、世界第二，以此为依托，带动该地区的乐器生产及配套企业十多家；同时，依托乐器生产，提出了"文化兴镇、特色立镇"的发展目标，带动了全镇吃、住、行、游、购、娱为一体的融合发展。二是在重点地区，重点培育和扶持特色产业。周窝村的璐德音乐小镇由武强县政府和北京璐德文化艺术中心联合打造，通过对周窝村进行包装改造，将小镇内沿街店铺承租，统一包装，新建音乐吧、咖啡屋、音乐饰品屋、专家别墅、音乐制作室等娱乐休闲场所，吸引国内外音乐家长驻周窝。同时，通过每年固定时间组织开展国内、国际音乐交流活动，如麦田音乐节、吉他文化节等，带动音乐人才输出、音乐创作、乐器销售、餐饮酒店等相关产业发展。三是合理规划、集中完善产业链。2016年该镇对音乐产业做了全局规划，通过对空间形态特征和企业特色资源的分析，形成以乐器产业为硬件、艺术活动为软件，依托对音乐爱好者有强大吸引力的中国吉他学会，充分挖掘音乐主题文化的潜力，提升周窝镇的旅游价值，提高居民收益，打造有吸引力、高品位的音乐文化小镇。四是突出农村传统特色，将音乐和县古城内生活与传统文化相结合，如举办著名的中国吉他文化和麦田音乐节活动。

周窝村民风淳朴善良、村庄建设规划有序，民居院落排列整齐，是一个具有典型北方民居特色的村庄。目前，该村的音乐小镇已形成了萨克斯公社、咖啡屋、吉他体验馆、年画体验馆、小提琴体验馆、民俗体验馆和大型水上娱乐项目——音乐水世界·水乐方等多个旅游景点，并连续举办了四届中国吉他文化和麦田艺术节，吸引国内外游客 100 余万人。2013 年以来，周窝音乐小镇先后被评为"全国魅力新农村十佳乡村""中国特色村（镇）发展创新优秀案例""中国特色镇旅游新干线试点镇""全国生态文化村""2014 全国最美村镇"和国家级"青少年音乐体验基地"。2015 年，周窝镇成功入选第三批全国特色景观旅游名镇名村。

5. 馆陶县寿东村粮画小镇（非国家首批认定）

由于首批特色小镇以镇为单位组织进行，在城市街道单元和乡村单元的特色小镇或特色小镇雏形，都没有被列入。因此，除了列入首批特色小镇外，各地还有大量有特色的小镇。河北省馆陶县寿东村的粮画小镇就是一例。

寿东村位于馆陶县城以西 3 千米，共有 188 户居民，曾是一个普通的小村。当地开展美丽乡村建设以来，寿东村不搞大拆大建，而是按照"乡村风情，魅力小镇"的定位，走出了一条"尊重民意、留住乡愁、做强产业、改造提升"的路子。一方面，修旧利用，保留乡村风情。把废弃房屋、废弃宅基地、废弃大坑充分利用起来，或建公共服务设施，或打造成为景点，或栽植绿化苗木，变废为宝；一方面，增加方便舒适、富有品位的城市时尚现代元素，作为引领农村文化、改变农村生活的载体。在寿东，城市里才有的阅吧、超市、酒吧、咖啡屋、微电影等落户美丽乡村。引入"粮画"企业，带动周边 10 多个村庄专业从事"粮画"创作。目前寿东村已打造出景点 28 处，并且还在不断添加新的景点，形成了一条完美的精品旅游线路。

村中墙壁上张贴着用五谷杂粮制作而成的绘画和充满乡土气息的农家画，村子处处悬挂着富有艺术感的粮食画。他们的运作模式是，政府统一招商、牵线搭桥，为小镇选择了龙头企业——海增粮画公司，以粮画生产项目形式，带领全村共建"粮画小镇"。该项目占地 16 亩，总投资 100 多万元，基地建有粮食画展厅、加工车间、粮画体验厅、五谷餐厅等一条龙生产、包装、体验设施。生产粮食画的馆陶海增粮艺有限公司，目前有工人 120 人，年生产能力达到 1000 幅，在唐山、太原、郑州、济南、广州、深圳设立了销售网点，产品远销加拿大、美国、德国等海外国家。目前，寿东村粮画加工户已达到 67 户，每户年增收 1.5 万元，辐射带动周边姚庄、东浒演、西浒演、寿南、寿北、东朱庄等 10 多个村庄，有 300 户群众从事粮画制作，实现了产业和文化深度融合，成为一个北方少有的特色小镇。

粮画小镇所在的馆陶县具有丰富的文化资源和传统手工艺，该县针对年轻劳动力不足、手工艺人才短缺状况，通过建设教育实训基地，专门培训特色小镇建设使用技术人才。采取的主要措施有：一是对做出贡献的人才给予荣誉奖励，目前全县获得第一届"人才奖"的有 36 人，其中美丽乡村建设获得的奖励占一半；另外还设置了"专业人才奖"，截至 2015 年底，全县共为 10 名美丽乡村建设专业人才颁发了证书，并享受政府津贴。二是创新督查评功制度，设立特别督查评功领导小组办公室，"因事设功、因功授奖、因奖用人"。2015 年，为在项目建设、美丽乡村建设、县城建设等重点工作中，做出突出贡献的单位和个人记特等功 14 次、大功 41 次。获特等功人员全部得到了重用，极大地激发了广大干部的工作热情。

第十章　山东和长三角地区

该地区是我国经济最发达的地区之一。三省一市的经济总量一直名列前茅，城镇化率高、城乡差距小，各级城镇都较发达，建制镇数量多而县级市人口数量巨大。这两类城镇为特色小镇发展奠定了坚实的基础。地区普遍基础设施程度较高，为特色小镇的产业、文化和旅游融合提供了进一步的保障。

山东省特色小镇以产业型为主，与长三角地区有明显相似性。该地区的特色小镇中，纯产业型占全国的1/5，产业兼业型占全国的1/3；产业融合度也较高，处于成长期的较多，是我国特色小镇发育最好的地区。在旅游方面，长三角更是体现了江南水乡的古镇旅游特点，众多的水乡古镇形成了长三角地区独特的古镇群。三省一市经济实力雄厚，旅游资源丰富、地理位置优越，且各地都有其特色产业支撑，具有发展特色小镇的优势。尤其是浙江省提出"创新、协同、绿色、开放、共享"五大理念的特色小镇，成为该地区经济转型和新型城镇化的重大战略，也成为全国新型城镇化的典范。这些地区需要在进一步完善基础设施、提高公共服务水平和强化聚集中心作用，避免千镇一面，继续在精致美丽方面努力。

山东和长三角地区特色小镇建设的SWOT，见图10-1。

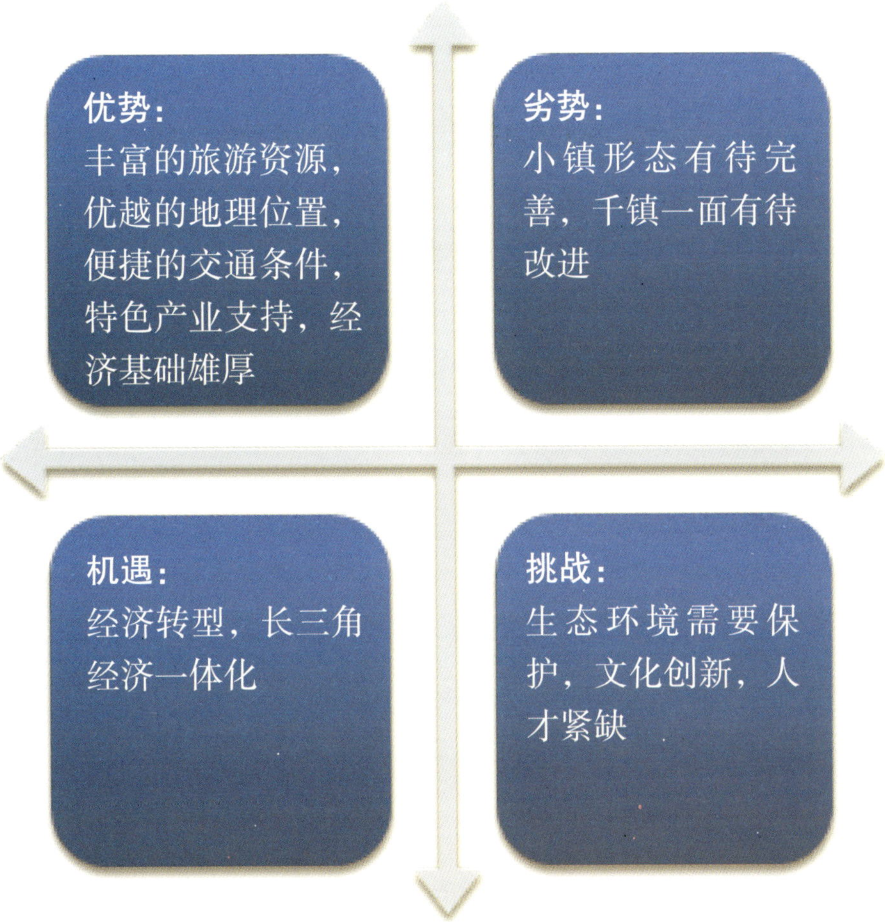

优势：
丰富的旅游资源，优越的地理位置，便捷的交通条件，特色产业支持，经济基础雄厚

劣势：
小镇形态有待完善，千镇一面有待改进

机遇：
经济转型，长三角经济一体化

挑战：
生态环境需要保护，文化创新，人才紧缺

图 10-1　山东和长三角地区特色小镇建设的 SWOT

山东省

一、特色小（城）镇建设行动

2012 年，山东省委、省政府就确定实施"百镇建设示范行动"，出台了《山东省人民政府关于开展"百镇建设示范行动"加快推进小城镇建设和发展的意见》，在实施扩权强镇、保障发展用地、适度扩大财权、加大金融支持、加强资金扶持、培养引进人才、优化机构设置等七个方面制定了创新性的优惠政策。经过四年发展，山东省小城镇建设迈向了一个新的台阶。目前，山东省有全国重点镇 207 个、国家级历史文化名镇 2 个、特色景观旅游名镇 24 个、宜居小镇 3 个；省级示范镇 200 个、省级历史文化名镇 26 个、特色景观旅游名镇 57 个、宜居小镇 47 个。有称号的特色镇总计有 331 个，占全省小城镇总数的 30%，形成了全国重点镇、省级示范镇、省级中心镇、特色镇等分层分类、梯度培育、特色发展的小城镇发展格局。

2016 年 9 月 1 日，山东省政府印发《山东省创建特色小镇实施方案》（以下简称《实施方案》），计划到 2020 年建成 100 个左右特色小镇，产业定位以新兴产业（海洋开发、信息技术、高端装备、电子商务、节能环保、金融）、绿色产业（旅游观光、文化创意、现代农业、环保家具）和传统特色产业（造纸、酿造、纺织）等为主，成为创新创业高地、产业投资洼地、休闲养生福地、观光旅游胜地，打造区域经济新的增长点。并就创建目标、创建标准、创建内容、创建程序、政策措施、组织领导等六大方面提出了 23 条措施。在创建标准上，不仅要求主导产业在行业内有较大影响力，特色产业和品牌具有核心竞争力，在全省或全国有较大知名度；而且要求人文气息浓厚，旅游特色鲜明，每年接待一定数量游客。

《实施方案》对特色小镇的投资做了要求。原则上5年完成固定资产投资30亿元以上，每年完成投资不少于6亿元。西部经济隆起带的特色小镇和信息技术、金融、旅游休闲、文化创意、农副产品加工等产业特色小镇的固定资产投资额不低于20亿元，每年完成投资不少于4亿元，并每年为100个示范镇安排不少于5000亩的新增建设用地计划指标，安排10亿元的示范镇建设专项资金。2016年，山东省财政厅拨付首批特色小镇创建启动资金1.1亿元，用于支持特色小镇发展。《实施方案》并确定将平阴县玫瑰小镇等60个小镇纳入省级特色小镇创建名单。

二、典型特色小（城）镇

1. 青岛市胶州市李哥庄镇

李哥庄镇紧邻青岛流亭国际机场。由于其在城镇化探索中的多方面的成就，先后荣获全国重点镇、全国发展改革试点镇、中国制帽之乡、全国美丽宜居小镇、山东省首批新型城镇化试点镇、青岛市小城市培育试点镇等荣誉称号。

在经济发展方面，以临空经济为主攻方向，改造提升传统产业，提升城镇竞争力和吸引力。一是立足毗邻新机场的优势，建设空港特色商贸区。二是制帽、假发、工艺品产业的飞速发展对全镇经济起到了巨大的推动作用，加速了城镇化进程。三是围绕提高产业营销能力，创新营销模式，着重打造"互联网＋协同制造"的新兴业态。作为"中国制帽之乡"，由镇制帽行业商会为主要起草单位的《六片运动帽标准》，成为全国制帽行业的首个国标，总统竞选团队戴的帽子、奥运会的球迷用帽、美国士兵帽……大都出自李哥庄制帽企业。经过30多年的自主创新，全镇已形成了集辅料、刺绣、印花、包装销售于一体的配套产业链，凉帽产品占全球市场份额的 1/3。同时，这里还是全球高端假发制造基地，高端假发产销占全国的 80%；饰品加工分布在千家万户，占据着青岛地区饰品行业的半壁江山。经过多年发展，李哥庄形成了制帽、假发、工艺品三大传统优势产业。统计数字显示，全镇现有制帽、假发等生产企业 680 余家，从业人员 3.8 万人，已成为承载农村劳动力转移就业的重要平台，现已形成以李哥庄镇为中心，辐射周边多个镇办的传统产业经济圈。另外，李哥庄镇利用互联网带来了巨大的商机，着力"电商示范镇"建设，建成实体展厅与网络交易相结合的电子商务产业链综合体，为传统企业和零起点创客搭建起创业创新的新平台。

在传承文化方面，坚持把文化建设作为培育特色小镇的"内核"，深入挖掘本土特色，不断提升文化软实力。一是注重传统文化的挖掘、传承和保护，举办大沽河记忆摄影展。二是坚持把文化作为城镇发展的灵魂，创新开展"十佳新李哥庄人"评选、"帽子设计及乡村模特大赛"等文化活动，举办首届农村啤酒节，开创了全国农村啤酒节的先例。

在完善基础设施方面，坚持把基础设施和公共服务作为空港小镇建设的生命线，切实提高公共服务有效供给能力，进一步完善空港小镇承载功能。一是实现柏油路"村村通"，在镇区主要道路划定停车位。二是实现集中供水全覆盖，实现青岛市首家农村集中供气供热项目改造。三是成立小城市公共服务中心，实施"快递三进"工程，使快递进村庄、进企业、进社区，实现社区末端综合服务网点全覆盖。

在机制体制建设方面，深化体制机制创新，推动空港小镇焕发生机活力。一是优化规划布局。二是加强社会管理，在全省率先试点行政体制改革，探索实行大部制改革，深化综合行政执法改革，构建数字化执法平台，进一步充实基层执法力量。三是创新机制体制，积极探索政府聘员制度，重点引进航空产业、规划建设、金融管理、招商四类急需人才。

在环境建设方面，坚持环境立镇、生态优先的发展理念，着力打造和谐宜居的环境，增强空港小镇内在发展动力。一是沿大沽河修建沽河大堤路，深入探讨镇区的道路区位、空间形态、密度指标等，建筑立面和谐统一的总体格局。二是大力实施惠民工程，改善镇区环境。三是初步形成"道路整洁、环境优美"的乡村生态环境。依托良好环境，鼓励村庄发展乡村旅游，加快美丽乡村建设。

2. 淄博市淄川区昆仑镇

昆仑镇历来是淄博市的工业重镇，是全国发展乡镇企业先进乡镇、首届中国乡镇投资环境 100 强乡镇、全国经济强乡镇和明星乡镇。随着资源的日益枯竭，昆仑镇面临着产业转型升级的困境。昆仑镇下决心关停了镇内 47 家"煤井企业"和 162 家"土小企业"，引入技术含量高的机构和企业。截至 2015 年底，全镇规模以上企业 118 家，市级以上研发机构 9 家，中国名牌 2 个，上市公司 2 家，具有自主知识产权的专利产品 172 个。在转型和振兴经济强镇的过程中逐步向特色小镇方向发展。

建设机械制造强镇和陶瓷文化名镇。规划建设高端装备产业园和文化创意产业园平台，吸引周边乃至全区、全市企业向园区集中，扶持发展骨干企业，推动新研发、新工艺和新市场项目，拉长产业协作链条，形成了机械制造产业集聚区和陶瓷文化产业集聚区，两大产业集聚区占全镇经济总量的 86%。

打造陶瓷风情小镇。利用 8000 多年历史的全国重点文物保护单位磁村瓷窑址、国家级非物质文化遗产陶瓷烧制技艺、中国鲁青瓷馆、山东省陶瓷工艺产业基地淄博瓷厂，依托陶瓷产业优势，以陶瓷文化创意为重点，以机械装备产业为支撑，按照"一山、一水、两园、三路"的规划，全力打造陶瓷风情小镇。目前正在建设陶瓷学院、陶瓷博物馆、鲁青瓷神窑址等配套设施，预计可以解决就业人口 5600 余人。

产城融合，构建生态宜居城镇。昆仑镇实施退二进三，对老企业厂房进行改造，盘活利用存量土地，有效提高了群众的居住条件。截止到 2015 年，昆仑镇建成区面积 12 平方千米，城区常住人口 6.4 万，常住人口城镇化率达 67%。该镇打破传统的城镇发展模式，按照"突出特色、产业兴镇"的理念，按照"西进、东控、北扩、南连、中优"的原则，规划形成 1 个中心城区和 6 个中心社区，力争用 10 年左右的时间，建成承接淄川与博山，辐射东西的区域性次中心城市；实施主次干道"绿化、净化、亮化、功能化、秩序化"五化工程；修建各类道路；同时，雨污管道、给排水、电力、供暖、污水处理等基础设施建设也在不断完善。

3. 烟台市蓬莱市刘家沟镇

刘家沟镇是蓬莱景观的主要组成部分。该镇按照"生态立镇、产业兴镇、明晰特色、错位竞争"的发展思路，以国家级高新农业产业园区落户为契机，加快发展葡萄及葡萄酒加工业、养殖加工业和汽车零部件三大龙头产业；依托葡萄海岸产区优势，着力打造中国葡萄酒特色产业镇，引进建设中粮长城、香格里拉玛桑酒庄、瑞枫奥赛斯等 30 余家国内外著名葡萄酒生产企业；规划建设了集葡萄种植、葡萄酒生产和生态旅游为一体的 18 千米葡萄产业带，获得"中国葡萄标准化示范区"称号；依托 12 千米黄金海岸线，发展对虾、刺参、扇贝、鲍鱼、牙鲆等 20 余种海产品，建成海产品养殖场 30 多个、冷藏加工厂 10 多个；依托蓬莱汽车产业园，成功引进了北方奔驰、大庆电子、成东产业、集大汽车物流园、九星机械等 10 家制造企业。在获得全国环境优美镇等荣誉称号的同时，以农产品为特色的经济也得到了较快发展，成为一个环境优美的农业产业兼工业型特色小镇。

4. 潍坊市寿光市羊口镇

羊口镇是一个以渔盐经济为主的滨海城镇，有天然的地理优势。近年来，羊口镇充分利用盐田工矿用地土地属性，通过土地置换形式规划建设了先进制造业产业园和高新技术产业园两大工业园区，大力发展现代工业。

注重环境和基础设施建设。该镇全面推进电、汽、水、天然气、道路、港口等基础设施建设，不断优化投资环境；构建了以神华国华电厂为主、华景热力公司为辅的热源格局，为园区企业提供低成本直供汽；规划整合南水北调、引黄济青、中水回用、亚海水淡化等资源，多方开源保障企业、居民生产生活用水。

产城融合，实现城乡均衡发展。该镇开通镇村免费公交，实现了辖区村庄、工业园的"村村通"；开通了寿光—羊口免费直通公交，实现了城乡公交一体化。高新区建了职教中心、渤海实验学校、新区双语学校等高标准学校，实现了从幼儿教育到职业教育的全覆盖，全镇在校生达到1.5万人。建设寿光人民医院（三级）羊口分院，推行免费健康查体；放宽落户政策，为居民在享受平等教育、就业服务、社会保障、医疗计生等方面提供全方位服务。

搭建企业孵化平台，打造创业服务空间，完善奖励激励政策，降低企业税费等成本；同时，深化政银企合作，搭建银企资金供需信息对接平台，建立贷款绿色通道，发挥现代农业基金、风险缓释基金等8支产业引导基金的作用，降低企业融资成本。通过调动企业创新创业积极性，推进与高校、院所的产学研合作，搭建完善的产学研平台，促进科研成果快速转化。

5. 泰安市新泰市西张庄镇

西张庄镇以煤炭、纺织、服装为主导产业的工业经济基础雄厚。一些村庄还有优质特色的农产品，如"浮邱白"草帽辫，从清代开始出口，远销美国、日本、英国、印度、东南亚等10多个国家和地区，还有多个以桑蚕、林果、蔬菜、畜牧、制种为主的专业户。

在特色小镇建设过程中的主要成就如下：

一是发展特有产业、打造城镇名片。以做大做强毛纺业为目标，大力实施技改升级工程，积极引导辖区毛纺织企业淘汰落后产能，加快技术改造，优化产业结构，构建形成梳毛、纺纱、织布、染整、服装一体化产业链，产业集聚型、互补型、开放型等经济特色日益凸显。同时，充分利用"互联网＋平台"优势，拓展产业集群效应，增强市场核心竞争力，成为集毛呢服装生产、展销、个性化订制于一体的"泰山多彩毛呢小镇"。

二是全力打造生态宜居城镇。统筹规划生活区、产业区和商贸服务区，形成了上下衔接、层次分明、宜居宜工的城镇化发展格局。大力实施搬迁建设，高标准打造居住小区，各小区实现设施"六通、四化、五配套"，农民不出社区，就能实现就医看病、生活购物、休闲娱乐。新建文化活动广场、青澄湖湿地公园等公园绿地 10 处，建成九纵六横的道路网、绿化网、自来水网、雨水分离的排水管网、污水处理网等基础设施。

三是积极培育发展商贸、餐饮、家政、物流等生产性和生活性服务业，健全城镇产业体系，实现"两区"与镇区，产业区与生活服务区的功能互补，相互带动。按照"一大两小三中心"的模式，整合社会治安管理、公共事务管理等服务管理资源，建立矛盾联调、治安联防、工作联动、问题联治、平安联创、管理联抓的"六联"管理机制和"群众诉求集中受理、集中服务、一站式办结"的服务机制，形成强大的社会服务管理合力。

企业主体，市场化运作。灵活采用 PPP 模式，引导企业或民间资本参与项目建设和城镇开发，实现互惠共赢。打造以呢绒服装的生产、展销、个性化订制、电子商务平台及体验式旅游等为一体的"江北第一呢绒服装城"（泰山国际呢绒服装城）。通过举办"时装艺术节""时装周""模特大赛""衣博会"等活动，展示呢绒服装文化，提高特色小镇的知名度和美誉度。

6. 威海市经济技术开发区崮山镇

崮山镇是威海市闻名的工业强镇和水产大镇。全镇工业：形成了以星王集团、宝源纺织集团、七八一厂、康泰渔竿厂等镇办企业为主导，三资企业、村办企业和私营个体经济为补充的合理工业布局。该镇初步建立了以客车制造、纺纱、呢绒、木工机械、民用爆破、渔具、饮食加工、水产品加工、建筑设计、轮船修造等为龙头的门类齐全、结构合理的工业体系。农业：以高效农业、特色农业和生态农业为重点，大力实施"科技兴农"战略，全镇农业走上了规模化、产业化、专业化和现代化的轨道。水产业：通过实施"海上崮山"战略，走现代化大渔业之路，现已形成了融养殖、捕捞、冷藏、水产品加工、工厂化养育、船舶修造等为一体的水产生产体系。以崮山镇隶属的威海市经济技术开发区为核心，将该镇建设成为经济开发区型的小镇。

7. 临沂市费县探沂镇

探沂镇有板材工业基础。该镇以板材加工作为特色产业，以板材加工园区为平台，按照国家级林产工业科技创新示范基地的布局要求，主动对接临沂西部木业产业园，壮大产业集群。全镇现已发展各类板材企业4000余家，其中规模以上企业105家，年加工木材2500万立方米；注重经济发展与环境和城镇建设同时推进，以"一镇一品"为主导思想发展城镇经济，成长为中国金星砚之乡、全国重点镇、山东省"百镇建设示范行动"示范镇、临沂市优先发展重点镇和国家林产工业科技示范园区的核心区，先后被评为省级生态乡镇、山东省特色产业镇、山东省小城镇建设示范镇、山东省乡村文明行动示范镇、山东省新型工业化产业示范基地、山东省最具发展潜力产业集群强镇、山东省产业集群品牌建设十大领军镇、市级文明村镇、临沂市城镇管理明星城镇、临沂市经济社会发展先进乡镇。

探沂镇按照打造工业重地和宜居宜业的安居乐业福地，构建生态镇的发展思路，以建设"环境优美、功能完备、商贸繁荣、工业发达"为路径，以木业家具产业为特色的新型经济强镇为目标，抓好民营经济和城镇建设两个工作重点，依靠核心项目转变经济发展方式，推动工业经济转型升级；科学规划了四大农村新型社区。一个生态型、工贸型、宜居宜业的新城镇正逐步形成。

8. 青岛市黄岛区大场镇（非国家首批认定）

大场镇虽然没有在国家首批特色小镇名单中出现，但境内各村居民安居乐业，生活富裕，各项经济和社会事业健康、稳步发展，被评为青岛市文明城镇，其发展路径和特点具有典型意义。

抓龙头、建园区，夯实现代农业发展基础。该镇立足镇域优势产业，鼓励土地流转，引导土地向优势农业产业项目集中；以龙头项目为依托，建设了一系列农业园区，并对销售点进行定点配送。万亩樱花种植区规模化成方连片种植面积达到 6000 亩，产品销往全国各地，已基本建成江北最大的樱花种植、销售集散中心。万亩高新渔业区已被列为省级现代渔业园区。此外，还规划建设了精品草莓采摘园、恒康生态茶园、尧天特种动物养殖园等一系列农业园区，基本形成"园区驻龙头、龙头带基地、基地连农户"的现代农业格局。

抓加工、创品牌，加快推进农业产业化进程。该镇依托特色农业发展优势，不断延长产业链条，以食品加工龙头企业为平台，大力推行科技兴企战略，抓好农产品深加工和销售，不断提高农产品附加值，并着力在规模特色品牌上下功夫，以优质高效、特色突出、一园一品为主攻方向，创建并打响盛客隆蔬菜、兴荣草莓、水果萝卜、海兴甘薯片、老窝樱花、保子埠葡萄、茂记大闸蟹、忠海海参、大菱鲆、三文鱼等一系列农产品品牌。

强化社会治理。该镇建立了三级网格"一级抓一级,层层抓落实"的责任体系。同时，该镇进一步推行"星级管理"办法，对各类社会治理隐患及时亮星警示，实行"首问负责制""限时办结制"等，督促各级网格快调查、快办理、快回复，做到"社情民意早知道，矛盾信息早掌控，纠纷问题早调处，突出问题早解决，重大问题早上报"。

全面推进城镇建设。该镇编制城乡统一建设规划，打造绿色生态宜居城镇，对镇驻地进行高标准规划，设计城镇阳台、景观廊道等，全面提升镇驻地景观、居住、文教、商贸、工业五大功能区档次，进行全面规划和建设；实施大场及塔山驻地环卫、绿化外包新模式；建设大型综合果蔬交易市场。

江苏省

一、特色小（城）镇建设行动

2015 年底，江苏省提出计划，通过"十三五"的努力，加大重点镇和特色镇的培育力度，到 2020 年全省形成 100 个左右富有活力的重点中心镇和 100 个左右地域特色鲜明的特色镇。

2016 年 8 月 11 日，江苏省委、江苏省人民政府发布了《关于进一步加强城市规划建设管理工作的实施意见》（以下简称《意见》）。其中，环境美丽宜居和富有文化特色成为两项重要内容。《意见》将推动小城镇多元特色发展作为重要措施，强调了有效发挥小城镇联系城乡作用，坚持分类指导、特色发展、增强活力，实施特色小镇培育与小城镇建设整治行动。2020 年前，力争形成 100 个左右特色鲜明的"特色小镇"和 100 个左右富有活力的重点中心镇，小城镇的环境面貌普遍改善。江苏省旅游局正式启动全省特色旅游小镇申报工作，建设目标是到"十三五"末，全省培育 50 个特色旅游小镇。

2016 年 5 月，南京市也表示，将用 3 年时间打造一批特色小镇，已列入计划的有 17 个；而且明确对特色小镇实行"动态管理"，制定专门的建设管理办法。对列入市级建设名单的特色小镇，实行季度通报情况、年度综合评估。对连续两年未完成年度目标任务和未达到建设要求的特色小镇，实行退出机制，不再享受相关扶持政策。此外，将特色小镇工作纳入市对区年度综合考核目标体系。南京市将通过要素聚合、资源整合、产城融合，把特色小镇打造成为经济增长的新引擎、创业创新的新平台、产业发展的新高地、文化传承的新载体、美丽南京的新名片。到 2020 年，全市将力争建成 30 个左右产业富有特色、文化独具韵味、生态充满魅力的市级特色小镇，并鼓励建设一批区级特色小镇。

目前除了南京已率先进行试点建设，扬州、泰州、宿迁等市也在积极探索中。2016 年 12 月 28 日，镇江市宣布明年计划完成产业投入 80 亿元，支持首批建设 8 个特色小镇建设。

二、典型特色小（城）镇

1. 南京市高淳区桠溪镇

桠溪镇的形成始于明崇祯末年，优越的地理条件使之成为两省四县交界地区商贸会聚的中心。桠溪镇充分利用了依山傍水的自然特点和交通优势，以"生态"发展为核心理念，将自然、文化、生产和商贸等与旅游相结合，打造了一体化的上台发展之路，其生产和生活方式等主要遵循中国的传统文化和天人和谐思想，配合以绿色生活和有机农产品生产和加工；将全镇的若干个村子集中连片、统一规划、统一标准、统一建设和管理，打造了公园式的生态经济。特色生态旅游以慢节奏的轻松生活为主格调，使其成为中国首个"国际慢城"。

桠溪镇以"特色明显、多业并举、产业兴镇"的特色小城镇产业发展格局，成功创建国家级生态村 4 个、省级生态村 8 个、市级生态村 1 个，美丽乡村 18 个；创建三星级"康居乡村"15 个，二星级"康居乡村"103 个，环境整洁村 144 个。2014 年，桠溪镇列入"全国重点镇名单"。其基础设施建设得到了长足的发展，城镇功能日臻完善，先后被南京市评为"市新型小城镇"称号，并列入江苏省重点发展乡镇之一。现有工业企业 130 家，其中拥有县十强企业 2 家，并将于 2017 年打造 38 个区级美丽乡村、7 个市级美丽乡村，带动周边地区共同致富。

桠溪镇的发展模式主要体现在，桠溪镇以"生态之旅"为重点，强调慢节奏的游览节奏、深度的体验和灵活的消费选择，推动旅游产业发展。该镇以"生态之旅"的区位、生态、文化、农业资源优势为基础，构筑"一心、两带、三轴、三区"的旅游开发格局，着力形成"特色明显、多业并举"的特色小城镇产业发展格局；围绕打造长三角旅游目的地、南京南部生态涵养区"两个品牌"目标，延续慢城定位，以生态山水田园为景观基底，以慢生活、慢休闲、慢运动为主题，塑造"一村一品、一村一景"的人居环境，建成集农业观光、生态体验、吴楚文化、健康养生、慢活休闲为一体的美丽乡村，成为现代并带有田园特色的典型城镇。该镇整合慢城文化、民俗文化、红色文化等地域文化禀赋，加快建成一批文化体验景区、文化休闲街区、文化创意园区，强化文旅融合发展，带动百姓增收致富。

2. 无锡市宜兴市丁蜀镇

丁蜀镇位于长江三角洲经济开发区，是宜兴的两个主城区之一。其特点是中国陶文化发源地，作为陶都，以紫砂文化最为著名。因此，丁蜀镇是"中国民间艺术之乡""江苏省历史文化名镇""江苏省群众文化先进镇""江苏省文明镇"，也是江苏省强镇扩权试点镇，被誉为"陶都明珠"。陶瓷产业特点表现为：一是产业历史悠久，丁蜀有7300多年的制陶史。二是产业门类齐全，是全国最大的花盆产销基地、最大的陶瓷酒瓶生产基地、重要的泵阀生产基地。三是企业数量众多，有全省唯一以产业来命名的省级开发区——江苏宜兴陶瓷产业园区。

该镇围绕紫砂特色小镇的规划和建设，倾力打造"紫砂文化创意产业集聚区"，通过搭建"创造+创意（服务平台）+体验=产业链"模式，着重发展创意研发设计制作、产品推广营销、创意休闲体验等创意产业。产业园内已有文化企业30多家，各类工作室1200多家，文化企业占园区企业总数的80%以上。

2010 年，丁蜀镇通过江苏试点"强镇扩权"被赋予县级管理权；2012 年共申报国家级科技计划项目 9 项，申报省级以上各类科技项目 65 项；新增市级以上企业研发机构 40 家、省工程技术研究中心 5 家。陶瓷产业园区被省科技厅批准为省级科技产业园，并建立省级科技孵化器。该镇还以陶瓷文化为核心，建设有中国宜兴陶瓷博物馆，是国内最早成立的专业性陶瓷博物馆。紫砂产业的发展，不仅富裕了地方和百姓，也带动了其他产业，使其在体现特色的同时，丰富了地区产业和经济的多样性。

作为特色小镇，丁蜀镇以"陶瓷产业"为特色，依托悠久产业历史，众多企业带动经济发展。

3. 徐州市邳州市碾庄镇

碾庄镇区位条件好、农业发展条件适宜。因此，其特点表现为：一是有远近闻名的优质棉、优质大蒜、瓜菜、经济速生林、中药林、蚕桑生产基地，也素有"食品之乡"之称。该镇是农业现代化示范园区、综合食品基地，生态农业发展方兴未艾。二是江苏省东陇海工业带上的第一个区域性中心镇，私营企业发展势头好，建设有台湾钧裕工业园、苏南工业园、南北工业园、五金工业园、棉纺工业园等五大工业园，拥有"五金之乡"称号。三是加大基础设施建设，硬化道路，整治镇区通信线路，更换路牌、路标，新添太阳能路灯，实现门头字号一街一风格、镇区亮化全覆盖。四是开展"美好城乡建设行动"，开展绿化工程，打造文化广场、憩园等 38 处街头节点景观绿地风貌，镇区绿化覆盖率达 42%。这是一个农业和工业同步发展、城市基础设施同时跟进的均衡发展的特色小镇。

该镇坚持发挥产业带动作用和产城融合；确立"五金工具—机械制造—装备制造"产业转型升级发展方向；根据市场行情和产业基础，明确了机械制造重点发展"机械基础件、新能源汽车及其零配件、重型矿山提升设备、大马力农机"4 条产业链。在传统企业改造升级上，该镇重点推进从变压器向充电桩转型，从钢管向传动轴转型，从普通铸件向精密铸件转型。在新兴产业培育上，重点发展新能源汽车产业。该镇先后获得"全国重点镇""全国文明镇""国家级生态镇""江苏省人居环境范例奖"称号。

4. 苏州市吴中区甪直镇

甪直镇是一座与苏州古城同龄，具有 2500 多年历史的中国水乡文化古镇，北靠吴淞江，南临澄湖，西接苏州工业园区，东衔昆山南港镇，有着极好的区位条件。该镇充分利用了古镇发展旅游，利用阳澄湖促进了水产养殖，利用紧邻苏州工业园和昆山南港发展了轻工、纺织和电子等制造业。甪直镇先后荣获中国历史文化名镇、国家 4A 级旅游风景区、全国环境优美镇、全国重点镇、全国特色景观旅游名镇、江苏省百强乡镇、外向型经济明星镇、江苏省卫生镇等称号，体现了雄厚的经济基础与文化底蕴的相互融合。

以"生产、生活、生态"三生并融为导向，"先进制造业、现代服务业、生态农业"三业并进为核心，推动"新镇片区、古镇片区、农业园区"三区并举特色发展。三次产业特色融合发展。近年来，甪直镇根据规划定位、镇情实际，结合片区开发集聚主导产业，古镇片区重点发展文化旅游产业、新镇片区重点发展城市经济和工业经济、农业园区重点发展生态农业，实现三次产业协调共进。

5. 苏州市吴江区震泽镇

震泽镇的主要特点是丝绸家纺。该镇围绕丝绸产业，建立农业、工业和服务业等一条龙式的产业链；着眼于新型城镇化，紧扣"蚕丝古镇，科技新城，田园乡村"的发展定位，着力在特色产业提升、基础设施配套、公共服务供给、古镇保护发展等方面下功夫；开创"文商旅农"融合发展的新局面。一是农旅融合促增收，二是商旅融合促产业，三是文旅融合促特色。产业发展环境全面优化。该镇发布江苏省内首家"蚕丝被联盟标准"，成立国家丝绸检测中心震泽办事处，免费提供原料到成品的一条龙检测服务，建立江苏省品牌集群培育基地，恢复设立震泽蚕丝同业公会等。

同时，该镇加大基础设施建设和公共服务建设，实现 23 个行政村公交村村通；全镇供水实现双回路区域供水；生活及工业污水厂已全部建成并投用，生活垃圾实现"村收集、镇转运、区处理"无害化处理；行政、教育、医疗、商业、旅游设施完善，新建成震泽文体中心、行政服务中心、八都幼儿园、颐养院等一批民生实事工程，进一步提升城镇承载能力，提高城乡基本公共服务均等化水平。该镇先后获评中国历史文化名镇、全国重点镇、国家建制镇示范试点、国家 4A 级旅游景区、全国特色景观旅游名镇及美丽宜居小镇，成为远近闻名的中国蚕丝之乡、中国蚕丝被家纺名镇。

6. 盐城市东台市安丰镇

安丰镇农产品资源丰富，工业经济具有较强的发展基础。种植业以高效、优质、高产为目标，实行区域化生产，是粮食、棉花、蚕茧、食用菌生产基地。多种经营生产独领风骚，山羊、家禽、水产养殖富有特色。工业生产形成了以名力、银花、森森等多家纺织企业为骨干的支柱产业。第三产业十分发达，有年成交额超亿元的山羊市场、农副产品批发市场、装饰城、钢材市场等。该镇以骨干企业为龙头，实行行业群体优势互补，形成了纺织、建材、化工、机械四大群体。

安丰小城镇建设别具一格，历史上形成的七里古街，经过整修，还保留着昔日的风姿。袁承业故居、吴氏家祠和安丰古街也成为盐城市文物保护单位。该镇现为全国重点城镇，江苏省文明镇、江苏省重点中心镇、江苏省科技示范镇、江苏省新型示范镇。

安丰镇以"智造 +"电子信息、"智造 +"制造、"智造 +"商贸服务、"智造 +"旅游、"智造 +"农业等产业为序列的"智造小镇 +"特色网链已初步成型，建设生态乐居型智造小镇。安丰电子信息产业园除建设高标准智能制造产业区、智能孵化区外，还着重建设集接待、办公、餐饮、住宿于一体的服务中心，立足打造江苏沿海中部"智造强镇、商贸重镇、旅游名镇、生态美镇、乐居福镇"总体发展定位,传承盐韵文化,聚力智慧创新,统筹推进新特产业、新兴业态发展和新镇区、新园区、新社区、老街区建设,不断彰显"魅力古镇、宜居新城"的特色小镇。

7. 泰州市姜堰区溱潼镇

溱潼镇的特点是古树名木众多,有唐代国槐、宋代万朵古山茶、明代黄杨、皂荚、清代木槿,尤其是位于镇区一古民居内的万朵古山茶,经国际、国内茶花专家论证,该古山茶始植于宋代末期,为名贵的松子品种,花开万朵,获称"神州茶花王"。该镇利用这个特点,一是大力发展旅游,按照"统一规划、有序开发"原则,精心打造溱潼古镇文化游、溱湖湿地观光游、华侨城温泉养生游等高端旅游线路,通过连点成线、扩面成片的规划思路,全面融入泰州"大旅游"发展格局。二是放大生态优势,打造旅游新亮点。围绕打造世界重要湿地和中国最美湿地,溱潼全面实施生态修复和湿地景观提升工程,用生态描绘湿地美景,用湿地彰显生态文明,有力促进了生态保护与旅游开发协调发展。三是凸显文化底蕴,增添旅游新优势。深入挖掘溱潼古镇旅游景区内涵,遵循"修旧如旧"原则,对249处历史性建筑、19条古街巷逐步整治和修缮,深挖千年古镇名人轶事,加强对会船文化、砖窑文化、饮食文化、养生文化的研究利用,让游客全面感受里下河风情。四是强化配套保障,拓展旅游新空间。该镇围绕打造良好的人居环境和生活氛围,在加强古镇区保护的同时,加快推进新城区建设,按照现代小城市规划要求,不断提升教育医疗商贸等服务功能,完善配套设施,高标准建设环境优美、功能齐全、品位一流的生活小区,使千年古镇成为国家4A级景区。溱潼镇围绕打造"长三角地区知名度假养生目的地"的奋斗目标,不断加大整合旅游资源,壮大产业规模。

溱潼镇按照"建设小城市,发展大旅游"的总体思路,深度挖掘溱潼"水、古、文"等特色资源,整合旅游资源,着力完善要素配套,全面强化服务管理,致力壮大产业规模，现已形成以溱湖为核心，融湿地观光、古镇旅游、温泉养生、科普教育、民俗体验、休闲娱乐、拓展培训等功能于一体的生态旅游区，溱湖旅游景区成功创成国家 5A 级景区，溱潼古镇景区创成国家 4A 级景区。该镇健全特色小镇规划体系，加快实施健康产业集聚区、旅游休闲度假区、历史文化展示区、生态环境示范区、富民创业领先区"五区同创"战略，正在向全域旅游和大旅游型的特色小镇方向发展。

上海市

一、特色小（城）镇建设行动

乡镇发展是上海城市单中心向多中心转变的重要途径之一。因此，上海在特色小镇建设方面早有探索。2010年奉贤区枫泾镇就启动特色镇建设，充分挖掘生态、文化、产业方面的特色，逐步激发小镇活力和核心竞争力，探寻到一条独特的发展路径。上海市基层对于打造"特色小镇"工作十分踊跃，仅金山区就涌现了"科创小镇""水果小镇""海渔小镇""田园马拉松小镇"等一大批探索案例。2016年，中央提倡大力发展特色小镇，上海市通过各级申报，列出了拟打造的名单，第一批有8个，分别分布在宝山区、金山区和奉贤区，全部属于远郊区，显示了通过打造特色小镇实现城市空间均衡布局的决心。

与此同时，2016年6月和12月分别举办了两次特色小镇发展论坛。第一次明确了如何建设特色小镇，第二次则联合企业家和政府机构，在探讨特色小镇发展模式的同时，具体交流了企业参与特色小镇建设以及PPP模式的运行经验，并总结了"PE+产业+上市公司+PPP+扶贫"战略布局与特色小镇运营的可借鉴经验，为进一步开展"产业+金融"的特色小镇建设进行了探讨。

2016年12月12日，上海市发展和改革委员会、上海市规划和国土资源管理局联合发出了《关于开展上海市特色小（城）镇培育与2017年申报工作的通知》（以下简称《通知》）（沪发改地区〔2016〕20号），是直辖市中第三个出台特色小（城）镇培育文件的市。《通知》要求在申报工作中与全国行动衔接，"通过培育特色鲜明、产业发展、绿色生态、美丽宜居的特色小（城）镇，探索本市小（城）镇建设健康发展之路，建立市级特色小（城）镇梯队培养机制，为积极申报国家级特色小镇做好储备。"对列入中国特色小镇和上海市特色小（城）镇名单的镇，根据其具体类型、实际问题和政策诉求，研究制定有针对性的支持政策和解决方案，因地制宜推进本市特色小（城）镇建设，用"一镇一方案"的工作机制取代了通常"一刀切"的扶持政策。

另外，2016 年正式出台《关于金山区加快特色小镇建设的实施意见》，计划对各镇的产业特色、文化特色、生态特色进行再挖掘和再培育，力争到"十三五"末，初步培育形成一个产业特色鲜明、体制机制灵活、人文气息浓厚、生态环境优美、多种功能叠加的特色小镇群落。

二、典型特色小（城）镇

1. 金山区枫泾镇

枫泾镇是中国历史文化名镇，亦为新沪上八景之一，历史上因地处吴越交汇之处，素有吴越名镇之称；枫泾为典型的江南水乡古镇。古镇周围水网遍布，镇区内河道纵横，桥梁有 52 座之多。作为特色小镇，主要有三个方面的特点。

一是古镇风貌。枫泾全镇有 29 处街、坊，84 条巷、弄。至今仍完好保存的有和平街、生产街、北大街、友好街四处古建筑物，总面积达 48750 平方米，是上海地区现存规模较大、保存完好的水乡古镇。现存最古老的为元代致和桥，距今有近 700 年历史；全镇共有 3 处寺院庙宇，是半属吴地半属越境的历史陈迹；北大街是商业古街风貌保存最完整的大街。

二是在坚持"二、三、一"产业发展方针的基础上，充分利用智能制造装备、新能源及新能源汽车、时尚服饰服装产业为主导的特色产业体系，大力实施创新驱动发展战略，打造了"上海临港·枫泾科创小镇"众创平台，先后被评为首批上海市级众创空间、被科技部纳入第二批国家级众创空间。科创小镇内共有 14 个孵化空间、160 个工位，已顺利入驻 17 个项目，通过集聚和导入"产、学、研、创、孵、投"各类要素资源，正在着手打造具有标志性和引领性的"长三角路演中心"。

三是传统艺术文化的展现。枫泾是金山农民画的主要发源地。枫泾镇连续多年获得区文化艺术节金奖，被评为上海市民间文化艺术之乡。2005 年 5 月，在金山农民画发源地枫泾中洪村，建设"中国农民画村"。2006 年年初，中洪村被评为首批"中国特色村"，被中央电视台评为"2006 年度中国十大魅力乡村"。枫泾地区已有 5 万多幅作品远销国外，30 多人次在国内外画展中获奖，被誉为"世界艺术珍品"。2005 年 9 月 16 日，被国家建设部、文物局命名为"中国历史文化名镇"。

正是上述的三个特点，使枫泾镇将古镇、艺术和创新结合起来，体现了综合发展的思想和理念。

2. 松江区车墩镇

车墩镇既有老上海的风貌、又有现代工业，因此是一个经济基础和旅游资源都较丰富的地区。过去几年来，车墩镇发力集镇面貌的重塑，从最初的影城路、虹长路到联营路、振兴路两侧、好莱坞小区、北松公路和新余小区等，已累计完成 20 余万平方米的旧房改造。如今走在车墩 2.4 平方千米的集镇上，随处可见老上海风貌特色的建筑群。随着松江南部新城在车墩率先启动，未来车墩呈现的将是一个现代化的宜居城市。目前，一个比肩松江新城华亭湖的华阳湖项目已基本确定，地下管廊、海绵城市等最新城市建设技术也都将在此得以应用。

作为工业重镇，车墩引入松江城投、北京联动 U 谷等，进行合作开发，在做强二产的同时，依托上海影视乐园发展影视文化创意产业，并通过文化创意产业、旅游业、服务业、商业发展规划，打造影视产业基地。

另外，车墩镇注重交通设施建设，加快构建以公共交通为主的机动化出行系统，紧密连接上海中心与郊区功能。

3. 青浦区朱家角镇

朱家角镇是上海的四大历史文化名镇之一，2007 年被评为第三批"中国历史文化名镇（村）"。古镇区已开发开放了课植园、大清邮局等 20 多个景点。古镇九条老街依水傍河，千余栋民宅临河而建，其中的北大街又称"一线街"，是上海市郊保存得最完整的明清建筑第一街，其东起放生桥，西至美周弄的 300 多米，是典型的江南老街。

资源特点是，拥有上海唯一的淡水湖——淀山湖面积的 2/3，利用这一资源优势，建设了具有国际现代化水上设施的活动中心；东方绿舟是上海市青少年校外活动营地；上海太阳岛国际俱乐部、上海国际高尔夫乡村俱乐部是集商务、度假、休闲为一体的娱乐旅游基地。

产业主要有利用淀山湖生产的"悦更想"大米、"泖塔"蔬菜、"塘桥"蔬种、"朱家翠皮"西瓜、"百果园"水果、"古桥"农机等农产品，且已注册了商标。其中巷农公司在江西宜丰基地生产的大米更是获得了绿色食品认证。

在上述三个特点基础上，集聚新兴金融机构以及与水乡古镇特色相得益彰的文化创意企业，使朱家角成为生态宜居、休闲宜游、活力宜业的"文创＋基金"小镇。通过"三生"融合（即生态、生产和生活融合）和"四区"联动（即新镇区、古镇区、产业区、沈巷区四区联动），服务于上海国际金融中心、上海国际文化大都市建设，推动"文创＋基金"产业发展；以资本力量推升文创产业发展，集聚一批国内外知名的私募股权、债权、创投、对冲与并购重组等新兴金融机构，集聚一批与水乡古镇特色相得益彰的文化创意企业，打造沪上文化金融集聚区，使朱家角成为生态宜居、休闲宜游、活力宜业的"文创＋基金"小镇。

浙江省

一、特色小（城）镇建设行动

近年来，曾经为浙江带来巨大经济增长动力的制造业产业集群，出现了"块状"经济导致的产业低端化趋势，创新能力不足，缺乏竞争力。尤其是大量固定资产投资中主要用于基础设施建设，产业投资不到 5%。为此，提出的在"创新、协同、绿色、开放、共享"五大理念下建设特色小镇，从而成为浙江经济实现转型和新型城镇化的重大战略，也成为全国新型城镇化的典范。

浙江定义的特色小镇：一是"特而强"，是指每一个特色小镇都主攻信息经济、环保、健康、旅游、时尚、金融、高端装备制造等七大"万亿"产业以及浙江的茶叶、丝绸、黄酒等历史经典产业中的一个产业，而不是"百镇一面"；"强"主要表现为围绕产业高端和高端产业，原则上要求三年投入 30 亿—50 亿，培育行业的领军者。二是"聚而合"，特色小镇都有产业、文化、旅游和社区四大功能的聚集，四大功能都紧贴产业定位融合发展，而不是简单相加，生搬硬拼。特色小镇的文化旅游社区功能，必须从产业中延伸和挖掘出来，如浙江的丝绸小镇，它的文化和旅游功能会从丝绸产业中挖掘。三是"小而美"，一般是在 1 平方千米—3 平方千米的范围，特色小镇都要建成 3A 级以上景区，其中旅游类特色小镇要按照 5A 级景区标准建设。这种特色小镇是基于浙江独特的"块状经济"而产生。基于解决"块状经济"问题，浙江省是最早开展这一模式的行动者，并且树立了全国的榜样。但与其他地区有所不同，特别强调的是"非镇非区"，不是一级行政单元，不是一个产业园区的一个区，也不是风景区、开发区、高新区，是一个空间载体，是聚焦特色产业，融合文化、旅游、社区功能的创新创业发展平台，其功能是一个创新。因此，浙江的特色小镇必须具备四个特性，即明确的产业定位、根植性的文化内涵、旅游功能、社区生活。在"小而精"的指导下，浙江省形成了独特的运行模式，在我国特色小镇中具有独特意义。

原浙江省省长李强于 2014 年 10 月在杭州西湖云栖小镇举行的首场阿里云开发者大会上首次提出"特色小镇"概念，之后浙江省的研究机构开始了对特色小镇的集中研究；2015 年 1 月"加快规划建设一批特色小镇"被列入省政府2015 年重点工作，并成为 2015 年 1 月浙江省十二届人大三次会议通过的《政府工作报告》中的一个关键词；同年 4 月 22 日浙江省政府公布的《关于加快特色小镇规划建设的指导意见》明确了特色小镇的定位和要求，将 100 个特色小镇建设作为推动全省经济转型升级和城乡统筹发展，贯彻国家新型城镇化和产城融合发展战略做出的重大决策。意见中对特色小镇的产业定位、运作方式、创建程序和政策措施做了详细阐述，尤其是对小镇的二聚体空间范围和类型，以及要求等做了明确指标。

2015—2016 年浙江省相继出台八部关于特色小镇的通知或意见，即 2015年 4 月的《关于加快特色小镇规划建设的指导意见》、2015 年 6 月的《关于推进电子商务特色小镇创建工作的通知》、2015 年 9 月的《关于加快推进特色小镇建设规划工作的指导意见》、2015 年 9 月的《关于开展特色小镇规划建设统计监测工作的通知》、2015 年 10 月的《浙江省特色小镇创建导则》、2015 年10 月的《关于金融支持特色小镇建设的指导意见》、2015 年 12 月的《浙江省特色小镇建成旅游景区的指导意见》、2016 年 3 月的《关于高质量加快推进特色小镇建设通知》，对特色小镇规划建设提出了七条要求。2015 年 6 月 1 日，浙江省公布第一批列入省级创建名单的 37 个特色小镇，6 月 24 日浙江省特色小镇规划建设工作现场推进会召开，标志着浙江省特色小镇正式步入实施阶段，继而成为我国首个发起和实施特色小镇的省份。

截至 2016 年底通过两批创建名单，共列出了 79 个创建对象、51 个省级培育对象。到 2016 年底，浙江省首批 37 个特色小镇中约 1/3 已初具规模。如杭州西湖云栖小镇，依托阿里巴巴、富士康等优势平台资源，集聚各类涉云企业近 300 家，涵盖 APP 开发、互联网金融、数据挖掘等多个领域；宁波市江北动力小镇，以高端海洋工程动力装备制造业为主导产业，发展新材料、机电与电子、信息与控制、新能源等上下游配套产业，打造了国内一流的高端海洋工程动力装备制造业；杭州市龙坞茶镇，以"龙井茶文化产业"为主导，集乡村旅游与民宿体验、文创产业及文化商业、运动休闲产业、养生健身产业于一体，成为全国最大的西湖龙井茶集散地和最具茶文化竞争力的特色小镇之一。

首批 37 个特色小镇 2015 年新开工建设项目 431 个，完成固定资产投资（不含商品住宅和商业综合体项目）477.9 亿元，平均每个特色小镇 12.9 亿元，其中有 28 个小镇年投资额超过 10 亿元，有 4 个小镇超过了 20 亿元。79 个创建对象中，共吸引了大学生创业者、大企业高管及其他继续创业者、科技人员创业者、留学归国人员创业者为代表的创新创业人才上万人，创业人员达 7839 人、创业团队 2116 个。截至 2016 年底，第一批 37 个特色小镇累计投资 1200 多亿元，集聚了 3.7 万家企业，引进各类创新创业人才 1.6 万余名；2016 年新入驻企业 3258 多家，其中国家级高新企业 66 家、总部企业 590 家；引进了国家及省级"千人计划"人才 49 人，国家级、省级大师 91 人。2016 年，37 个特色小镇就产生税收收入 53.1 亿元，有 29 个小镇与 196 个高校、省级以上科研院所开展了技术合作，央企、外企、民企等纷纷主动前来对接。2015—2016 年平均税收收入增速超 20%，累计完成投资 1006.2 亿元，其中 2016 年上半年完成投资 528.2 亿元，且亿元以上项目占了总投资的 86.5%。

除了杭州特色小镇如火如荼以外，温州也于 2016 年 9 月出台《温州市特色规划建设三年行动计划（2016—2018 年）》，力争通过 3 年努力培育创建 50

个左右省、市级特色小镇，其中省级特色小镇 15 个左右、市级特色小镇 35 个左右。其中，每个县（市、区）原则上要创建 1 个以上省级特色小镇，每个工业大县（市、区）要谋划 1 个制造类特色小镇。

二、典型特色小（城）镇

除 8 个第一批中国特色小镇外，还有很多作为全国典范的小镇，也有其独特之处。

1. 杭州市桐庐县分水镇

分水镇经济总量长期位居桐庐地区各乡镇之首。特色产业是制笔业。由于其大量制笔企业在分水集聚，后经过工业园区建设，企业向工业区集聚，生产规模不断扩大，产品质量稳步提高，外贸产品开始增多。随着制笔块状经济的不断发展壮大，近年来，当地又开始实施"强化特色、做大做强、狠抓投入、促进创新"的发展思路，着力围绕一个核心、实施两大战略、实现三项提升，促使分水制笔从"世界人均一支笔'向'世界人均一支好笔"转变。

地处"杭州—千岛湖—黄山"的黄金旅游线上，旅游资源丰富。分水旅游区块内自然景色多姿多彩，旅游风光得天独厚，雄居桐庐县各区块旅游之冠。桐庐人首创的治水公益金项目，全民参与的垃圾分类行动，让这里的绿水青山变成可持续发展的典范，搭建起"一城带两区"的旅游架构，即北以天溪湖为依托，加快形成天溪湖休闲旅游度假区；南以龙潭溪为依托，规划建设新龙（江湾）、东溪（柏山）乡村休闲度假区，南北呼应，丰富分水旅游层次。

在城镇建设方面，分水按新一轮小城市培育"一城三地"功能定位，以"美丽乡村"建设为载体，将村落景区的概念引入新农村建设发展，并重点规划实施了新龙村和儒桥村两个村的村落景区建设。2015 年，在北京举行的第三届"最美小镇"总决赛上荣获"中国最美宜居休闲小镇""浙江省最美小城市"荣誉称号。

2. 温州市乐清市柳市镇

柳市镇是乐清市的工业强镇。同时，第一、二、三产业同时推进，尤其是以电器制造为主导产业，2015 年经济综合实力居全国百强镇第 16 位。采取的措施包括：一是推进工业强镇建设。方斗岩 110 亩小微园竣工投产，七里港等 3 个小微园进展顺利。推进"三转一市"工作，完成个转企 319 个，小升规 54 家，规转股 11 家，企业挂牌上市 3 家，企业梯队结构进一步优化。现有省级以上名牌和商标数量 40 件，今年新增省级以上名牌、商标数量 8 件，在镇级的品牌建设工作中，走在全国前列。二是科技创新力度不断加大。新增高新技术企业 7 家、市级以上企业技术研发中心 2 家，科技创新投资 50.28 亿元，技改投资增长 72%，新产品产值达 111.50 亿元，高新技术增加值占规模以上工业增加值比重为 54.9%。三是服务业加速发展。新民综合农贸市场完成招商准备开工，东风长青农贸市场建设已经完成主体工程，黄华农贸市场已通过验收并投入使用。加快综合体建设，柳市现代购物中心顺利结顶即将营业，国际电工电器销售中心正式开工建设。传统产业改造提升，出现向高端化发展的新趋势。

柳市镇的旅游资源是中雁荡山，为世界地质公园、国家级风景名胜区雁荡山的组成部分。柳市镇拥有"中国电器之都""中国断路器生产基地""中国防爆电器生产基地""中国低压电器出口基地""中国百强名镇""中国小康建设十佳镇""全国文明村镇"等多张国字号金名片。2016 年被列入淘宝镇名单。由于多产业齐头并进和旅游产业的发展，该镇成为一个多业融合型综合特色小镇。

3. 嘉兴市桐乡市濮院镇

濮院镇地处长三角平原腹地，沪、杭、苏中间节点位置。这里曾经是全国著名的纺织业集聚区，以毛衫针织和丝绸及其服装产业而闻名。通过龙头企业带动，将毛针织产业与互联网相融合，挖掘、发扬自身优势，加快推动"互联网＋毛衫""互联网＋市场"等发展，以毛衫城为试点，逐步打造智慧市场、智慧园区、智慧濮院，成为采用信息技术武装传统纺织业的典型。基于此，还建设了全国最大的羊毛衫集散中心和羊毛衫流行趋势信息中心，成为我国服装生产和销售的重要基地。

另外，该镇还有历经 880 多年的悠久历史，古镇街区至今保存完好，历史遗迹众多，文化底蕴深厚，诠释了江南小镇的主要特点。强大的经济基础和人文资源和环境，使该镇获得"中国羊毛衫名镇""中国最具商业影响力专业市场""中国十大服装专业市场""中国羊毛羊绒服装第一镇""中国纺织服装商业 20 年杰出市场""全国百强商品交易市场"和"中国服装品牌孵化基地"等荣誉称号；还是全国重点镇、浙江省体育强镇、浙江省教育强镇、浙江省科普示范镇等荣誉称号镇；2016 年被列入淘宝镇名单。因此，濮院镇是一个经济发达的特色小镇。

4. 湖州市德清县莫干山镇

莫干山镇位于长江三角洲的杭嘉湖平原，国家级风景名胜区——莫干山坐落境内，绿化覆盖率 68.2%，是一个典型的山乡镇。由于缺少平地，这里曾是浙江省较为落后的地区，由于其旅游资源得天独厚，莫干山和莫干湖山水交融，不但动植物种类繁多，而且环境优美，是长三角经济发达地区少有的资源风景区。该镇利用其优越的地理位置，通过建设适合本地市场和高端市场需求的大量民俗和度假设施，进行旅游开发；同时，引导农民有规划地开发旅游资源，建设农家乐和假日酒店、休闲山庄，整合旅游资源，走出了一条独特的旅游综合发展路子。莫干山镇以民宿和生态为核心，建设美丽宜居小镇，先后获得全国环境优美乡镇、省级生态镇、浙江省旅游强镇、省级农家乐特色乡镇等多项荣誉，也因此被评为全国"美丽宜居小镇"。

5. 绍兴市诸暨市大唐镇

大唐镇以袜业经济为特色产业，利用周边地区雄厚的纺织基础和产品供应，2001 年建设了大唐轻纺袜业城，是一座集轻纺原料、袜子成品市场、袜机配件市场、联托运市场和会展、旅游、购物于一体的目前国内最大的袜业商贸综合城。由于其专业化运营和特色营销手段，目前跻身全省十大集贸市场先列，被评为浙江省百强市场、浙江省区域性重点市场、浙江省四星级文明规范市场。同时，围绕袜业举办各种博览会，从1999年起，大唐先后举办了4届袜业博览会，来自世界各地的50多个国家的知名袜业企业、袜机制造商和销售机构组织及其相关企业参展参会，人数逾万人，成交额突破60亿元。一年一度的博览会，为大唐袜业走向国际市场打造了一个崭新的平台。

近年随着电子商务的兴起，正在建设电商园，通过培育不同类型的销售企业，构筑梯队形的袜子电商企业；引进淘宝美工、摄影、IT公司、运营商等机构，构筑群落型的电商服务生态圈；基于电商平台，形成UGC模式的袜子大数据，发布袜业指数，并通过模型分析，定期发布全球袜业白皮书。2015年，袜艺小镇累计完成投资25亿元，吸引495家企业入驻，接待考察团组100多个2000余人次，接待旅游人数23.86万人次，新型工业化示范基地通过国家工信部评审，获评全国袜业知名品牌创建示范区，"袜艺小镇"登上新华社、央视《新闻联播》、凤凰卫视等主流媒体。该小镇打造了以袜业为特色的商贸中心，成为全国甚至世界性的专业化小镇，代表了传统产业改造提升向高端化发展的新趋势。

6. 金华市东阳市横店镇

横店镇自改革开放以来，经济得到了快速发展。近几年来，横店完成国家、省级火炬、星火、科技攻关项目70多项，技改投入资金15多亿元，全镇高科技产品的产值占工业总产值的60%以上。2000年，横店实现工业总产值75亿元。在较强的经济基础上，从1996年开始打造了横店影视城。现已建成广州街/香港街、秦王宫、清明上河图、明清宫苑、梦幻谷、屏岩洞府、大智禅寺、明清民居博览城、华夏文化园、红军长征博览城等近20个影视拍摄基地，已成为目前亚洲规模最大的影视拍摄基地，被美国《好莱坞》杂志称为中国好莱坞。影视产业的崛起，也推动了横店休闲旅游业的发展。横店影视城已成为国家5A

级旅游区。因此，横店镇属于以旅游为经济增长点的创意产业小镇。

7. 丽水市莲都区大港头镇

大港头镇是莲都区第二大镇，也是丽水市的工业强镇。同时，大港头环境清幽，有优美的自然生态景观，悠久的人文古迹，镇区保持着江南古镇自然古朴的风貌。基于这两个特点，大港头镇以古堰画乡文化产业园区建设为依托，围绕"三基地一中心"（写生基地、创作基地、商品油画生产基地和旅游度假中心）的发展目标，着力打造长三角旅游休闲度假景区。大港头镇画乡风情商业街项目已于 2015 年 6 月 20 日顺利开工。项目内容包括 1—17 号商住楼及地下室建设，建成后能使古街街景得到很好的延伸，促进当地旅游业的发展。小镇也因此作为国家级小城镇经济综合开发示范镇，被评为全国优美乡镇、浙江省十大生态旅游名镇、浙江省魅力乡镇、省级旅游强镇、省级教育强镇和丽水市生态示范区建设先进集体。

8. 丽水市龙泉市上垟镇

上垟镇是闻名中外的龙泉青瓷主产地，素有"青瓷之都"之称。现存龙泉最早的龙窑遗址为龙泉大窑遗址，数百个龙窑分布在方圆几十千米的古村落内，时间跨度长达 800 年，从北宋到元、明、清，大量的瓷片散落在溪边、田野，是龙泉青瓷一部鲜活的历史。披云"龙泉青瓷文化园"位于龙泉上垟青瓷工业园区，也是在原"龙泉国营瓷厂青瓷研究所"基础上建设而成。特有的青瓷文化是小镇的核心内涵。自 2012 年被授予"中国青瓷小镇"荣誉称号以来，上垟镇就一直将青瓷小镇项目建设作为全镇的重点工作，全力打造富有历史经典文化内涵的花园式特色小镇。2015 年开工的小镇三期项目建设将青瓷文化创意园、青瓷产业创业园、青瓷商业一条街等作为重点工程，立足现代龙泉青瓷发祥地的深厚文化底蕴，坚持走产业转型文化内涵化、文化创意园区化、文化园区景区化"三化"发展道路，全力打造"世界青瓷技艺传承地、青瓷文化创意集散地、青瓷文化交流汇集地"三位一体的世界历史经典文化青瓷小镇。

9. 湖州市吴兴区埭溪镇（非国家首批认定）

埭溪镇在原来化妆品生产和销售企业集中的基础上，采用"公司 + 基金 + 政府"的运作模式，建设了美妆小镇。该镇成立化妆品产业（湖州）投资发展有限公司，负责招商引资和各功能区管理，公司与政府共同设立化妆品产业发展基金，扶持产业发展和基础设施投入，政府负责产业园区建设用地、相关优惠政策提供，并全程为公司代理企业开办的有关审批工作，协助公司做好项目建设协调服务工作，合力构建"政—产—融—网"四位一体的建设战略；进一步健全组织架构，细化责任分工，划定"美妆小镇区"；同时，充分发挥龙头示范、引领作用，以"借凤筑巢"的创举谋发展，变常规的先"筑巢引凤"被动模式为"借凤引凤""引凤筑巢"。

与此同时，小镇还建立了化妆品产业核、旅游休闲区、产业服务区和创意体验区，美妆小镇检测研发中心、科技孵化园、德瑞化妆品生产、满盛化妆品包材、美妆文化园，项目涉及领域涵盖了全部产业链。根据该镇的发展计划，还将在化妆品生产上，研发生产护肤产品、彩妆产品、香水产品及其他配套产品；在产品展销上，发展会展业和休闲旅游，计划建设世界最大的化妆品主题博物馆等，依托小镇内香料植物园等景点打造"吴兴美妆小镇一日游"。同时，加快公共研发平台和企业研究院建设等，以一域之地集聚全球先进化妆品技术，还将产业链延伸到"互联网 +"，发展化妆品电子商务，将来还要提供商务服务、文化创意及信息服务等综合服务。这些产业方向都已进入化妆品产业核、旅游休闲区、产业服务区和创意体验区等"一核三区"的空间布局。

10. 杭州玉皇山基金小镇（非国家首批认定）

玉皇山南麓曾经是以杭州陶瓷品市场为核心的石材初加工和仓储业，辖区内有铁路机务段、维修厂等大型国营单位，还有大量民居，建筑陈旧，布局散乱，基础设施残破。在该地段区位条件好、产业资源丰富和自然人文环境融洽等诸多优势基础上，认定玉皇山南基金小镇具备和格林尼治小镇相似的区位、产业、自然等优势，可以发展私募基金产业。2008 年 10 月，山南国际创意金融产业园正式成立，旧厂房改造、旧仓库改造、旧民居改造和违章建筑的清理，"三改一拆"的综合整治保护工程随之启动。2010 年，首家金融企业进驻，随后一些私募机构、银行及券商陆续跟进，产业聚集效应开始凸显，园区金融产业初成规模，逐步实现了从文化创意产业到金融产业的第二次更新。通过建造人才公寓，引入超市、娱乐中心、特色餐饮、配套酒吧、美容健身等生活娱乐设施，以及医疗、教育等资源，使园区形成了完整的生活配套服务体系，为高收入金融界人士提供了理想的居住环境。

特别是，以龙头作用带动私募金融产业的快速集聚，搭建起各种投融资信息交流、项目对接和产业母基金引导平台，设立相应的财政性扶持基金，借助社会力量筹建母基金，形成多方位、多层次的专项资金扶持体系；加强与省市政府引导产业基金对接，吸引优质金融企业入驻到玉皇山南基金小镇，形成资本集聚效应。此外，基金小镇通过组织亚太私募基金峰会，举办金融人才交流活动等方式，举办国内顶级的全球化私募基金论坛，从而提升基金小镇的竞争力和影响力，营造出全球私募基金业精英人士和机构都集结于山南小镇的产业氛围，形成了"金融生态圈"。

11. 杭州市江干区丁兰小镇（非国家首批认定）

丁兰镇，以历史上著名的孝子丁兰刻木事亲孝文化而命名，先为江干区的一个街道。这体现了浙江不受行政限制的特色小镇发展模式。21 世纪初，丁兰还是一座盛产蚕桑、茶叶、桃橘、粮麻和淡水鱼的农业古镇。随着智慧城市显示出的生命力，该镇提出了以电子商务企业为重点的电商产业集聚中心和软件、互联网等信息服务业企业总部园为主，适度发展智慧健康、文化创意、商业服务等业态，全力打造三大智慧产业平台：西子智慧产业园、智慧企业总部园、科技企业创新园，并进行了有利的战略部署与分工。通过智慧城镇顶层设计、战略先行、筑巢引凤、吸引智慧产业集聚，精致服务、培育样本产业，该镇目前形成了西子智慧产业园、智慧企业总部园、科技企业创新园等微中心。2015年底，智慧小镇共入驻企业357家，其中今年新入驻企业89家；2016年底，智慧小镇固定资产投资达到10亿元以上；智慧小镇营业收入达到25亿元以上，新增税收达到2.75亿元以上；新引进智慧型企业150家，其中龙头企业2家，新增上市公司1家，初步实现了智慧小镇"用智慧社区为居民服务，智慧园区为创业者服务，智慧景区为游客服务"的目标，形成了"小镇大产业、小镇大景区、小镇大服务"的发展新局面。

12. 绍兴东浦黄酒小镇（非国家首批认定）

东浦古镇作为绍兴黄酒的发祥地，成为浙江经典传统产业小镇的代表。在全镇"一镇两区"的创建模式中，仅将东浦片区作为特色小镇而不是全面开花。该片区以千年古镇为基础，重点推进黄酒产业创新提升、黄酒历史文化和生态旅游，突出特色产业，主要体现千百年传统工艺的黄酒生产和黄酒文化。街头巷尾、民家院落随处可见酒缸、酒坛、榨酒石等酿酒器具；小镇内依然保留了孝贞酒坊、云集酒坊、谦豫萃酒厂旧址等一大批黄酒历史遗迹，积淀了深厚的酒文化；规划共分13个功能区，分别是黄酒产业创意园区、黄酒博物馆、酒吧街区、酒店区、越秀演艺中心、游船码头、游客中心及配套设施、酒坊街区、民宿街区、民俗街区、黄酒文化养生社区、名人艺术中心，每个区块都围绕黄酒延伸出产业、文化、旅游和社区等不同的功能，打造一个充满产业动力和生活气息的"特镇"，并规划有黄酒文化国际交流中心、黄酒产业创意园区等项目，将打造融生产观光、展示体验、文化创意、休闲旅游为一体的特色小镇。

13. 台州市黄岩区智能模具小镇（非国家首批认定）

模具产业作为黄岩区的优势产业之一，至今已有近60年的发展历史。该镇在智能模具产业方面走过了一条从低端向高端不断提升的过程。2002年黄岩区被浙江省科技厅批准为"塑料模具省级高新技术产业基地"；2003年被国家科技部批准为"国家火炬计划塑料模具产业基地"；2006年获得"中国模具产业升级示范基地"称号；2009 年黄岩模具产业集群成为全省 21 个产业集群转型升级示范区之一。

在制造业发展面临诸多困难的情况下，该镇充分利用区位优势和产业传统，重视科技创新、突出文化独特性，以模具产业为核心，以项目为载体，嫁接工业旅游及区域特色乡土文化休闲旅游功能的特定区域。建设项目包括：高端模具智造、中小企业孵化基地、小镇生活商务配套区、模具产业公共服务平台、博览中心及工业主题公园、民俗乡土文化休闲度假村等项目，通过四条途径实现转型：一是空间形态上的"精致紧凑"。小镇范围内将包括模具工业企业、研发中心、民宿、超市、银行、主题公园等多种业态，功能完备、设施齐全，追求小而精、小而美，"麻雀虽小，五脏俱全"。二是规划布局上的"要素集群"。模具产业是小镇的主导产业，其他配套性服务业，如研发、信息、金融等都要围绕该主导产业进行布局，可以有效集聚技术、人才、资本等多种要素，形成产业链、创新链、人才链、投资链和服务链，实现资源的有机整合和集约共享，加快淘汰落后产能，促进产业转型升级。三是发展模式上的"产镇融合"。小镇的规划建设将与区域内后洋黄村、剑山村、泾岸村、下曹村、杏头村等旧村改造及"美丽乡村"建设相结合，以产业发展及小镇建设带动区域经济社会发展，带动乡土特色文化的挖掘与传播，增强小镇发展活力，丰富精神内涵。四是环境品质上的"生态宜居"。小镇的规划建设要求按照 3A 级以上景区标准进行，坚持"先生态、后生活、再生产"，通过对其中生活居住区、休闲娱乐区、商业配套中心等公共服务设施及景观进行规划建设，营造出一个绿色环保的生态环境、优美舒适的生活环境、贴心周到的服务环境。五是运营方式上的"市场导向"。

14. 杭州梦想小镇（非国家首批认定）

小镇位于杭州市余杭区未来科技城仓前区域，采用"有核心、无边界"的空间布局，其中核心区规划 3 平方千米，小镇比邻淘宝城、杭师大、浙理工、海创园等产业孵化发展平台，依托西溪湿地的良好生态资源，具有仓前粮仓、太炎故居等极具人文气息的历史遗迹。

该区域内有国家四大人才基地、国家级海外高层次人才创业基地、浙江省人才特区、杭州市城西科创产业集聚区，充分利用人才优势，抓住"大众创业、万众创新"的发展机遇，布局互联网村和天使村。在互联网村，入孵企业在入住阶段可享受小镇免租等优惠政策；在孵化过程中，园区配备强大的创业导师阵容，为项目提建议，为企业的发展指明方向；在加速阶段，管委会通过"育成计划"为创业者提供跟踪式的定制服务，直至并购上市。天使村针对创业的不同阶段提供给创业者不同规模、不同性质的金融服务；针对初创企业的天使基金，针对成长阶段的风险投资，针对完成初步孵化的企业提供政府产业引导基金，通过全方位金融服务满足创业需求。通过"互联网＋资本"的奇妙组合，锁定信息产业和金融产业两大产业门类，确立"融资融智"的产业布局。依托阿里的产业聚集优势和杭州的创业基础，借力"互联网＋"、云计算、电子商务等现代科技手段，小镇在有限的物理空间内可以配置全国乃至世界的优势资源、开拓更大的市场、创造更多的可能性，从而开启互联网时代下面向世界的高品质创新创业之路。

梦想小镇打造创新创业的多维产业生态圈，开创一个以"镇"为载体的众创新空间，按照"众创空间＋基金小镇"的布局形式，在空间、时间上为资金与项目对接搭建起了最快捷的桥梁，实现互联网创业和金融的双赢。空间环境：梦想小镇积极打造线上与线下两个层面的公共设施服务，其中物理空间以"一镇两村"为建设主体，两村为互联网村和天使村，其中互联网村主要为创业企业集聚地，天使村着力覆盖企业发展初创期、成长期、成熟期等各个不同发展阶段的金融服务体系。小镇近三分之一的物理空间用于生活服务配套，重点打造众筹书吧、咖啡店、创客集市等公共空间，串联工作空间，为创业者之间、创业者和投资人之间、创业者和传统企业家之间开展信息、知识、创意交流提供平台。系统结构：依据梦想小镇的产业定位，创业企业、孵化器、投资人及各类服务机构毫无疑问是关键主体。为了最大程度激发这些群体的参与热情，梦想小镇改变了以往政府主导培育创业企业的模式，转而引入了多中心治理理念，借由众多孵化器来协调、带动其他主体，构建资源共享、相互依存的创新生态系统，先后引入了良仓孵化器、极客创业营、湾西孵化器、阿里纵贯会、蜂巢孵化器、上海苏河汇、北京 36 氪、500Startups 等 15 个孵化平台。与此同时，不同类型孵化器的存在为满足创业团队的差异化需求提供了扎实基础，基本涵盖了办公、融资、社交、培训、市场推广、技术研发、战略辅导等各环节的孵化培育服务。

15. 绍兴桐乡乌镇（非国家首批认定）

乌镇作为旅游城镇，其名气甚至大过绍兴、更大于桐乡。这是一个运用商业模式建设和旅游特色城镇的典型。其运作模式在全国其他一些地区引进和推广，如北京的古北水镇。

乌镇与其他很多古镇一样有着上千年历史，有邵明书院，出过理学家张杨园、著名藏书家鲍廷博、现代的文学巨匠茅盾、漫画家丰子恺和海外华人文化界传奇大师孙木心等名人。同时，与其他古镇仅是观光旅游不同的是，乌镇的发展将历史与文化、文化与商业紧密结合，并通过人文化的城镇设施和服务，逐步成长为一个将历史赋予新生命力的城镇。

1999 年初步完成古镇复原后，2000 年 11 月 11 日，第五届茅盾文学奖颁奖仪式首次回到茅盾的家乡乌镇举办。活动过后，中国作协还宣布将乌镇作为茅盾文学奖的永久颁奖地。2001 年 1 月 1 日正式对所有人开放。2003 年通过电视剧故事，让乌镇成为景区与影视文化双赢的典范；2013 年 5 月 8 日，首届乌镇戏剧节在乌镇开幕，历时 11 天的戏剧节通过尤金诺·芭芭的剧作，将乌镇与丹麦名镇赫斯特堡联系在了一起。

由于乌镇的西栅景区内保存有 25 万平方米的明清建筑，运营企业巧妙利用

浙江省乌镇水乡（来源：©IMAGEMORE CO., LTD.）

浙江省乌镇水乡（来源：©IMAGEMORE CO., LTD.）

部分老建筑，改建出各类风格的民居特色客房和各种档次的度假酒店、会议中心和商务会馆；并同时开发了十几个不同档次、不同风格的酒店品牌，满足了不同游客的需求。同时，乌镇复原了具有当地特色的织染、酿酒、缫丝、制酱等手工作坊，不仅能让游客感受古老的传统工艺和文化，更能动手体验，同时带动旅游商品和纪念品的销售。

由于对乌镇改造中不仅对传统文化进行了复原，更把现代服务业的品质感渗透到景区的每一个角落，使乌镇不是一个单纯的古镇，而是一个江南水乡版的主题公园。

16. 杭州云栖小镇（非国家首批认定）

云栖小镇的前身是杭州市西湖区转塘科技经济园区,国家级旅游度假区——之江国家旅游度假区内。由于园区内的传统企业已经不能适应园区经济发展的需要，根据西湖区整体的产业规划，转塘科技经济园区主动引进生物医药、电子信息、机电一体化、新能源、新材料等为主的高科技产业和企业总部型产业，开启了转塘科技园区的产业转型之路。2011 年 10 月，筹建成立了杭州云计算产业园，打造云计算、下一代互联网、高端软件、信息服务、物联网、集成电路、数字内容以及新媒体的新一代信息技术与服务产业基地，成为中国首个云计算产业专业性园区。2013 年 3 月，云计算产业园与国内云计算的领军企业阿里巴巴集团阿里云计算有限公司达成合作，在转塘园区共建阿里云创新基地。该基地拟依托阿里云计算平台，聚集 100 家以上的创业创新型科技类企业，打造基于应用层面的完整的云计算产业链，力争把阿里云创业创新基地打造成云计算产业园的特色亮点品牌，并以此加快推动云计算产业园的建设。

2013 年 10 月 24 日，首届阿里云开发者大会在云计算产业园区召开，阿里云携手 30 家云计算产业联盟中的代表企业，共同宣布成立云计算生态联盟——"云栖小镇"。从 2010 年开始，阿里云开发者大会每年召开，云计算行业高速发展，云栖大会规模随之扩大。此后，大会每年举办一次，每次确定一个主题。

2015 年，浙江省政府和杭州市政府在云栖小镇新建了一个场馆，作为大会永久会址。2015 年 10 月 15 日，杭州云栖大会期间聚集了超过 20 个国家的 21500 名开发者、219 家参展企业、3000 多家参与企业，42584 人次现场参观，全球超 127 万人收看直播——"云栖大会"成为全球最大规模的云计算峰会之一。2015 年实现涉云产值近 30 亿元，完成财政总收入 2.1 亿元。截至 2016 年 6 月底，云栖小镇已引进各类企业 408 家，其中涉云企业 301 家，阿里云、富士康、英特尔都是小镇的"居民"。产业覆盖 APP 开发、游戏、互联网金融、移动互联网、数据挖掘等各个领域，已初步形成较为完善的云计算产业生态。因此，云栖小镇既非地名学上的地理概念，又非行政区域上的镇域概念，而是一个基于云计算产业园区平台的联盟组织。

第十一章　南部沿海地区

南部沿海是指福建、广东、广西、海南。该地区以珠三角为经济中心，属于泛珠三角的中心地区，既有沿海地区的经济特征，也具有华南地区的民俗和自然环境。该地区开放最早，其中海南是五个（海南、深圳、厦门、珠海、汕头）经济特区中面积最大的省级经济特区和唯一的省级经济特区。近年来以旅游为主的第三产业发展迅速。广东和福建的城镇化率较高、广西和海南的城镇化率较低。地级和县级城市人口较多；建制镇数量较多、基础设施相对较好。尽管各省份之间经济水平差距较大，但特色小镇主要以地方文化为主，如客家文化和华侨集中居住等特点。小镇多以古镇形式保留了诸多岭南自然环境和生活方式，古镇景观也以世界各地风格与中式建筑相结合的中西文化融合特征而著称。

本地既有雄厚的经济基础和现代服务业发展空间，又有各自独特的自然景观，民族文化和世界文化各具特点，开放程度高，服务意识强。由于珠三角地区用地紧张，福建、广西、海南也将成为其城市功能向外扩散的腹地。港珠澳大桥于2016年9月27日贯通，随着海上丝绸之路和粤港澳经济区的进一步形成，区域一体化将为特色小镇发展提供巨大发展空间（见图11-1）。

图 11-1　南部沿海地区特色小（城）镇发展的 SWOT

福建省

一、特色小（城）镇建设行动

2016 年 6 月 3 日，福建省发布《福建省人民政府文件福建省人民政府关于开展特色小镇规划建设的指导意见》（闽政〔2016〕23 号）（以下简称《意见》），明确通过 3—5 年的培育创建，建成一批产业特色鲜明、体制机制灵活、人文气息浓厚、创业创新活力迸发、生态环境优美、多种功能融合的特色小镇，要求特色为本、产业为根、精致宜居、双创载体、项目带动、企业主体建设特色小镇。《意见》指出，对纳入省级创建名单的特色小镇，在创建期间及验收命名后累计 5 年，其规划空间范围内新增的县级财政收入，县级财政可以安排一定比例的资金用于特色小镇建设；2016—2018 年，新发行企业债券用于特色小镇公用设施项目建设的，按债券当年发行规模给予发债企业 1% 的贴息，并明确在要素保障、资金支持、人才扶持、改革创新等予以支持。

2016 年 9 月 17 日，《福建省人民政府关于公布福建省第一批特色小镇创建名单的通知》（闽政〔2016〕39 号）列出了 28 个省级第一批特色小镇创建名单。其中泉州 5 个、漳州 4 个、莆田 4 个、南平 4 个、龙岩 3 个、宁德 3 个、福州 2 个、三明 2 个、厦门 1 个。尤以海峡西岸沿海一带为最多。

二、典型特色小（城）镇

1. 福州市永泰县嵩口镇

嵩口镇处于永泰的南大门，为永泰重要的农业、林业、李果生产大镇。围绕"古建修复、新旧融合、本土工艺、在地风格、环境提升、业态培植"等六个方面进行开发建设，大力恢复沿街的老酿坊、老酒坊、老饭店、老工艺店等，引进现代化茶歇点、咖啡屋、民宿、特色小吃店、农家乐，营造古镇独特的韵味。2008年荣获"中国历史文化名镇"称号，成为福建省福州市唯一的国家级历史文化名镇。

2. 厦门市同安区汀溪镇

汀溪镇是进出厦门特区的北大门，也是厦门市典型的山区镇、老区镇。全镇森林覆盖率达68.7%，水资源丰富，且有多处重要历史遗存。

汀溪镇主要以农业和旅游业为主要产业，生态型休闲度假新城镇综合建设项目已经启动，正在按照一、三产业为主导的结构方式发展，有选择的招商选资和争取政府项目投资，生态农业和生态旅游建设已初具规模，温泉休闲旅游和乡村旅游相互促进。2005年，被国家发改委定为全国首批小城镇建设试点单位；2009年，被厦门市确定为唯一的"新城镇建设试点镇"；2010年，被列为全省二十一个综合改革试点镇之一，是一个农业与旅游融合的特色城镇。

3. 泉州市安溪县湖头镇

湖头镇是历史古镇、人口大镇、特产名镇（湖头米粉获得国家地理标志产品）、商贸重镇、工业强镇、旅游新镇。该镇整合"湖头十景"、湖头新地标"人工湖"、河滨路景观工程、极富观光体验潜力的农村建设新样板"三安幸福小镇"和以尚大公园为代表的湖头公园群等自然景观，塑造生态休闲观光旅游品牌。因此，湖头镇是一个在经济实力基础上成长起来的工农业与文化、生态兼容的综合城镇。

4. 南平市邵武市和平镇

和平镇是邵武历史上第一古镇、水力资源较丰富，是邵武市的主要产粮区之一，并盛产茶叶、烟叶等经济作物。2005 年荣获"国家群众性体育先进乡镇"和"中国历史文化名镇"称号，2006 年被评为"福建省文明村镇"和"福建省最美丽的乡村"。由于特色农业和旅游资源的结合，使其成为农业 – 旅游型特色城镇。

5. 龙岩市上杭县古田镇

古田镇是著名的"古田会议"旧址所在地，也是中国历史文化名镇、全国文明村镇，镇内保存有多处红色文物，是福建省首个 5A 级红色旅游景区。

在生态家园建设中围绕"红色圣地、美丽古田"发展战略，有序推进城乡发展，被评为"全国生态文明教育基地""国家级生态乡镇""省级园林式乡镇""福建省休闲农业示范乡镇""全省农村家园清洁行动示范镇"等多个国家和省级荣誉称号。并先后被评为全国村务公开民主管理先进乡镇、全国创建文明村镇工作先进村镇、第二批全国人口和计划生育依法行政示范乡镇，现为福建省党建工作联系点、龙岩市小城市综合建设试点。

作为自然景观、红色文物和生态旅游的各种试点城镇，古田也是一个将生态、旅游与发展紧密结合的典型镇。

广东省

一、特色小（城）镇建设行动

2016 年 6 月，广东省公布了广州市天河区、深圳南山区、深圳坂田、珠海唐家湾、东莞松山湖、惠州桥东镇等 10 家为首批"互联网＋"创建小镇，佛山市禅城区张槎街道、肇庆端州区肇梦小镇等 8 家为首批"互联网＋"培育小镇，率先以互联网为突破口，建设一批具有广东特色的互联网小镇。

2016 年 7 月 20 日，广东省政府在佛山市顺德区北滘镇召开全省特色小镇建设工作现场会，部署推动广东特色小镇建设各项工作。要求各地各部门要因地制宜、分类指导，建设一批产业有特色、形态有特点、功能有特长、具有岭南风格的特色小镇。要按照"多规融合""产城融合"的要求，高起点、高标准、高质量编制建设规划；要发展特色主导产业；要强化自然生态保护，创造优良人居环境；要创新市场化开发建设运营机制，走出一条具有广东特点的特色小镇发展新路子。

广东省目标到 2017 年建成 30—50 个独具岭南魅力、环境优美、形态多样的省级特色小镇，到 2020 年建成 100 个左右省级特色小镇，产业发展、创新发展、吸纳就业和辐射带动能力显著提高，成为广东省新的经济增长点。其中包括打造"9+n"特色小镇新形态，"包括智能制造小镇、绿能科技小镇、海洋特色产业小镇、互联网＋小镇、时尚小镇、工艺小镇、文化创意小镇、生命健康小镇、旅游休闲小镇"。借助特色小镇调整优化现有基础产能，引导新的需求新的优质产能。比如，可依托制造基础，大力发展机器人、3D 打印、可穿戴设备等智能装备产业,打造"智能制造小镇"等。努力发挥特色小镇在集聚产业、连接城乡、承载人口、辐射带动等方面的独特优势,促进"产、城、人、文"四位一体有机结合,提高新型城镇化建设水平。2016 年 8 月 1 日,广东省发展改革委组织召开省特色小镇建设工作联席会议第一次会议,讨论了各成员单位的职责分工和《广东省特色小镇创建导则》(稿),协调有关扶持特色小镇建设的土地、财政等政策,研究部署了下一阶段的工作。

2016 年初,广州市委十届八次全会提出,要把特色小镇作为今年工作的重点,科学规划建设一批产业特色鲜明、人文气息浓厚、生态环境优美的特色小镇。同年 4 月下旬,《广州市美丽乡村建设三年行动计划》明确提出,2020 年前建成 30 个以上特色鲜明、产城整合、惠及群众的特色小镇。已编制了《关于加快特色小镇规划建设的实施意见》,计划在白云、黄埔、番禺、花都、增城和从化六区以不同主题开展实施。

二、典型特色小（城）镇

1. 佛山市顺德区北滘镇

北滘镇改革开放以来形成了家电、金属材料以及机械设备制造等聚集区,拥有美的、碧桂园两家千亿企业,以及精艺、惠而浦、蚬华、浦项、锡山等一大批中外知名的企业。北滘镇家电优势尤为显著,是重要的国际级家电生产基地之一,是"中国家电制造业重镇",产业集群程度高、产业链完善。同时,第三产业发展特色鲜明,既有与工业配套的港口物流、配送等流通服务业,与市民生活息息相关的购物消费、教育、交通等服务业,还有以"中国历史文化名村"碧江、"顺德新十景"之一的碧江金楼为主的旅游产业,以君兰国际高尔夫球场为核心的休闲产业,以及顺德花卉博览园农业观光产业。

广东省率先启动特色小镇建设,顺利举办全省特色小镇工作现场会。以"智造小镇"定位特色小镇，强调创新对制造业的作用，通过美的全球创新中心、广东工业设计城、慧聪家电城、广东潭州国际会展中心等产业平台，形成科技创新智慧廊道。"双创＋双智"产业体系逐步成型，获得省"互联网＋制造小镇"的称号。目前全镇高新技术企业产值占全镇工业产值的70%，同时拥有一批国家、省市重点工程实验室和4个博士后工作站，专利申请和授权总量连续5年位居顺德区各镇街首位。

在环境建设方面，重视城镇建设规划，从2000年开始编制全镇总体规划和控制性详细规划，全镇控规覆盖率达69%，采用"一区一策"发展方式，空间布局与自然环境协调发展，新、旧城区和农村协调发展。对农村区域以恢复生态、改善人居环境为原则进行美丽乡村建设，"美城行动"实现村（居）全覆盖，20个村居均实现"一村一公园"。

在文化方面，小镇立足岭南特色水乡文化和现代城市文明，结合产业文化、创意创业文化，倡导多元共融，开放包容的文化体系；紧紧依托"望得见山、看得见水、记得住乡愁"的岭南水乡风貌，全面启动古村落活动提升工程，推进中国历史文化名村、中国传统村落碧江等古村落的保护活化。

在公共事务方面，小镇与市青少年宫、广州星海音乐学院、广州美术学院等优质文化资源牵手，强化文化品牌带动效应，慈善事业取得突破，市民活动中心（慈善大楼）开创慈善新模式。小镇成为"中国家电制造业重镇""国家卫生镇""国家级生态乡镇""全国安全社区"。小镇特色突出，综合实力强。

2. 江门市开平市赤坎镇

赤坎镇既是一个历史古镇，又聚集了大量海外华侨、港澳台同胞，形成了中式骑楼和欧式洋楼并存的特殊城市景观，呈现出中西合璧的古朴质感，有"中国第五名古镇"之称，先后被评为中国历史文化名镇、全国重点镇、广东省中心镇、广东省教育强镇、江门市十大特色镇街。以此为基础，小镇2005年建成了赤坎影视城。

　　小镇建设"活旧"与"提新"并重，打造"全域旅游"环境。镇区融入"互联网+"和"物联网"发展理念，结合综合管线廊建设、水环境净化系统建设、节能建筑建设，将岭南骑楼、碉楼、洋楼等建筑元素融入城市建设中。该镇注重保护传统文化，彰显特色的古镇历史，打造"宜创、宜业、宜居、宜游"的新兴发展空间，实现产业特色和人文景观高度融合，打造成为中国文化旅游古镇新地标、广东华侨文化保护与开发创新示范区、乡村旅游示范精品。1997 年创办关英才文化教育事业基金会，由著名侨领关英才先生捐款设立，每年举行海内外关氏宗亲春节联欢会，海内外关氏宗亲齐聚赤坎谋发展，如今已举办到第 20 届。近年同时还举办关英才文化教育事业基金会奖学金及关氏艺术颁奖会，以奖励优秀学生和艺术为主。

3. 肇庆市高要区回龙镇

　　回龙镇是高要区著名的侨乡，分布在全球 28 个国家和地区的海外侨胞达 3 万多人，其中大部分旅居澳大利亚，具有较好的经济基础。第一产业重视高端农业，以水产、林业、水果、水稻、蔬菜、禽畜等现代化农业商品基地。第二产业聚集多家工商企业，建成了占地 1300 亩的步步高工业产业集聚基地和 600 亩的松塘工业产业集聚基地，以及一批村级工业发展基地。第三产业在生态农业基础上，形成了集生态观赏、休闲娱乐、饮食服务于一体的生态园，辐射带动了观光旅游业发展。

　　在定位为"国家级广府文化特色小镇"基础上，将在产业招商运营、生态修复、水系改造、文旅产品打造等方面继续进一步挖掘广府文化特色。回龙镇交通、通信、电力、水利等基础设施完善；北接广肇高速公路以及省道肇江公路贯穿全镇，镇内道路网络四通八达，村村实现了水泥硬底化道路；镇内建起了 11 万伏变电站；程控电话网络、移动通信网络、有线电视网络覆盖全镇；自来水管道铺设遍及各村。城镇面积已扩展到 3.8 平方千米，先后按照"八个一"标准建成了镇雕广场、文化广场、中心公园、商住楼宇群、行政小区、老人福利院、文化综合大楼等配套设施，城镇功能日臻完善。

4. 梅州市梅县区雁洋镇

雁洋镇山地广阔，矿产、水利和旅游资源丰富。辖区内有全国红色旅游经典景区叶剑英纪念园、国家 4A 级旅游景区雁南飞和雁鸣湖、千年古刹灵光寺、粤东名山五指峰等五大旅游景区，有广东省文物保护单位桥溪村。

发展过程中，小镇注重因地制宜发展特色鲜明、产城融合、充满魅力的小镇，取得初步成效。小镇在多年的发展中形成了以文化旅游为主导，现代农业、新型工业联动发展的特色产业体系。2015 年，雁洋镇文化旅游产业产值 29.2 亿元，占全镇服务业的 60% 以上，产值在梅州市同类行业镇中排名第一。在文化旅游产业发展方面，小镇形成了较完整的文化旅游产业体系；也形成了典型的客家特色城镇风貌。在城镇发展中，注重彰显特色的传统文化。鉴于其生态、文化、旅游和发展相融合的理念，2014 年 6 月，雁洋镇被国际慢城联盟授予"国际慢城"，成为中国继南京高淳桠溪镇之后的又一个"国际慢城"。

雁洋镇围绕新农村建设的总体思路，开展规划进村、公共设施进村、公共服务进村和社会保障进村；全面实现了村委会到圩镇的道路水泥硬底化，使全镇 27 个行政村全部通水泥硬底化村道；投入 150 多万元解决群众饮水难问题；投入 90 多万元解决群众耕作灌溉难问题；分别在阴那、长教、雁上、添溪、文社、莆里、鹧鸪、东洲、南福、塘心等 10 个村委会及雁洋、三乡 2 个居委会建立了 52 个垃圾池，组织有 28 人的环卫队伍，有固定的人员清理、运送垃圾。在整体发展基础上，该镇选择在核心村子进行特色小镇建设，形成村庄与城镇相互交叉的融合景观。

5. 河源市江东新区古竹镇

古竹镇西临东江，拥有独特的喀斯特丹霞地貌群和万亩生态田园，历史古迹、生态旅游、宗教文化和传统民居等资源丰富，素有"鱼米之乡、工业重镇、商贸之埠"之美誉。古竹镇农业条件好，工业发达。以眼镜为核心的光学制造初具规模，有全球眼镜制造领军生产企业、销售企业光学城等，初步形成了集生产、研发、展示于一体的产业基地。

古竹镇注重环境改造。该镇投入 2.1 亿元完善及改造交通、水利、市政等基础设施，全面清拆非法养猪场 259 家，关停红砖厂 7 间，打造现代生态田园小镇，是省级经济开发区、省定中心镇、省级眼镜生产专业镇、省卫生先进镇。

围绕特色小镇要求，江东区将全力支持古竹镇建设。一是积极创新融资方式，探索产业基金、股权众筹、PPP 等融资路径，加大引入社会资本的力度，以市场化机制推动小镇建设。首先，古竹镇主动融入深莞惠经济圈，吸引更多的企业、资本参与到特色小镇建设中来；二是积极争取政策资金，策划申报一批项目，争取将更多项目装进省、市的"篮子"里；三是做足功课，加强对接，主动争取国开行和农发行的中国特色小镇投资基金。

在规划编制上，江东新区将根据古竹本地优势资源和规划情况，按照"多规融合""产城融合"的要求，高起点、高标准、高质量编制特色小镇尤其是核心区的发展建设规划；加快编制和优化古竹镇总体规划、美丽乡村发展建设规划、土地综合整治规划和历史文化村落保护利用规划，统筹安排产业发展、基础设施和公共服务设施建设，明确建设计划、投资规模和投资主体；同时，严格执行和落实规划，避免盲目投资和随意性建设。

江东区将立足"南越风情"小镇主题，培育具有古竹特色的新产业、新业态，大力发展文化旅游、生态休闲、健康养生、商贸物流、资源型特色产业和城郊型现代农业。当前，将重点培育发展眼镜光学产业、现代生态农业、特色文化产业这三大特色产业，推动一、二、三产业融合发展。

6. 中山市古镇镇

古镇镇历史悠久，保留着 500 多年历史林氏宗祠，是中山市历史较悠久、规模较大、保存较完整的祠堂之一。古镇镇是"中国灯饰之都"，2014 年灯饰业总产值达 160.8 亿元，占中国市场份额的 60% 以上；产品出口到港澳台、东南亚、日本、美国及欧洲等130多个国家和地区，并形成了以古镇为核心，辐射周边三市十一镇区、年产值超千亿元的灯饰产业集群。灯饰产业带动了木材加工、机械、塑料制品、化工涂料、建材等行业，还形成了和灯饰业配套的公共交通、饮食业、酒店业、运输业。

创新能力强、经济增长快。2015年，古镇镇经济增速10.9%，排名全市第一。工业技改投资增长39%。研发经费占生产总值比重2.36%。高新技术企业13家，新型研发机构2家，科技企业孵化器1家。

在特色小镇建设中，从2002年开始，古镇投入大量资金建设中心城区主体工程，如集商贸、娱乐、购物、餐饮等于一体的国贸广场。青少年活动中心、灯饰广场、综合体育馆等一一落成使用后，古镇居民的生活环境得到了很大的改善，也吸引了来自全国各地的人们前来从业、定居。古镇将突出"产城人文"有机融合，加快建设特色小镇核心功能区，完成以生态公园为中心的一系列城镇硬件建设，形成包括世界一流会展中心、总部基地、文化艺术中心以及周边优质住宅区的城镇核心区域，巩固"中心城市"地位。

强化灯饰文化与经济发展。各类灯具的1300多家商户聚集在新兴大道上，形成了灯饰一条街，蜿蜒十里，夜景蔚为壮观。同时，古镇突出灯饰文化旅游风格，兼顾现代休闲购物、农庄休闲生活等元素，陆续建成了生态湿地公园、海洲中央湿地公园、中心河滨公园、横琴河畔公园、西江森林公园等主题公园。

广西壮族自治区

一、特色小（城）镇建设行动

2016年10月，《广西百镇建设示范工程实施方案》（以下简称《方案》）指出，广西将重点培育100个经济强镇、特色名镇、特色小镇，力争到2020年，培育出一批布局合理、经济发达、设施配套、功能完善、环境优美、特色鲜明，进入全国先进行列的小城镇。根据《方案》要求，广西将改革制约小城镇发展的体制机制，探索推进小城镇行政管理体制、基础设施建设投融资体制、社区和农村基层治理、小城镇规划建设管理体制等方面改革；将着眼增强示范镇集聚辐射能力，重新修编或调整示范镇总体规划，加快编制示范镇产业发展、基础设施、公共服务、资源环境等专项规划，把经济、社会、生态等目标落实到空间布局上；培育特色示范镇主导产业，因地制宜发展工业、商业、边贸、旅游、文化、科技等各类产业，建设一批特色小镇、旅游名镇、工业重镇、商贸大镇、边贸强镇，形成与周边农村和区域中心城市协调发展的城乡新格局。

2016年11月，广西壮族自治区住建厅下发《关于加快推进首批全国特色小镇创建工作的通知》，在未来3年时间里，首批特色小镇要按照研究策划、规划设计、项目建设、综合验收4个阶段来组织实施；要整体谋划特色小镇的建设思路，包括特色小镇的初步选址和规划范围、主导产业发展目标和路径、小城镇的主要特色、项目建设基本构想和资金筹措等。特色小镇建设项目的资金来源将以企业投入为主，财政资金的投入将用于改善小镇人居环境，打造美丽宜居镇区为主。根据计划，广西特色小镇的研究策划在2016年年底前完成，规划设计于 2017 年 5 月底前完成，项目建设则要在 2019 年 6 月前完成。2019年年底前，自治区将以原有研究策划、规划设计和项目建设计划为依据，对特色小镇建设的投资完成、产业发展、项目进展、特色塑造、人居环境等方面进行综合验收。

二、典型特色小（城）镇

1. 柳州市鹿寨县中渡镇

中渡镇是广西壮族自治区历史文化古镇，历史悠久，文化底蕴深厚。在三国时期已建镇，拥有近 2000 年历史，有"文化古镇，旅游乡镇"之称。

保护古镇文化。"十三五"规划期间，中渡镇按照"旅游＋、农业＋"发展思路，全面升级全国特色景观旅游名镇、中国历史文化名镇建设。该县投入资金对古镇房屋外立面进行全面改造；新建 1800 平方米古镇生态停车场；完善停车场导览图、警示牌等旅游标识 50 多处；并正在修复和升级改造镇内护城河、修复历史街巷路面等。其中，按照修旧如旧的原则，中渡镇对中渡民国街及周边 320户外立面进行修缮，目前已经完成。

创建"5A"旅游强镇。近 3 年来，中渡镇重点加大对旅游、农田水利、交通路网、市政基础设施等项目的投资和建设力度，年投资额度超过 2 亿元。"十三五"期间，鹿寨县将着力推进中渡·香桥景区创全国 5A 级旅游区，创建"寨美一方"都市生态休闲观光示范园、"稻花香里"千亩粮食生产基地两大自治区级示范园区建设，以及鹿寨至永福苏桥二级路黄冕至中渡支线、中渡石燕至鹿寨高铁北站、中渡长盛至鹿寨高铁北站三条对外大交通路网建设，实现"旅游强镇、文化强镇"目标。

2. 桂林市恭城瑶族自治县莲花镇

莲花镇是恭城县最大的水果和农产品集散地，享有中国"月柿之乡"的美誉。

该镇旅游资源十分丰富，有古色、古香的朗山民居，山清水秀的兰洞天池和传统民族旅游。还有以"赏果园风光，品瑶乡风情"为主题，集生态农业、旅游观光为一体的文化生态旅游红岩新村已初具规模。

保护历史特色。莲花镇在房屋风貌设计、管控上，按照"历史真实性、风貌完整性、生活延续性"要求，注重保留村落原有建筑风格，凸显民族文化特色，留住瑶乡"美丽乡愁"。2014 年以来，莲花镇按照统一设计、统一施工、统一验收的要求，对部分街区及公路沿线房屋实施风貌改造，在建筑风格上融入"坡屋顶、小青瓦、白粉墙、吊脚楼、木格窗"等瑶族元素，全镇面貌焕然一新，民族风貌凸显，生态特色鲜明。2015 年，莲花镇抢抓广西乡土建设试点机遇，引导村民采用本土材料，聘请本地"土建筑师"，运用本土工艺，对莲花镇门等矮寨屯进行乡土化改造，保留和传承了村落原有的"人字坡屋面、屋顶凤扳爪、砖挑檐门头、扇形屋檐口、方门圆窗顶、红墙白线条"建筑风格，传统工艺得到了传承，彰显了"莲花九甲"乡村特色。

立足"三农"创新发展。莲花镇得天独厚的自然条件和气候特征，对月柿的品质形成有极大的促进作用。近年来，莲花镇新建 100 亩以上标准化生产示范点 15 个，建成 4 个面积 2000 亩的月柿果实蝇综合防控示范样板点。产业链方面，也不仅仅是传统的鲜果、柿饼，在月柿产品研发上，恭城已开发出脆柿、果脯、柿馅饼、柿叶茶、柿果酒等系列产品。销售方面，莲花镇成了月柿的销售中心。莲花镇建立了用 IC 卡管理的水果销售示范点，加大水果宣传推介和促销力度，拓宽水果销售渠道。如今，莲花镇有物流网点 40 余个，运输线路遍及全国各地，同时，莲花镇新建了月柿水果交易市场，有效利用"互联网+"，实现市场整合，形成规范化管理，为果农提供一个良好的交易平台，为果商提供一个良好的货源平台。月柿的活跃交易，形成了莲花集镇、势江村两大月柿交易集散地，年交易额达 3 亿元，甚至在泰国、俄罗斯等国家也形成了稳定的销售网络，恭城因而享有"中国月柿之乡"的美誉。

农民致富的就地城镇化。具体包括三个方面：一是大力发展以月柿种植为支柱的生态农业经济，让广大农民有稳定的农业收入，全镇 90% 以上的农民因此增收致富；二是大力发展水果加工销售产业，让农村富余劳动力就地转移获得增收；三是大力发展生态旅游业，让部分农民增加来自旅游业的非农收入。以土地流转、组建专业合作社推动恭城月柿规模化、集约化、基地化、标准化发展；通过鼓励土地流转，扶持龙头企业、专业合作社发展"市场 + 企业 + 基地 + 农户"的模式，使恭城月柿步入规模化、集约化、基地化、标准化发展的轨道。

3. 北海市铁山港区南康镇

南康镇有 2000 年历史，文物古迹众多、教育积淀深厚，南康镇中心小学和南康中学均成立于 1817 年。1998 年，南康镇自治区建设厅授予"八五期间村镇建设先进镇"；2000 年 3 月，南康镇荣获国家建设部"全国小城镇建设示范镇"称号；2004 年，南康镇被自治区确定为小康建设示范镇；2005 年，南康镇荣获国家首批全国文明镇称号；2010 年，南康镇荣获第一批广西历史文化名镇称号；同时南康镇还是全国重点城镇。

南康镇城镇经济均衡发展。利用铁山港工业区建设的机遇，为多个千亿级产业项目提供大规模服务；在三产方面，作为周边乡镇的传统商贸中心，既传承又创新，百货集散等传统商业得到了提升。

城镇建设方面，南康镇不断完善景观设施，增加硬化道路面积，注重街道绿化和整洁，城镇环境良好。南康镇注重挖掘创造和文物保护，开发了南珠文化、法式骑楼、古典庙宇、珍稀树种和土著文艺等五大特色文化。

体制机制探索。政府主导的城建机制不断健全，部门的支持力度巨大。驻镇单位和社会力量主动参与城镇建设，形成共驻共建的良好局面。该镇顺利开展多项重大项目的建设，建立健全并严格执行城镇管理联席会议制度，有力维护城镇秩序，更好实现共建共享。

4. 贺州市八步区贺街镇

贺街镇曾为广西贺县县城，是广西重点镇。贺街镇融中原文化、岭南百越文化、楚文化于一体，2000 年开始按照旅游、商贸和加工业为主的综合新兴城镇发展。在特色小镇建设过程中突出以下几点。

一是依托"宗祠文脉"文化底蕴建设宗祠文脉小镇，以"千年古镇、百年菜乡"为载体，古镇带动新城建设，经济显著增长，被国家住建部评为全国首批特色小镇。

"一镇四城"初具格局。贺街镇围绕"一镇四城"发展战略，着力打造旅游之城、生态之城、人文之城、复合之城；按照形态适宜、产城融合、城乡一体、集约高效的原则，利用棚户区改造项目、包装升级镇区基础设施，继续抓好临贺山庄、果蔬展示园、故城片区、故城河东片区棚户区改造等项目建设，加快完善城镇基础设施和配套功能。

大力发展特色产业。贺街镇充分利用"百年菜乡"品牌，推广"龙头企业+合作社+基地+农户"经营模式，全力培育一批会耕种、懂经营的农业生产基地和明星企业；建设农产品会展中心和电商交易平台，推动贺街农业产业升级，提升农产品的品牌和品质，提高果蔬农产品附加值。2014 年，我镇获得国家农业部颁发的全国一村一品示范村镇荣誉；2015 年，我镇双瑞村也获得全国一村一品示范村镇荣誉。

文旅农融合发展。贺街镇依托浓厚的文化底蕴和人文景观，将旅游开发与发展特色农业相结合，大力挖掘传承临贺古城的历史文化、乡愁文化、古道文化，逐年加大对浮山歌节文化、彩调文化的引导和培育，进一步丰富"浮山歌节"内涵，保护和传承岭南民间民俗文化和挖掘潇贺古道文化，提高古城"乡愁文化"建设的综合承载能力；通过整合资源、引入社会资本投入，努力把保护与发展统一起来，大力发展特色文化旅游产业并形成旅游产业集群；利用乡村旅游辐射带动周边贫困户解决就业，促进贫困户增收，探索出了一条旅游产业精准扶贫的新路子。

海南省

一、特色小（城）镇建设行动

2014 年，海南省发布《海南省特色风情小镇建设指导意见》，要求挖掘小城镇独具魅力和特色的文化内涵，突出打造个性鲜明的建筑风格、绿化景观和人文特色文化，为小城镇的建设发展注入文化元素，提升城镇建设品质，彰显小城镇特色和魅力。在生态环境方面，该省围绕海南村镇秀美的田园风光，结合村镇规划建设管理，以打造宜居环境为核心，强化环境保护，营造生态优良、清洁舒适、风貌优美的宜居小城镇；以建立绿色低碳、节能环保的生产生活方式为目标，保护生产环境，发展循环经济、绿色经济和低碳经济，推广太阳能、风能等清洁能源，环保材料在小城镇中广泛应用，力争建设低碳、零碳小城镇。该省计划到 2020 年，建设 55 个特色风情小镇、1000 个美丽村庄。截至 2014 年底，海南已初步建成海口市云龙镇、琼海市潭门镇、澄迈县福山镇等 21 个特色风情小镇，约占全省乡镇总数的 10%，基本建成保亭什进村、琼中什寒村等 60 多个美丽乡村。

2015 年，海南省下发《海南省百个特色产业小镇建设工作方案》（以下简称《工作方案》），力争用 3 年时间，使百个特色产业小镇的产业发展全面提速，一批立足本地资源的产业形成并壮大，全省县域经济的活力、竞争力和可持续性全面加强。《工作方案》要求特色产业小镇要明确主导产业、坚持产城融合、落实项目、集约节约用地的原则，确定了全省首批 100 个特色产业小镇，每个小镇都确立一个发展目标、一个产业规划定位、一个议事协调机构、一个具体机构、一批扶持资金、一套支持政策措施的"六个一"目标和相应工作机制、政策措施等。百个特色产业小镇类型涵盖互联网和旅游、工贸服务、热带特色农业、旅游、黎苗文化、商贸物流等类型。其中，热带特色高效农业小镇 32 个、旅游小镇 46 个、互联网小镇 6 个、渔业小镇 6 个、黎苗文化小镇 7 个、物流小镇 2 个、工贸小镇 1 个，主要集中在海口、三亚和儋州等地。

另外，琼海市 2012 年提出的"打造田园城市、构建幸福琼海"发展思路，通过"不砍树、不占田、不拆房、就地城镇化"的新型城镇化建设，带活了乡村旅游，让农民"不离土、不离乡"，在家门口就业创业。琼海市根据各个镇的人文特点、产业特色和自然禀赋进行个性化的规划设计，逐步把 12 个镇打造成"一镇一特色、一镇一风情、一镇一产业"，并通过 300 千米的高标准田园绿岛将这些村庄串联起来。琼海市以旅游业为龙头发展第三产业，带动第一、第二产业结构调整升级；以高效热带农业、优良生态环境、美丽田园风光为依托，把全市划分为"龙寿洋国家农业公园""热带滨海国家农业公园"和"万泉河国家农业公园"等三大片区，加快旅游业和农业的整合发展。

二、典型特色小（城）镇

1. 海口市云龙镇

云龙镇属于中心镇，是海南省唯一的计划单列镇。云龙镇是革命老区乡镇，境内保留的名胜较多，其中有全国百家爱国主义教育基地；是"中国生态文化名镇"，多次荣获"全国生态文化名镇""海南省绿色家园示范镇""海南卫生镇""海南省十大最美小镇""海口市文明村镇"等荣誉称号。

云龙镇紧抓国际旅游岛建设的机遇，围绕"南优"发展定位，以产业为支撑，发展城镇经济。云龙镇依托在建的云龙产业园区，采取"招一商、安一商、富一商"政策，积极营造良好投资环境。通过 4+1 的空间产业布局模式，即 4 个产业板块（低碳经济产业板块、生态旅游开发板块、乡土及红色文化板块、绿色农业板块）+ 配套服务中心（云龙镇区服务配套服务中心），构建城镇功能。

在基础设施建设方面，云龙镇全部实现通水、通电、通网络，每个行政村基本实现道路水泥硬化。在特色产业方面，云龙镇培育淮山、花卉、无公害蔬菜等三大品牌农产品。同时，该镇努力发展观光农业、常年瓜菜等都市型现代农业，提升乡镇工业产品水平，逐步由劳动密集型向高附加值、高利润型产品转移。在文化建设方面，云龙镇深入挖掘红色文化、乡土文化。

在多业融合方面，云龙镇以红色旅游为文化底蕴、以绿色生态宜居为格调，发展休闲度假游产业；以农村自然环境、农业资源、田园景观、农业生产内容和乡土文化为基础，力争建立一个集农业种植、加工、销售、书画创作、旅游休闲产业配套等为一体的新概念农村建设示范园。云龙镇的"公司＋农户＋政府"的"三加"模式，即公司带经营项目，农户出土地，政府给予政策，创造出了一条生态、环保、低碳的可持续发展新路子。

2. 琼海市潭门镇

潭门镇渔民远洋航行和远海捕捞的历史悠久，蕴藏着深厚的海洋文化，是非物质文化遗产"南海航道更路经""祭兄弟公出海仪式"和"鲤鱼灯"等海洋文化的发祥地。2004 年，潭门镇被国家农业部定为一级渔港，是海南岛通往南沙群岛最近的港口之一，也是西、南、中、东沙群岛作业渔场后勤的给养基地和深远海鱼货的集散销售基地。全镇以农业为主发展远洋捕捞，沿海养殖对虾、鲍鱼，种植菠萝、荔枝、胡椒、槟榔、椰子、反季节瓜菜、水稻，工业以贝壳加工业为主。在积极发展渔业经济的同时，该镇在特色小镇建设中体现了以下特点。

潭门镇依托特色资源，打造南海风情小镇和海洋强镇；依托特色的渔家乐项目，建设美丽乡村；吸收南海文化元素，创建"潭门赶海"旅游新品牌；用南海文化包装旅游，用旅游激活全镇经济发展，全力打造旅游业；挖掘海洋元素，积极建设基础设施。该镇逐渐形成了集旅游、观光、购物为一体的南海风情小镇。

3. 琼海市博鳌镇博鳌亚洲论坛小镇（非国家首批认定）

博鳌论坛小镇是以占地面积约 1.8 平方千米的博鳌亚洲论坛会址为核心，形成的特色小镇，不是一个行政单元，与浙江特色小镇的定义吻合，因召开亚洲论坛而著名。

自 2002 年博鳌成为亚洲论坛总部的永久会址以来，博鳌亚洲论坛的品牌给博鳌的旅游产业发展带来了新的机遇。但由于种种原因，与国际知名的论坛会址所在地，如瑞士的达沃斯相比，博鳌的基础设施与旅游设施等级较低，原有的本地特色风貌没有得到充分体现，本地农民无法适应现有经济等问题。2013 年开始，博鳌小镇在良好海岸线和丰富酒店饭店业资源基础上，在海边打造了博鳌滨海酒吧公园，吸引了 9 家酒吧和 2 家海鲜饭店进驻；同时，地方政府充分运用博鳌特色元素对酒吧公园进行景观和基础设施改造，使酒吧公园成为博鳌镇的旅游新亮点，也成为本镇居民的休闲放松好去处。博鳌酒吧公园于 2014 年论坛期间正式开业迎客，风格各异的酒吧、本土原创音乐助阵吸引了众多游客。同时，博鳌酒吧公园为周边村民提供了就业岗位，安置了超过 100 人就业，人均月工资收入 1600 元。

同时，博鳌镇的美雅村，作为琼海新型城镇化建设试点村，2012 年在不改变原有村貌、不新征一块土地的基础上，根据田园穿村而过的特点，用古枯木、枯竹、瓦罐、珊瑚、贝壳、石凳、老式农具等具有博鳌当地乡村生活元素的东西点缀村中景观小道，把田园景色与具有实用价值的休闲设施相结合，在景观美化的基础上使村民的日常生活更加便利，推动了博鳌镇的整体发展水平和整体景观建设。

第十二章　中部地区

　　中部六省指山西、河南、安徽、湖北、湖南、江西，是我国人口大区、经济腹地和重要市场。该地区历史悠久、农业条件好、文化底蕴深厚。作为连接京津冀、长三角、珠三角和长江经济带的核心腹地，该地区的发展水平往往代表了全国的平均水平。随着中部崛起战略的实施和制造业由东部向中西部地区转移，这些省份近年经济快速增长，尤其是制造业增长迅速；同时也是我国的农产品主产区。在特色小镇方面，产业型小镇以大城市周边地区的制造业为特征，以县级市和县城为依托形成了农业产业小镇。农业产业型小镇主要分布在湖南和湖北，制造业型小镇主要分布在安徽和江西，河南两者兼具，山西表现为旅游和制造业型小镇。

　　这些地区地理位置优越、历史文化资源丰富，劳动力丰裕，产业基础好；但是，乡村发展滞后、生态环境恶化，产业竞争力较弱，服务业薄弱，传统产业比例过高，传统意识较强。特色小镇建设将面临资源和环境压力，需要产业升级和提升创新能力，应大力发展休闲服务、消费服务和文化服务业（见图12-1）。

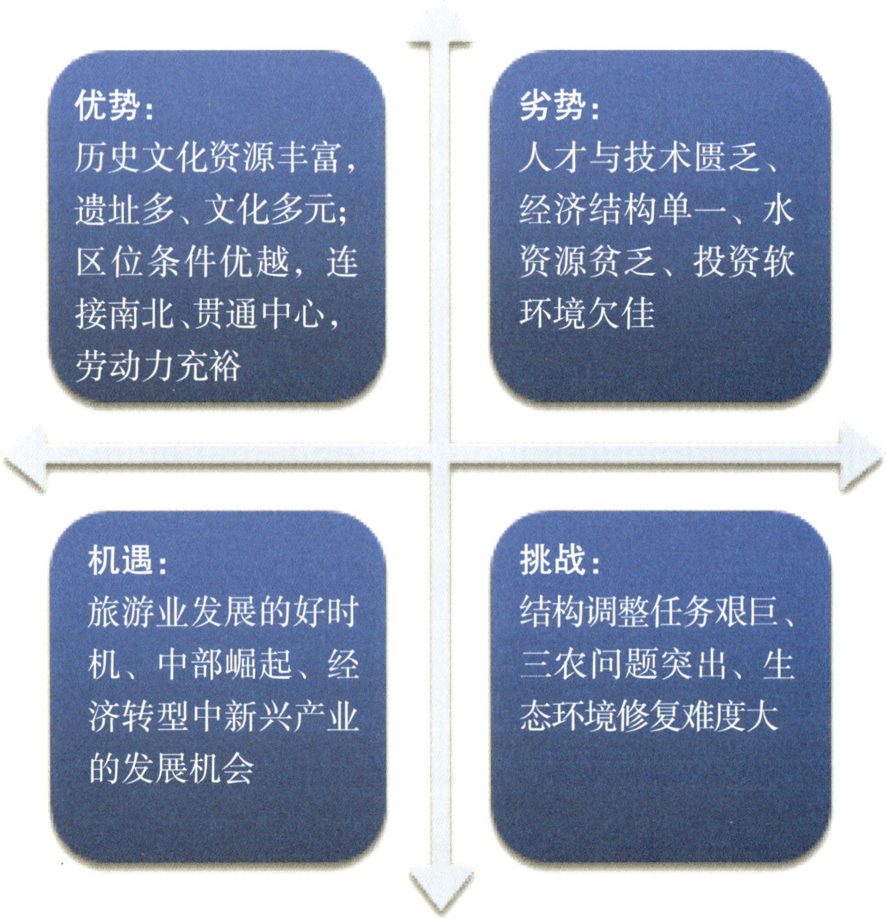

图 12-1　中部地区特色小（城）镇发展的 SWOT

山西省

1. 晋城市阳城县润城镇

润城镇以历史古迹和传统冶炼工艺为其特色，历史上一直是山西阳城县最繁华的城镇之一，富商巨贾辈出。2010 年 7 月 22 日，住房和城乡建设部、国家文物局批准决定山西省阳城县润城镇为中国历史文化名镇。与各种历史文物古迹相对应，每年的三月十五举办的天坛山庙会，将自然山水与人文古迹融为一体，深刻体现了文化与自然的融合。

另外，润城镇还有一个以古建筑闻名的上伏村。以汤帝庙为中心，一条三里长的古龙街串起上伏村的主要古建筑，呈现出两千年前的钱庄、油坊、布店、药铺、粮行、杂货铺、当铺、酒楼、茶肆、客栈、留人起火店、骡马大店等街景。由于这里土地肥沃，农耕、蚕桑、冶炼、煤炭业发达，经济富庶，因而早在唐宋时期，就成为沟通南北的重要商道古镇。这里的三里龙街和官津古渡，是各地商贾南来北往、东去西行的必经之地。上伏因此成为各地商客的中途驿站，成为商家首选的进行采购、推销和交易的大市场和各类物质、商品的集散地，也曾是盛唐时期的主要商贸中心。这里的建筑既有商贸街景的繁荣，也有山西大院特征。由于这里的古建筑保存较为完好，加之后来新农村建设对基础设施的改善，为居民服务的现代设施，如公园、体育场、宾馆、洗浴中心、学校、幼儿园、医院、超市等也很完善，使之呈现出古代与现代的完美结合，被誉为另一个"乌镇"。但是，其经济增长点尚缺乏，特色小镇可持续发展的产业基础尚缺乏。

2.晋中市昔阳县大寨镇

大寨镇是昔阳县的第二大镇，由于历史原因，这里曾是全国的农业模范的典型县和典型农业村。这种特殊的名号给了大寨村诸多资源，该镇充分利用能吃苦的优良传统，通过大寨生态科技示范区、农业综合开发大寨项目、镇总体规划项目实施农业综合工程，建设高产高效农田；通过农村通信、电视、交通网络建设工程，改善农村基础设施；发展经济林、生态林和苗木产业等生态建设工程，修复生态环境，以农业为主导产业，发展特色经济。

该镇以农业重点工程为主导的模式，发展镇域经济。全镇 5 万多亩耕地中，粮食播种面积 3.6 万亩，占到 68%。全镇蔬菜种植面积达到 2435 亩，重点工程主要有大寨、武家坪、留庄村的日光节能温室大棚，全镇共有大棚 81 个。大棚内种植的水果、蔬菜各类品种达到 50 多种，稀特菜 20 多种。目前，已有大寨工贸园区、大寨生态农业科技示范区、国家星火计划密集区三个园区在大寨落户。大寨农业生态园区建设有五个示范区：无公害蔬菜示范区、无公害果品示范区、精品小杂粮生产示范区、工厂化脱毒苗木生产示范区、人工生态防护林示范区。加之在全国地位所形成的著名景点，陈永贵墓、陈永贵塑像、大寨展览馆、名人题词馆、周总理纪念亭、郭沫若墓碑，以及虎头松涛、大寨红叶、大柳抒怀、胜天洞、天齐庙等文物古迹，也成为独特的旅游资源。

因此，大寨形成了以特色农业为核心，以独特历史古迹和人文资源为辅的旅游兼业型特色小镇。

3.吕梁市汾阳市杏花村镇

杏花村镇是全国重点镇、中华名酒第一村、国家特色景观旅游名镇，全国最大的清香型白酒生产基地、山西省百镇建设示范镇和山西省历史文化名镇。境内历史文化遗产丰富，杏花村镇拥有数量众多的古建筑。酒文化源远流长，酿酒历史可以追溯至四千多年前，汾酒酿造技艺是首批国家级非物质文化遗产，并已进入申报世界文化遗产预备名单。2007、2008、2010 年三年被评为省级"文明和谐乡镇"，2010 年被吕梁市评为"文明和谐乡镇"，2011、2012 年被吕梁市评为"五好乡镇党委"，2011 年 7 月被列为第二批全国特色景观旅游名镇，2014 年 7 月被列为全国重点镇。

历史文物古迹与酒产品商标著名汾酒和唐诗中的杏花村共同成为该镇的名片。在这个名片下，该镇注重教育和文化事业发展，镇内有各种文化团体 10 余个，公共图书馆 2 个，档案馆和博物馆各 1 个；义务教育全覆盖；加之大力发展旅游业，山西杏花村汾酒集团公司是全国工业旅游示范基地，是山西省十大旅游景点之一，使其成为文化、产业与旅游兼容的特色小镇。该镇通过整合传统文化资源，形成了"一座古镇、十里酒城、百里杏花、千年文化、万里飘香"的发展格局。

同时，又由于所处地理位置优越，文化传统延续较好，以及较好的经济基础，第一、第二和第三产业均衡发展，全镇的人均可支配收入与发达地区不相上下。该镇以汾酒集团为核心，建设有汾阳杏花村经济技术开发区，集聚了中汾酒业、汾阳王酒业、青花瓷酒厂、新晋商酒庄、招福酒业、千年古韵酒业、汾杏酒厂、宝泉涌酒业、晋泉涌、古井酒业、义泉涌酒业、德顺商贸公司、源泉饮业、华鑫酒业、杏花源酒业等多家酿造企业，陶瓷包装企业有鑫盛瓷业、辉煌瓷业、协盛源瓷业，农产品加工企业有汾州香米业等。杏花村镇充分发挥改革试点的先遣队作用，大胆探索、试点先行，以建立农业转移人口市民化成本分担机制、多元化可持续的城镇化投融资机制、行政管理创新和行政成本降低的新型管理模式、健全城镇基本公共服务体系；以社会管理服务中心为平台推出一揽子服务举措，完善了社会服务中心职能，对涉及企业、群众生产生活密切相关的审批、综合服务事项，全部进驻中心集中办理；形成了以酿酒业为核心、从农产品到加工业甚至文化旅游业的全产业链，从而成为一个产业链长、功能融合的特色小镇。

河南省

一、特色小（城）镇建设行动

2016 年 8 月 9 日，河南省住房和城乡建设厅下发《关于做好 2016 年特色小镇推荐工作的通知》（以下简称《通知》），全面启动 2016 年特色小镇推荐上报工作。《通知》指出，候选特色小镇原则上为建制镇（县城关镇除外），并具有特色鲜明的产业形态、和谐宜居的美丽环境、彰显特色的传统文化、便捷完善的设施服务、充满活力的体制机制。优先从国家级重点镇、中国历史文化名镇、全国特色景观旅游名镇、美丽宜居小镇等具有国家级、省级称号和国家级试点示范的建制镇中选取。推荐的镇近 5 年应无重大安全生产事故、无重大环境污染、无重大生态破坏、无重大群体性社会事件、无历史文化遗存破坏现象。

同时，郑州市也出台了《建设特色小镇推动新型城镇化进程和经济转型升级》文件，正着手进行特色小镇建设工作的调查研究及做好国家特色小镇培育的推荐申报工作，并制定了《郑州市关于统筹推进特色小镇建设的实施意见》，征求意见稿将于近日报送市政府。登封市唐庄作为以嵩山论坛为核心载体的华夏历史文明传承创新示范工程核心区，以着力打造全国著名的国际山水论坛小镇、郑州都市区独特的文化休闲城镇新区为目标，总投资 200 亿元的嵩山论坛唐庄论坛生态文化示范区项目已于 2015 年谋划实施，成为华夏历史文明传承创新示范工程的龙头项目，带动了全域文化旅游产业的蓬勃发展。特色小镇镇区建设总体定位为嵩山论坛小镇·文化休闲唐庄，计划到 2020 年打造成郑州都市区的特色休闲旅游区。

洛阳市按照《洛阳市人民政府关于开展全市特色小镇培育工作的实施意见》，将建立特色小镇规划建设联席会议制度，专门负责商定特色小镇培育工作重大事项和问题，并出台一系列支持特色小镇建设的举措；将在用地、财政等领域出台相关支持举措，有效促进特色小镇建设；与此同时，通过一系列建设指标：如在产业形态上，提升发展特色产业；在生态环境方面，达到省级园林城镇标准；在传统文化方面，把风土人情融入"山、水、村"；服务设施布局完善、保障到位；体制机制政府引导、企业主体、市场化运作，从 2016 年起至 2020 年底，将利用 4 年左右时间，分 4 个阶段、3 个批次累计培育 10 个各具特色、富有活力的现代制造、休闲旅游、商贸物流、文化创意、现代农业等特色小镇，引领带动全市小城镇建设。

二、典型特色小（城）镇

1. 焦作市温县赵堡镇

赵堡镇是焦作的农业镇，以种中药材而著名，另外还有"赵堡太极"文化遗产，实施"一村一品"战略，大力发展特色农业；同时，围绕太极文化，建设了"八个项目、八项工程"和太极文化村，使陈式太极拳和赵堡太极拳列入国家非物质文化遗产，太极阁、太极武院开工在建，配套的陈家沟旅游综合服务项目相继开工实施；成功举办了首届赵堡和式太极拳观摩交流大会，以求通过文化遗产促进旅游，以旅游促进农业镇经济发展。

赵堡镇依托太极拳发源地和"四大怀药"原产地优势，突出太极文化内涵，做足做实旅游文章，大力发展太极文化和四大怀药规范化种植加工，推动太极文化旅游、怀药规范化种植、健康养生、特色食品加工等产业协调发展。在"太极＋旅游"方面，该镇先后开工陈家沟太极文化生态园、杨露禅学拳处复建、陈家沟武术院改扩建等一批重大项目建设，推动太极拳文化旅游景区成功获批国家 4A 级景区，推动太极拳文化与农业观光、乡村田园旅游充分结合，带动乡村旅游发展。在"太极＋健康"方面，该镇深入挖掘太极拳的艺术、美学、心理学、医学等内涵，编制太极养生拳谱，创新发展养生太极拳，推动太极与中医、运动、文化、食疗、生态等养生功能相融，打造中原健康养生产业基地。

在城镇环境和基础设施建设方面，该镇在南水北调河渠两侧赵堡镇段，建设太极练功园和乡村记忆游园，建设林下步道、骑行道等，打造集绿色、清水、健身、休闲、观光于一体的生态走廊；围绕省级生态乡镇创建，以"夯实基础、创新管理、提升品位"为主题，聚焦黄河湿地、南水北调沿线等重点生态领域，加强生态建设，加快美丽赵堡建设；在村庄环境建设方面，采取"突出重点、抓点带面、典型示范、分类推进"工作方法，在基础设施建设、生态绿化、空闲院落整治、"小菜园"规整等方面加快推进，全力打造美丽乡村示范村；快实施水网、电网、气网、信息网等"五网"工程建设，稳步推进自来水厂、污水处理厂、变电站、天然气管网、移动信息网等项目建设，推动公用设施逐步完善。

在彰显传统文化方面，依托陈家沟太极拳祖祠，该镇举行了太极拳爱好者朝圣祭祖、名师收徒等活动，进一步提升太极拳知名度和影响力；举办了全国武术太极拳公开赛（温县）、温县太极拳、剑、推手锦标赛，太极拳网络视频大赛等各类赛事；设立"世界太极拳日"，推动太极拳成功申遗，组织"共享太极共享健康"世界百万太极拳爱好者共同演练活动。

2. 许昌市禹州市神垕镇

神垕是钧瓷的主产地，因煤、瓷土、釉土资源蕴藏丰富而名闻中原。神垕古镇区保留有较为完整的明清古街，俗称"七里长街"，现拥有"钧瓷一条街""古玩一条街""手工作坊一条街"。早在 1979 年，神垕就被河南省确定为十八条旅游线路之一，许昌市三大旅游品牌之一，按照省委、省政府《关于大力发展文化产业的意见》和《许昌市文化旅游产业发展"十一五"规划》要求，结合神垕实际，禹州市提出了"以钧瓷文化为品牌，以神垕古镇为载体，以钧瓷产业为集群，以旅游开发为带动，努力把神垕打造成为独具中原文化特色的文化产业基地和知名的旅游景区"，全面展现"千年古镇，钧瓷文化"的风采。

神垕镇的主导产业为钧陶瓷文化产业和旅游业。神垕镇以钧瓷为依托，大力发展陶瓷产业，建了三个各具特色的工业园区和五个专业市场；生产钧瓷、炻瓷、高白细瓷等六大系列千余品种产品，年产量达7亿件，产值18亿元，成为河南省重要的陶瓷出口基地。钧陶瓷文化产业基础雄厚，是神垕镇经济发展的主要支柱产业，已成为河南省重要的艺术瓷生产和日用瓷出口基地。钧瓷文化产业与旅游的深度融合，带动上下游多个产业发展。建立了三个各具特色的工业园区和五个专业市场，带动包装业、快递业等第三产业的发展；钧瓷文化旅游产业的迅猛发展，带动周边村民积极开展神垕特色农家乐。该镇围绕特色资源，充分发掘产业特色，推动多业态融合创新发展，着力构建区域联动发展模式。

神垕镇形成了一河连五寨、组团式拥河发展的城镇格局，提出了街坊式布局，打造开放式居住区的理念，对主要街道两侧的商业门头进行统一规范治理，形成了与古镇区相协调、独具神垕色彩的建筑风貌。凤阳山生态观光园和肖河治理项目的实施，使镇区与周边环境更加协调。神垕镇大力推进钧瓷文化创意产业园和陶瓷工业园建设，传承和保护钧陶瓷文化，推进东大和关爷庙居委会申报国家级传统村落，促进传统村落保护规划的实施；多名国家级、省级大师，为钧瓷文化的传承发展奠定了人才基础；积极搭建平台；以"互联网+"为载体，构建智慧小镇网络信息平台。

强化基础设施建设。镇区内道路通畅，已形成完善的道路交通体系。神垕镇污水处理厂已建成投用，建立完善的垃圾清运管理机制，进一步完善了电力及通信设施，公共服务设施网络层次分明，公共服务能力日趋完善。神垕镇科教文卫事业健康快速发展，养老事业逐步完善，两处商业中心已初具规模。

神垕镇建立完善的社会管理体系，创新和完善管理体制和投融资体制，成立神垕古镇 5A 级景区创建指挥部和神垕古镇管理委员会，设立钧陶瓷产业办公室、旅游开发办公室，加强基础设施建设和公共服务设施建设。神垕古镇被评为"中国钧瓷之都"、中国唯一活着的古镇、神垕镇成功入选"2014 年度河南十佳美丽乡村"。同时，还获得了"全国文明村镇""全国小城镇建设示范镇""全国小城镇建设重点镇""河南省特色产业镇"等荣誉称号。

3. 南阳市西峡县太平镇

太平镇属于山区镇，地形复杂，森林覆盖率达 95% 以上，生态旅游资源丰富。该镇围绕国家级自然保护区、国家 5A 级旅游景区——老界岭生态旅游度假区，大力发展农家宾馆，目前有约 300 家，成为南阳、郑州、西安等地居民的休闲度假区。太平镇也因此而成为全国特色旅游景观名镇、全国一村一品示范镇、国家级生态镇、全国文明村镇、河南省环境优美小城镇、河南省乡村旅游示范乡镇、南阳市五星级小城镇和南阳市园林乡镇。

按照"旅游配套服务型小集镇"的定位，依托国家 5A 级景区——老界岭、老界岭滑雪场和伏牛大峡谷三大景区，建设旅游服务配套项目，引导当地群众从事山珍、土特产经营，开办农家客栈、旅游商铺和特色餐饮等"农游一体"特色旅游项目。

以山茱萸中药材种植、加工为主的特色农业。河南产量居全国产区之首，而太平镇的产量占全河南的 1/4。太平镇与全国中药 50 强制药企业合作，形成以"公司＋农户＋基地"为发展模式的"订单农业"，使全镇 3.8 万亩山茱萸全部实现 GAP 管理和生产加工。

实施村镇建设总体规划，镇区实现了道路硬化、街道绿化、路面净化、夜晚亮化，完善了通信、教育、卫生、给排水配套设施等功能。小镇对村域内的"山、

水、路、房、园"进行整体规划，做好"三清四化五改"，全面推进美丽乡村
建设。

4. 驻马店市确山县竹沟镇

竹沟镇水资源丰富、水质优良；盛产大理石等多种矿产，有"豫南建材基
地"之称；且有共产党民主革命时期的一块重要根据地。该镇利用上述三种独
特资源，目前已成为河南省首批命名为革命传统教育基地、旅游区和建材基地；
并率先采用生物秸秆还田技术，不但获得了较好的经济效益，还改善了环境，
成为循环农业的典范。

竹沟镇一直是汝、宛之间陆路交通枢纽和商业中心，原为明清时期东西南
北毗邻县区交通要道，商贾云集，后来商人经商地转移，部分落户于当地，房
屋为其后代所有，形成集镇。境内国家级、省级等文物保护单位众多，并遗存
大量古民居和历史街巷。竹沟至今仍保留着较好的建筑景观风貌，有大量明清
风格建筑遗存，但大多较为破旧，居民仍在居住使用，房屋建筑质量不高，急
需改建。根据这种情况，竹沟镇利用项目招标办法进行旧村改造，改造后的居
民区成为农家乐宾馆，增加了居民收入，延伸了旅游业。在住房和城乡建设部
等部门正式公布的 2015 年中国传统村落名单中，全国有 491 个中国传统村落入
围，河南省有 26 个中国传统村落入围，确山县竹沟镇竹沟村榜上有名，这也是
驻马店市唯一入围的中国传统村落。

安徽省

一、特色小（城）镇建设行动

安徽省于 2012 年 5 月在《安徽省建设行业科技创新联合行动计划》中提出"力争在'十二五'期间打造 200 个特色小镇"。2016 年 8 月 8 日，安徽省住房和城乡建设厅、安徽省发展改革委员会、安徽省财政厅三部门联合发布《关于开展特色小镇培育工作的指导意见》（建村〔2016〕169 号），要求加强特色风貌的设计和建设，培育特色小镇，到 2020 年，在各地自愿申报的基础上，选择 80 个左右产业基础较好、生态环境优良、文化积淀深厚的小城镇进行重点培育；同时，住房和城乡建设厅发出《关于做好 2016 年特色小镇推荐工作的通知》（建村函〔2016〕1610 号），2016 年 12 月 1 日，安徽省住房和城乡建设厅在上述两则通知基础上，继续发布《关于公布安徽省第一批省级特色小镇名单的通知》，公布了合肥市肥西县三河镇等 21 个镇为第一批省级特色小镇名单，进一步明确了培育特色产业和扎实推进特色小镇建设工作。

二、典型特色小（城）镇

1. 铜陵县郊区大通镇

大通镇是一座具有千年历史的江南名镇，距"世界公园"黄山仅有 180 千米，与中国四大佛教名山之一的九华山相隔 90 千米。田野上的资源是旅游资源，该镇是在多种农业种植业基础上，以"大院"生姜最负盛名，以其独特的品质和口味蜚声海内外。作为黄山和九华山的自然和人文景观的组成部分，加上保存完好的澜溪、和悦两条古街，成为黄山和九华山游客的一部分延伸旅游地；同时，兼顾了工农业，是一个综合的经济和旅游特色镇。

2. 安庆市岳西县温泉镇

温泉镇的集镇附近有大小温泉出水点 10 余处，因而得名。由于特有的温泉水质和疗效，该镇有巨大开发潜力，资源的独特性堪比法国的依云小镇。温泉镇借助良好的生态环境优势，打生态牌、绿色牌和有机牌，大力发展特色产业。招商引进的岳西国际养生文化产业园项目，建成三大板块：文娱板块、养老板块、度假板块。以温泉为依托，围绕发展"春茶、夏游、秋果、冬泉"为主题的四季乡村休闲旅游，将红色旅游、禅宗文化、民俗文化相融合，产业融合发展。

温泉镇注重基础设施建设。温泉镇重点加强道路、供水、污水处理、垃圾处理等基础设施建设；实施畅通工程，构建了"二横三纵"主干道路网；实施清洁工程，新建垃圾中转处理场，实行全天候保洁；实施饮水工程，县自来水公司二水厂落户于温泉镇，通过城区管网延伸，不仅为县城提供优质水源，镇区及周边村居民也与城里人一样用上了清洁卫生的自来水；新建了体育馆、水上乐园、休闲广场和湿地公园，成为全国深化城镇基础设施投融资模式创新试点特色镇。这与一般小镇往往因为基础设施欠佳而影响到整体发展有较大区别。

同时，温泉镇距合肥、武汉、南京等周边城市都在 2 个小时左右车程，良好的生态环境使其成为周边大中城市的"养生后花园"，注重发展养生文化，是中国美丽休闲乡村、安徽省建制中心镇、首批扩权试点镇、安徽省优秀旅游乡镇、安徽省生态乡镇。

3. 黄山市黟县宏村镇

宏村镇保存了很多明清建筑，全镇完好保存明清民居 140 余幢，有"画里乡村"之称。宏村、卢村和屏山的古村落的徽派建筑风格、空间布局、内部装饰和环境营造都达到了相当高的水准，代表着唐宋以来建筑和人居环境的最高水平。另外，还有举世无双的古水系——水圳、月沼、南湖，被称为民间故宫的"承志堂、培德堂"。

宏村坚持"旅游＋"发展模式，着力打造四大产业片区（遗产地旅游观光区、奇墅湖国际旅游度假区、秀里文化产业区、悦榕庄高端接待区），形成多点支撑、多业融合的产业体系；推进"旅游＋观光"，按照差异性、多样性的思路，开发建成宏村、塔川、木坑等观光旅游景区景点 9 处；推进"旅游＋文化"，突出摄影、写生两大主题；推进"旅游＋体育"，着力打造登山徒步、滑翔伞户外运动基地；推进"旅游＋农业"，加大田园风光保护力度，培育发展现代农业，流转土地 5400 余亩；推进"旅游＋工业"，引进投资 2500 万美元的康师傅瓶装水工业旅游项目，培育发展旅游工艺品加工企业 60 余家。

宏村镇秉承"传承、保护、利用"主旨，深入挖掘徽文化内涵，不断赋予传统文化新生命和新活力；加大古民居保护力度，落实责任包保机制，搭建传统文化交流平台。该镇在核心地区打造艺术小镇，本着"重本色、创特色"的原则，坚持"传承、保护、利用"的宗旨，围绕摄影、写生两大群体，完善村镇功能，健全基础设施，丰富旅游业态；通过建立"旅游＋"发展模式，积极推进旅游与文化、体育、农业、工业的有机结合发展，着力打造遗产地旅游观光区、奇墅湖国际旅游度假区、秀里文化产业区、悦榕庄高端接待区四大产业片区，形成了多点支撑、多业融合的产业体系；实施宏村景区周边环境综合整治和镇域旅游服务环境改善提升工程，积极营造并维护优美的宜居环境。

宏村镇实施宏村景区周边环境综合整治和镇域旅游服务环境改善提升工程，宏村印象、水墨宏村、政务新区等一批重点工程相继完工，镇域经济发展承载力和发展空间大幅提升。截至 2015 年底，宏村镇 A 级景区数量 5 家，其中 5A 级景区 1 家、4A 级景区 2 家。2000 年 11 月 30 日，宏村被联合国教科文组织列入了世界文化遗产名录，是国家首批 12 个历史文化名村之一、国家级重点文物保护单位、安徽省爱国主义教育基地、国家 5A 级景区。因此，宏村是一个以古迹为特色、旅游为经济增长点的小镇。

4. 六安市裕安区独山镇

独山镇位于大别山山脉东麓，以自然环境和生态条件种植茶叶而著称，镇内有独山革命旧址群、龙井沟风景区 2 个国家 4A 级景区，将风景旅游、宣砚文化与红色教育相结合，具有一定特点。以旅游和茶叶为发展方向，独山镇紧紧围绕发展红、绿、古、蓝"四色"旅游，以休闲旅游为核心产业，融合文化、旅游、生态、社区等功能的创新创业发展平台、具有徽风皖韵特色的休闲旅游目的地，建设旅游城镇。2016 年底，独山镇获安徽省旅游局公布首批省级旅游小镇创建示范单位称号，成为全区唯一一个入围的旅游小镇。

5. 宣城市旌德县白地镇

白地镇又称宣砚小镇，古属徽州，村镇布局、历史建筑和景观小品传承徽派精髓，人文设施与山川风景互融共生，相得益彰。白地镇围绕全域旅游加美丽乡村战略，以宣砚和徽派元素风格为特色，坚持规划引领，突出人文底蕴，强化项目带动，打造宣砚特色小镇。该镇着力建设三大板块：以宣砚文化园、江村、旌歙古道、丰谷香榧、白地白茶园、天天开心农场为主打的健康旅游板块；以黄山胶囊、矿泉水厂为主打的健康制造板块；以黄山东大门旅游集散中心、江村度假村、特色宣砚小镇为主打的健康服务板块。

文旅融合，打造宣砚文化产业。白地镇以宣砚文化为龙头，与游江村、走古道、品白茶共同形成了宣砚小镇特有的健康服务产业，使得小镇全域旅游自成体系，游客接待量不断攀升，2015 年游客接待量超过 20 万人次，成为徽派文化旅游的重要组成部分。

湖北省

一、特色小（城）镇建设行动

2016 年 12 月 30 日，湖北省出台的《关于加快特色小（城）镇规划建设的指导意见》（以下简称《意见》）规定，特色小镇规划区域面积一般控制在 3 平方千米左右，建设用地规模一般控制在 1 平方千米左右，建设要坚持"精而美"。《意见》提出，特色小镇要按国家 3A 级景区标准建设，旅游产业类特色小镇要按湖北省旅游名镇标准建设；此外，特色小镇还应支持建设具有游览观光功能的特色文化旅游街区、商贸文化区、文化旅游创意园区等；特色小镇要充分利用原有的小城镇建设和产业园区发展基础，促使传统产业转型升级，促进战略性新兴产业茁壮成长；要充分发挥我省长江经济带产业基金作用，为特色小镇导入新兴产业、特色产业。

《意见》提出了土地、资金等方面的多项政策保障措施，并强调特色小镇的创建，坚持"宽进严定"原则，自愿申报、分批审核、年度考核、考核验收；达到标准、考核合格、通过验收的特色小镇，将继续兑现扶持政策；对连续 2 年未完成年度目标考核任务的特色小镇，则实行退出机制，下一年度不再享受相关扶持政策；力争 3 到 5 年，在全省规划建设 50 个国家及省级特色小（城）镇。

二、典型特色小（城）镇

1. 宜昌市夷陵区龙泉镇

龙泉镇，以"稻花香"牌系列白酒和绿色食品"金银岗"牌柑橘而享负盛名，已形成以柑橘为主导的柑橘、畜禽、蔬菜、奶牛、水产等五大支柱产业。该镇通过生态环境保护，保持无公害农业发展，推行了柑橘无公害生产和全过程标准化管理。绿色食品"金银岗"牌柑橘行销全国各地。农产品（柑橘）产销协会、用水者协会、畜牧兽医协会等专业协会总量达到 10 个，网络农户达 5216 户。龙泉镇是全市柑橘无公害标准化生产示范乡镇。

在加工业方面，龙泉镇大力发展以稻花香集团为龙头的白酒工业及包装业，农业形成了以柑橘为主导的种植、优质畜牧、特色种养等支柱产业。龙泉镇是国家经济发达镇行政管理体制改革试点镇、省重点镇。

坚持四化同步，推进产业经济、规划建设、社会管理和体制改革统筹发展。龙泉镇着力构建"一带两轴三区四园"的城乡统筹发展格局，统筹建设中心镇区、杨树河、新农村实验示范区三个生态人居片区和生物产业园、三峡职教园、稻花香工业园、龙泉创业园四个产业经济园。该镇先后被国家六部委列为"全国创建文明小城镇示范点"和全国小康明星乡镇。

2. 襄阳市枣阳市吴店镇

吴店镇境内名胜古迹甚多，被列为国家 3A 级风景区和湖北省外事参观风景名胜区，与随州神农洞、襄阳古隆中齐名，成为（武）汉—十（堰）旅游线上必经的旅游热点。吴店镇企业从 20 世纪 50 年代的手工业作坊起家，现已发展拥有 1300 家。该镇初步形成了轻纺、机械、塑料化工、汽车配件、农副产品深加工等五大特色工业园区；先后被评为"全国乡镇企业东西合作示范区""全国乡镇企业科技园区"和"湖北省副县级工业园区"。该镇综合实力位居湖北省百强乡镇之列，被誉为"楚天明星乡镇"和"襄江十大明星乡镇"。

吴店镇近期积极做好"新型工业化、城乡一体化、旅游精品化"三篇文章，着力构建镇域发展新体系，全面提升经济集聚力、文化影响力、社会创新力、区域竞争力，切实打造实力吴店、活力吴店、魅力吴店。该镇在文化和社会事业方面同步推进，成为经济实力强、各项事业均衡发展的特色小镇。

3. 荆门市东宝区漳河镇

漳河镇位于荆门市郊，镇政府驻漳河，漳河镇因漳河水库而得名，是荆门市西部门户。该镇地处漳河风景名胜区，也是湖北省唯一的国家水利风景区。漳河镇利用良好的自然环境，生产的茶叶具有明确的地理标志。

风景名胜加上地理标志产品，使自然生态环境与农产品有机结合，成为生态、生活与产业真正融合的特色城镇。同时，该镇治理河道、修建农村水利设施、安装太阳能、实施自来水工程和电网改造工程、修筑交通设施等，逐步完善城镇功能。1999 年以来先后获得中央精神文明创建工作先进单位、省小城镇建设"楚天杯"、省旅游明星乡镇、楚天明星乡镇，是省百强镇和全国 1887 个重点镇之一。

4. 黄冈市红安县七里坪镇

七里坪镇是红安第一大镇，自元代起就形成了集镇街道，一直是武汉的重要农副产品来源地。明清两代被称为"小汉口"。七里坪镇的长胜街，是有着几百年历史的明清古街，完整地保存着 20 世纪 30 年代的面貌。

七里坪镇是鄂豫皖革命根据地的中心、中国历史文化名镇、湖北省定重点镇、红色旅游名镇；同时，自然风光秀丽、环境优美，拥有长胜街遗址群、红四方面军诞生地、天台山森林公园、九焰山古兵寨、艾河景区、对天河探险漂流、周家墩生态农业旅游示范园、双城塔、红军洞、杨山河吧、香山湖等红色旅游与绿色旅游相结合的景点群。全国 100 余所院校将七里坪镇作为爱国主义教育基地。

该镇依托本地资源，形成了油料、林特、养殖、旅游四大支柱产业，产业化发展步伐加快；镇区道路硬化、亮化、美化工程完成；供电、供排水、电信、交通、医疗、文教等主要基础设施配套完善，城镇化格局初步形成，具有城镇的完好功能。

5. 随州市随县长岗镇

长岗镇古迹有西汉末年"绿林军"起义俩王洞遗址，始建于唐代的洪山寺。纪念地有熊氏祠及南岳庙，是抗战时期中共鄂中特委和鄂豫边抗敌工委旧址。大洪山海拔 1056 米，素有"楚北天空第一峰"之称，1988 年被国务院列为国家级重点风景名胜区。长岗镇 1987 年正式成立，为华中地区旅游胜地。在得天独厚的自然环境下，该镇立足地缘和资源优势，重点发展"三高"农业，大力发展名优特产品；大搞基地化，种植马欧油栗、前程西瓜、香菇、榄迳无核水柿等名优水果，现已被列为省、市、县"一乡一品"发展项目，是一个特色农产品与旅游相结合的城镇。

湖南省

一、特色小（城）镇建设行动

2012 年，《湖南省推进新型城镇化实施纲要（2012—2020 年）》中，特别提出了打造湖南四季生活小镇，从旅游业发展的角度，将建 80—100 个特色风情小镇；打造具有湖湘特色的小镇旅游目的地体系，形成覆盖全省、满足大众慢旅游消费趋势的湖湘风情小镇旅游格局和休闲旅游市场网络。

2016 年初，湖南省在《湖南省住房和城乡建设事业第十三个五年规划纲要》中，就将特色小镇建设作为"十三五"期间的一项重要工作。根据部署，湖南省将按照突出重点、彰显特色、引领示范的原则，以多样化、专业化和特色化为方向，推进县域中心镇和次中心镇提质扩容；推进省际边界口子镇建设，着力培育一批工业强镇、商贸重镇、旅游名镇等专业特色镇。

2016 年 12 月 7 日，湖南省发改委发布《关于开展湖南省产城（镇）融合综合试点工作的通知》，拟开展产城（镇）融合综合试点工作，试点期为 2017 年至 2020 年。通过 3—5 年的试点建设，在重点地区率先建成一批人口承载能力较强、空间格局合理、公共服务完善、生态良好的宜居宜业宜游城镇（群），使之成为区域发展重要节点，形成良好的示范带动效应。其中，到 2018 年，各项试点任务要取得阶段性成果，初步形成可复制、可推广的经验；2019—2020 年，逐步推广试点地区的成功经验。

二、典型特色小（城）镇

1. 长沙市浏阳市大瑶镇

大瑶镇以花炮生产蜚声海内外。经过多年的延续，目前大瑶镇已成为花炮生产的原辅料集散中心，中国乃至世界最大的花炮生产和集散中心；同时带动了印刷等行业，使该镇成为"花炮之源、彩印之都"。由于爆竹发明人李畋出生于此，每逢重大节日，大瑶的花炮人为纪念这位花炮始祖举行各种祭祀活动；自 2011 年 10 月，大瑶被选定为第十届中国（浏阳）国际花炮节分会场，并成功举办全球花炮业界公祭始祖李畋大典、中国花炮文化博物馆开馆、花炮始祖李畋铜像揭幕暨中国花炮文化步行街开街和全国花炮原辅材料展示交易会、李畋阁开坛论道等五大主题活动。

大瑶镇特色小镇建设得益于产业特色突出，重视传统文化建设和深度的行政管理体制改革。近年来大瑶产业发展聚焦花炮产业，形成以花炮产业为主导、新型工业、商贸三产、休闲农业多点支撑的产业格局，致力打造全国最大花炮产业基地和国际花炮总部经济区。大瑶镇大力改革传统花炮产业，整合产业资源，引导企业聚焦花炮特色产业，形成烟花爆竹生产、烟花爆竹经营、原辅材料经营、包装印刷、造纸、机械等 6 大产业集群。大瑶镇产业发展形成以花炮产业为主导、新型工业、商贸三产、休闲农业多点支撑的产业格局。

构建特色的美丽宜居环境。大瑶将花炮元素注入城镇空间设计中，重点建设花炮文化艺术街、迎宾大道、李畋广场、瑶正街、花炮大道等特色街区，创建全国唯一的花炮文化博物馆；并举办烟花爆竹安全环保新技术、新工艺、新机械、新产品展示交易会，建设了花炮文化博物馆，以及技术培训和创意活动，促进花炮与旅游、文化等产业融合。

在获批全国经济发达镇行政管理体制改革试点镇后，大瑶有序承接 96 项县级权限，率先在全省成立财税办公室，实行国税、地税、财政合署办公，购买服务遵循重点项目与一般性项目的分别设置，提高财政服务透明公开。

2. 邵阳市邵东县廉桥镇

廉桥镇地处湘中腹地，隋唐以来，廉桥的老百姓就以种植和经营药材为业，药材品种达 2000 余种。围绕着这种宝贵的文化资源，廉桥镇发展宜定位于"以特色产业为核心，文化底蕴为灵魂，人文景观为关键，宜居宜业为目的，旅游支撑为手段，建成以中药文化为主、集高端中药产业、人文旅游养生、区域联动发展的中药材集散旅游小镇"，简言之，即打造"民居生活—文化旅游—产业发展""三位一体"的小镇模式。

突出传统产业的地域特色，在产业链上做足做够。廉桥的中药材产业拥有完善的中药材产业链，有"松龄堂""楚天春""金实堂""弘华"等多家中药饮片深加工企业 69 家。全国首家生产经营中医药、保健品、医疗器械的科技产业园落户廉桥，小镇形成集生产、经营、加工、种植仓储、物流、科研为一体的"产业链"。2015 年，小镇开工建设全省中药材质量检测中心和中药饮片、单方颗粒、中成药生产等 3 个中大型企业和仓储中心；以湖南省级开发区邵东经济开发区为投资主体，计划投资 15 亿元建设 3 平方千米的廉桥医药工业园，拟引进 100 家以上的中药材加工企业入驻廉桥。

突出独特性。中药型特色小镇的打造模式，在道路交通等基础设施、商业设施、文化娱乐设施等方面，都服从于中药元素的设计；依托中药文化底蕴深厚的优势，开发筹建华佗草堂、药乡主题公园、关帝圣殿、药都药品展览馆、博物馆、药都药疗保健步行街、药都药膳等观光保健旅游项目，打造"朝药王、观药景、逛药市、品药膳、洗药浴、做养生"等系列中医药保健与特色旅游产业链。每两年举办一届中药文化节，通过文化主题展示、养生文化展示、药技比赛、招商等形式，来让人们更多地了解中药文化，养生养心。

3. 郴州市汝城县热水镇

热水镇境内汤河头温泉水"气如烟雾，水若沸汤"，因而得名热水镇。该镇提升生态品质，发展特色产业；通过不断改善投资环境，加大招商引资力度，加快旅游资源开发步伐，旅游业得到快速发展。热水镇已形成"南有漂流、温泉，中部有绿色生态观光游，北有客家文化游"的集休闲、度假、保健于一体的旅游格局，已打造成为以温泉养生、客家风情、红色经典为主题的休闲度假基地，旅游业已逐步取代小水电成为热水镇新的支柱产业。

依托区域优势，注重城镇建设。镇区形成了"一纵一横"为主的道路框架结构，城镇发展空间更加广阔，布局更加合理，中心集镇辐射力和集聚效应明显增强。热水镇从增加小城镇吸引和聚集功能出发，不断投入基础设施建设资金，完善道路、电网、饮水、集市设施，大力实施绿化、亮化、美化等工程，市容市貌品位进一步提高。该镇着力提高城镇管理水平，正确处理建设与用地、小城镇建设与环境保护、建设与管理等关系，制订出台了城镇规范建设管理、考核办法、保洁管理等制度，建立健全科学合理、齐抓共管的长效管理机制。该镇成为"全国环境优美乡镇""全国重点镇""全国宜居小镇""全国宜居小区""全国特色景观旅游名镇""全国镇规划示范镇"国家 A 级旅游景区所在地。

4. 娄底市双峰县荷叶镇

荷叶镇是湖南省首批四大历史文化名镇。曾国藩故居富厚堂，坐落于该镇富托村鳌鱼山下，建成已有 120 多年，至今雕梁画栋、富丽堂皇，为我国保存最为完整的"乡间侯府"宅第，被列为省级重点文物保护单位；另外还有秋瑾故居——湖南省双峰县荷叶镇神冲老铺子。中国共产党创始人之一蔡和森的外祖母和民主主义革命家秋瑾、女权运动领袖唐群英的婆家都在这里，故有"中华女杰之乡"之美称。

荷叶镇，境内群山耸翠，人文景观和自然风光交相辉映，也是娄底市唯一的 4A 级旅游区。两者结合所形成的旅游价值，以及具有文化底蕴的建设和生活环境，使其成为人文与资源深度融合的特色小镇。

5. 湘西土家族苗族自治州花垣县边城镇

边城镇原名茶洞镇，2005 年 7 月改为边城镇，以沈从文所写《边城》小说名称命名。边城以其独特的文化现象、古朴的民风民俗、丰富多彩的苗家建筑特色、悠久的历史、深厚浓重的文化底蕴，深深地打动了世界各国民俗专家学者们的心。该镇先后建成了中国边城翠翠岛和"中国边城百家书法园"这两个既有民族特色又有艺术价值的景点，使之成为广大《边城》迷和书法爱好者向往的圣地和游乐的天堂，成为推动边城旅游业发展的巨大助推器。这是一个典型的以文学作品催生的将文化与自然以及当地生活相结合的小镇。

6. 张家界市武陵源区天子山镇（非国家首批认定）

天子山镇风景区内的石英砂岩峰林景观宏伟壮观，形成天子山镇天然绿色屏障，自然村落形成的田园风光独具特色。该镇利用这一得天独厚的旅游资源优势，紧紧围绕"建设世界旅游精品、打造国际旅游休闲度假区"的战略目标，以"生态优先、旅游主导、城镇提质、文化提升、惠民和谐"为发展主线，大力发展自然观光游、休闲度假游，提出打造"旅游民族风情"小镇，以"揽天子美景、住土家山寨、品民俗文化"为主题，编制天子山城镇建设专项规划，把城镇建设与扶贫攻坚、新农村建设、危房改造等项目结合起来，聚合政府和社会资源，推动基础设施建设、生态环境保护和民族文化的传承，以求达到自然景观与人文景观的和谐统一。

随着旅游热度不断升温，天子山镇加快"旅游风情"小镇的建设力度，以东西向泗南峪溪为发展轴，按照"一心、三带、五区、多点"的空间布局结构先后完成天子山中小河流治理工作，为打造集镇沿河观光带打好基础；拉宽镇域面积，做好环山公路的设计，形成急诊交通环线；争取天子山水库建设项目落地，实现集镇充足供水；采取群众自愿、政府奖励的模式，搞好特色村寨项目建设，合理引导集镇居民发展特色餐饮和农家乐。该镇斥资 100 多万元修建了大型的停车站，并在集镇街道结合土家文化进行"穿衣戴帽"工程，实行集镇民族化包装，对集镇街道进行整体绿化。该镇共建成标准化酒店及家庭旅馆20多家；加速向家坪居委会安置区建设进度，启动移民搬迁；同时，做足"山、水"文章，大力发展生态观光农业，"天子山"剁辣椒已经成为当地品牌。天子山镇先后被评为"湖南省特色旅游名镇""省级环境优美乡镇""市级安全生产示范乡镇"。

江西省

一、特色小（城）镇建设行动

2016 年 12 月 20 日，江西省发布《江西省人民政府关于印发江西省特色小镇建设工作方案的通知》（以下简称《通知》），要求落实创新、协调、绿色、开放、共享的发展理念，坚持突出特色，充分发挥市场主体作用，政府搭建平台、提供服务，依据产业发展确定建设规模。在全省分两批选择 60 个左右建设对象（含行政建制镇和不同于行政建制镇、产业园区的创新创业平台），由省、市、县三级共同扶持打造。《通知》提出，力争到 2020 年，建成一批各具特色、富有活力的现代制造、商贸物流、休闲旅游、传统文化、美丽宜居等特色小镇，坚定不移加快发展转型，推动我省国家生态文明试验区建设，努力打造美丽中国"江西样板"。同时，赣州市政府计划 2017 年每个县（市、区）争取启动至少一个特色小镇建设，2020 年前，争取在全市创建 40 个左右特色小镇（含建制镇和不同于建制镇、产业园区的创新创业平台），在全市范围内打造一批产业特色鲜明、体制机制灵活、人文气息浓厚、生态环境优美、社区功能完善、示范效应明显的特色小镇。

另外，江西省南昌市于 2012 年就提出分批分期建设包括历史文化名镇、旅游休闲名镇和都市现代农业休闲观光名镇三类 17 个不同类型的特色小镇。

二、典型特色小（城）镇

1. 南昌市进贤县文港镇

文港镇是闻名遐迩的毛笔之乡，被誉为"华夏笔都"。该镇旅游资源丰富，境内有南宝寺、晏殊纪念馆、罗岭风景区和古刹静乐寺等著名景点。

在传统产业基础上，该镇形成了以笔为主的文化用品产业。1994 年 7 月，文港镇为促使文港制笔产业发展，以长安路为轴线规划工业开发区 300 亩，引导进园企业 35 家。到目前为止，该镇共开发工业科技园 3000 亩，建立了全国最大的笔业生产基地，形成了特色产业群和产业链，具有全套的金属笔生产制作能力。全镇以文化用品、皮毛加工、医疗器械三大特色产业为龙头的民营企业 400 余家，其中年产值在 100 万元以上的 300 家，1000 万元以上的 30 家，5000 万元以上的 20 家，1 亿元以上的 4 家，个体工商户 2011 家，在全国各地开设产品销售窗口 5000 多个，8000 销售大军遍布全国；创立了罗氏、万里、劳文、德文、古典文、派利、海圣、烂笔头等 90 多个系列钢笔、圆珠笔名牌产品；实现了从单一制作毛笔向钢笔、圆珠笔、画材笔、化妆笔生产的转换，依靠"一支笔、一张皮、一根针"支撑经济建设的脊梁，走"温州模式"的发展之路，积极推进城镇化、产业化、非农化进程。

在管理方面，文港镇在规划和投融资机制等方面进行探索，并建立了志愿者协会，调动了人民群众参与城镇建设的积极性。在城市建设方面，文港启动生活污水及管网配套设施建设，加强水环境保护和治理，在镇域水面全面推行人放天养，镇域水质全部达到三级标准；进一步提升造林绿化水平，重点抓好新港大道、晏殊大道，晏殊文化广场及新农村建设点、进村主干道路和庭院绿化，镇区绿化率达 36.5% 以上，绿色文港建设取得明显成效；充分发挥电镀集控区发展与环保的双重效应，加强涉重金属行业的法规标准化建设，积极利用国家重金属污染控制技术成果，做到达标排放，实现清洁生产。

鉴于其独特的产业、优美的生态环境和丰富的旅游资源，该镇先后被评为"全国小城镇建设试点镇""全国创建文明村镇工作先进单位""百强乡镇西部合作示范区""江西省小城镇综合改革试点镇"和全省"十优乡镇"。其发展方向与特色产业鲜明、产业融合的特色小镇发展方向完全吻合。

2. 鹰潭市龙虎山风景名胜区上清镇

上清镇因中国道教发源地而闻名天下，张天师在此已历经 63 代、1900 余年，上清镇是中国道教 29 个福地之一。镇内近代还建有外国人兴建的天主教堂。上清镇于 2007 年荣获第三批"中国历史文化名镇"称号，是此次江西省唯一获此殊荣的镇。凭借优越的旅游资源，2000 年为了适应旅游发展需要，编制了上清镇总体规划，增加了城门新区规划桂洲休闲娱乐村规划、河西新区规划等。为加强千年古镇的保护，逐步改善古镇旅游环境，开发和建设城门新镇区，2002 年又完成了上清古镇历史风貌保护及详细规划和城门新区控制性详细规划，对集镇周边重点自然村也进行了规划。以"保护古镇、发展经济、开发旅游"的十二字方针为指导，该镇全面启动了上清古镇游览区建设，以龙虎山道教第一山为景点，使上清镇成为道教第一镇。

3. 宜春市明月山温泉风景名胜区温汤镇

温汤镇境内拥有国家级森林公园——明月山和国内罕见的地下富硒温泉，发展旅游疗养业具有得天独厚的优势。尤其是明月山是佛教沩仰宗的发源地。温汤镇先后被授予"全国村镇建设先进乡镇""全国 100 个小城镇建设示范镇""全国文明城镇"等光荣称号。温汤镇充分利用有利资源优势，加大招商引资力度。目前，镇上有天沐明月山温泉度假村、维景国际温泉酒店等一批高档温泉度假酒店，形成了以地方文化为特色的旅游、休闲、度假一体化小镇。

4. 上饶市婺源县江湾镇

江湾镇森林覆盖率达 88.9%；同时具有丰富的历史文物，如婺源四大著名古建，江湾独有其二。伟人故里——江湾山寨式古村落，位于栗木坑村石耳山脚下的篁岭村，以及位于婺源县旅游重镇江湾的东部，南麓与浙江古田山国家自然保护区相接的石耳山。以江湾古城为集聚核心，江湾镇将上述这些景点串联起来，形成了江湾的特色旅游，发展了基于本地特征的农业服务、旅游和历史文化产业。江湾将旅游业作为助推经济社会发展的核心产业、第一产业来抓，并充分发挥旅游业的辐射作用，带动相关产业发展，创新了"旅游+农业""旅游+工业"的发展新模式，江湾的经济社会实现了较好较快发展。

江湾镇始终把旅游产业作为"第一产业"、核心产业、特色产业。旅游业快速发展的同时，江湾镇充分发挥其辐射带动作用，依托旅游业的发展，形成了篁岭民宿群和龙廻坦农家乐等集群效益。通过旅游业发展，江湾镇吸纳解决了辖区内以及周边乡镇大量的劳动力就业，带动农村发展的效果明显。

伴随着旅游业开发，江湾十分注重对传统文化的挖掘、传承和传播。江湾镇大力加强精神文明建设，充分发挥好家风好家训好家教的熏陶作用，着力打造汪口、前段等家风建设示范点，深入推进文明村镇创建、广泛开展星级文明信用户创建、大力推进文明生态村兴建，广泛吸引和动员农民群众积极参与。

江湾是婺源三个副中心之一，基础设施建设相对完善。江湾交通便捷，区位优势明显。行政村实现了村村通水泥路目标，自然村通村公路硬化率达95%。在全镇范围内开展了农村面源污染防治工作，科学分类处理农村垃圾，新型农村合作医疗、养老保险实现全覆盖，科教文卫事业快速发展。

第十三章　西南地区

　　包括重庆、四川、贵州、云南和西藏的西南地区，是我国自然环境最为多样、民族特色最为丰富的地区。随着旅游等第三产业的迅猛发展，尤其是全域旅游的不断推进，西南地区以民族特色和自然景观为优势的旅游产业方兴未艾。"七彩云南""多彩贵州""穿越川藏"线等体验式旅游成为地区发展的新增长点。全域旅游也极大地推动了特色小镇建设。

　　重庆和四川作为城乡一体化配套改革综合试验区，城镇化经验丰富、农村地区发展较快；贵州和云南以及西藏地区，民族文化和自然风光旅游日盛，随着东盟区域一体化的推进和产业进一步向中西部地区转移，西南地区的自然环境、生态景观和民族文化为第三产业发展提供了得天独厚的条件。该地区需要根据地区经济基础和服务管理能力，进行特色小镇建设（见图13-1）。

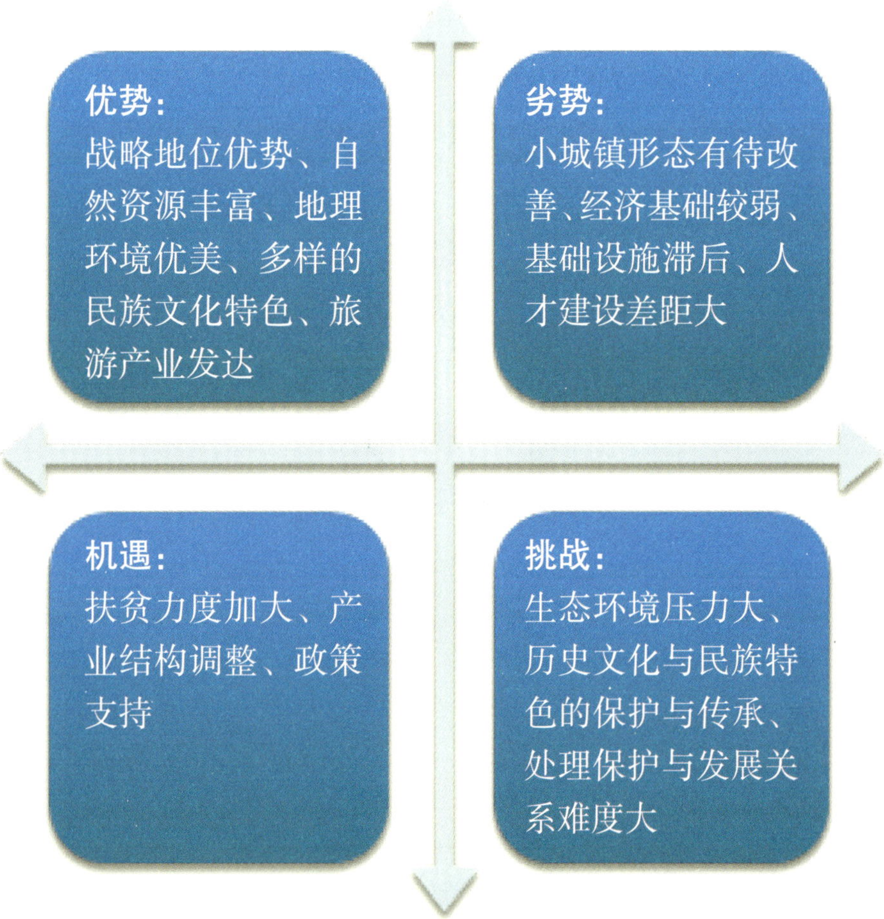

图 13-1　西南地区特色小（城）镇发展的 SWOT

重庆市

一、特色小（城）镇建设行动

该市是我国新型城镇化综合配套改革试验区，新型城镇化速度较快。2016年6月17日重庆市人民政府办公厅发布《关于培育发展特色小镇的指导意见》，要求按照"三特色、三集聚"目标，立足各功能区功能定位，遵循"产业跟着功能定位走，人口跟着产业走，建设用地跟着产业和人口走"思路，合理配置资源要素，突出发展重点，形成"一镇一景、一镇一业、一镇一韵"的差异化发展格局，力争在"十三五"期间建成30个左右在全国具有一定影响力的特色小镇示范点，并明确了在规划、金融、财政、用地、人力资源等方面的支持办法。

2016年12月14日，重庆市政府发布了《做好特色小镇（街区）示范点创建工作的通知》，经组织考核验收后，将对列入的全市50个小镇（街区），以重庆首批市级特色小镇（街区）示范点命名。已公布的50个小镇（街区）突出了产业或主题元素，甚或是建设风格带有很强的地域特色。目前重庆市已正式启动30个有全国影响力的特色小镇培育工作，力争在"十三五"期间推动形成一批产城融合、集约紧凑、生态良好、功能完善、管理高效的特色小镇。重庆市级层面集中规划、金融、财政、用地、人力资源等相关政策，支持发展若干特色小镇示范点。比如财政方面，重庆市加大市级小城镇建设专项资金投入，调整优化市级中心镇专项建设资金，重点支持特色小镇示范点建设，对特色小镇示范点建设较好的区县（自治县）加大财政转移支付力度。旅游、扶贫、文化、农业、商贸、工业、市政、城乡建设、水利、科技、环保等市级行业主管部门，将特色小镇示范点经济社会发展纳入专项资金支持范围。

二、典型特色小（城）镇

1.万州区武陵镇

武陵镇历史悠久，文化底蕴深厚，古为郡县治所。境内遗址众多。该镇重塑特色旅游，凸显滨江水乡风情，围绕生态涵养发展功能定位和建设"生态宜居汉唐文化古镇"的目标，大力实施风貌特色亮化，改造集镇仿汉风貌5万平方米，利用汉风建筑风格青瓦、白墙、红梁柱、绿窗为主色调，打造全镇汉代文化建筑特色。该镇入选全国文明镇、国家级生态镇、国家级卫生镇、中国特色小镇、全国生态文明城市。

武陵镇自然环境适宜种植蜜柚。该镇紧紧围绕渝东北生态涵养发展区功能定位和"生态宜居汉唐文化古镇"的目标，践行"做强产业、做靓城镇、做深文化、造福民生"的思路，重塑特色产业，发展晚熟桂圆和蜜柚，引进福建平和县优质蜜柚品种；打造中国"最北端、最晚熟、矮化、高产"的龙眼生产基地，以乐山水、化人文、促发展的理念，打造集旅游观光、休闲度假、鲜果采摘等议题的新型农业基地。

按照"十三五"规划，重庆市继续围绕悠远的历史、深厚的文化底蕴和丰富的人文自然资源做文章，深挖汉唐文化、移民文化、贵妃文化，加强古文化遗址群保护；着力推进汉文化广场、汉文化特色街、婚纱摄影基地和龙舟基地、休闲健身中心建设，保护开发河溪口生态湿地资源和木枥观复建，保护传承非物质文化遗产。

2.涪陵区蔺市镇

蔺市镇濒临长江，自古是长江黄金水道、重要水码头，水陆交通极为便利。

蔺市镇历史文化积淀丰厚，历史文化景观众多。同时，蔺市镇农业经济发达，盛产优质稻米，是涪陵区的"鱼米之乡"——产粮重镇、蔬菜基地。该镇利用新型城镇化试点机会，在大规模的土地流转、城市资本投资下，吸纳龙桥工业园区、新石工业园区、龙头港、钢龙渝东南物流总部基地员工落户蔺市，形成强大的人才集聚流，连续 5 年经济社会发展实绩考核居全区沿江乡镇第一。

在特色城镇建设方面，该镇一是与休闲旅游相结合，突出三大建设美心红酒小镇风情街、梨香溪百里休闲观光绿道、鲜花集镇三大旅游项目，大力发展城郊旅游。二是与传统文化服务相结合，还原千年老镇生活。蔺市镇将借助中国首批特色小镇的契机，对古镇房屋及基础设施进行修缮、恢复，还原千年老镇生活场景，传承文化遗产和传统文化，守护小镇居民共同的精神家园；还将新建农耕文化厅、君子文化厅、蔺市遗址博物馆（设殷商遗址展示厅、汉宋遗址展示厅、明清文化展示厅，展示从蔺市出土的各时期的陶器、青铜器、玉器、墓碑铭文等）、日本禅宗初祖道隆故居等名胜遗址，修复"三宫六庙"（即南华宫、万寿宫、禹王宫、文庙、川祖庙、张爷庙、王爷庙、火神庙、山王庙）等历史古迹，全面再现蔺市历史文化。

按照"十三五"发展目标，未来 5 年将以特色观光农业、休闲旅游业、传统文化服务业三大支柱产业为发展方向，精心打造建设"一心三镇三园五品牌"，即以蔺市鲜花集镇建设为核心，蔺市古镇、红酒小镇、禅宗小镇，蔺市农业公园、龙泉休闲纳凉园、梨香溪生态健康园以及"蔺市白茶""蔺市望仙酒""蔺市大米""蔺市蔬菜""蔺市南方早熟梨"5 个品牌，努力创建国家卫生镇、国家生态园林集镇、国家生态文明示范镇。力争到 2020 年，全镇培育旅游企业 100 家，培训人数实现 2 万人次，吸引远近游客超 100 万人次，旅游收入突破 4 亿元，逐渐建成旅游创业服务特色小镇目标。

3. 黔江区濯水镇

濯水镇位于重庆市渝东南（黔江区），形成了独特的"一江一河一线两山"

地形地貌。自然资源丰富、旅游景点众多。该镇围绕旅游，按照"旅游兴镇、产业强镇、商贸活镇、生态立镇"四大战略，形成了商贸—旅游、农业—旅游型融合特色小镇。

农业与旅游融合，形成"一江两岸"效益农业带。2015 年，濯水镇启动了阿蓬江"一江两岸"休闲农业与乡村旅游示范带打造、风雨廊桥恢复及延伸、主游客接待中心、景区环线公路、后山停车场、景观大道、319 过境路改道等特色产业、特色功能、特色风貌三大类 20 余个重点项目建设，总投资约 14.593 亿元，全力打造 5A 级景区。2016 年，双龙村通过依托优势资源，因地制宜大力发展烤烟、蚕桑主导产业，生猪、土鸡传统优势产业，蔬菜、银杏等特色产业。

商贸与旅游共聚，再现千年古镇繁荣场景。以古镇老街和濯水集镇为依托，该镇以产业发展的特色化、品牌化、规模化为目标，紧紧围绕"吃、住、购"三要素，对空间布局、文化特色、业态定位、生态景观和配套设施等方面进行科学规划，整合市场资源，引导商家集聚，新发展特色餐饮店、民俗客栈、乡村旅馆、星级农家乐、星级酒店等；同时围绕"互联网 +"，探索"互联网 + 商贸 + 旅游"模式，启动"智慧濯水"创建，突出濯水"宜居宜业宜游"特色。

4. 潼南区双江镇

双江镇地处涪江下游的潼南区双江镇，古镇建于明末清初，是中国第一批十大历史名镇之一。古镇因猴溪、浮溪如玉带环腰而得名，自古便是西南地区的军事、商贸要地。

利用"菜花节"发展契机，双江镇除了发展以古镇历史民俗文化、红色抗战文化为主的文化游，还依托现代农业，治理水土流失，着力打造以美丽乡村为辅的休闲游。该镇通过培育"潼南农家"，打造生态农庄，让游客体验特色效益农业的乐趣；同时，大力发展智慧农业，进一步提高农业现代化水平，比如无人机施肥、机械化耕种等；充分发挥互联网平台功用，借助"互联网 +"，将农产品包装上网，形成具有品牌特色的网上产业链，比如野猪林土特产、安家湾李子、杜氏玫瑰花圃等。

双江镇将继续加大资金投入，改善小镇环境和维修保护文物建筑等，合理布局商业网点，积极发展新型商业业态，不断完善"吃、住、行、游、购、娱"六大旅游要素，建设旅游服务设施，积极创建国家 5A 级旅游景区。按照计划，2018 年前，双江镇在全市范围内率先建成特色示范旅游小镇。到 2020 年，双江镇城镇面积将扩展到 3 平方千米，双江镇将成为旅游经济镇和全国知名的旅游目的地。

四川省

一、特色小（城）镇建设行动

四川省也是我国新型城镇化综合配套改革试验区，自 2013 年开始，连续 3 年实施"百镇建设行动"，每年遴选 100 个小城镇重点培育。省级财政安排专项资金，支持试点镇市政基础设施建设，完善公共服务功能，提升试点镇的承载能力和吸纳能力。市（州）、县（市、区）财政也要安排专项资金，加大投入。目前，该省推出的 300 个试点示范特色小镇竞相发展，形成了"百镇示范带动、千镇蓬勃发展"的势头。实践工作包括：规划引领，突出特色，破局"千镇一面"的发展困境；产业支撑，产城相融，化解小城镇发展"空心化"难题；改革驱动，市场导向，摒弃"政府大包大揽"的传统做法；补足短板，强化基础，有效解决"宜业不宜居"的问题。

2016 年 9 月，四川省决定以深化"百镇建设行动"为主线培育创建省级特色小镇，将总结"百镇建设行动"中的经验教训，瞄准特色镇发展的短板，特别是在试点镇管理权限、财政体制、投资机制、发展用地、户籍制度、区划调整、人才引进和机构设置等方面将提出进一步的推进政策和改革举措。该省统筹城市和小城镇规划布局，突出小城镇文化底蕴、民族风情、自然风光和产业特色，为小城镇建设注入鲜活的生命力。

三、典型特色小（城）镇

1. 成都市郫县德源镇

德源镇地处川西平原腹心地带，区域优势十分突出。德源镇是农业镇，该镇在农业经济发展的同时，进行特色小镇建设，大力发展绿色大蒜基地化建设，已建成以东林村、义林村、平城村等为主的大蒜标准化生产基地，现已辐射到友爱、红光等镇，并在镇、村成立大蒜产业协会和营销协会。该镇生产的大蒜获得了绿色食品标志，同时注册了"德源牌红七星"大蒜商标。

德源镇的创新中心是菁蓉小镇。德源镇积极吸引人才，开展创新活动，已改造创新创业载体 40 余万平方米，引进孵化器 25 家、创新创业项目 926 个，聚集创新创业人才 10000 余人；成功举办了"创业天府·菁蓉汇"系列活动、2015 海外学人回国创业周暨成都全球华人创业大赛、首届中国 VR&AR 国际峰会（2016 成都）等多场具有国内外影响力的创新创业活动，使德源镇（菁蓉小镇）的对外影响力不断扩大；并通过对双创项目的"前端服务""过程管控"，实现与双创项目无缝对接，形成双创项目成果转移的"本地化"。未来 5 年，该镇将围绕大数据、互联网＋、智能制造等新兴产业，增强项目招引促建力量，定时间、定进度、定责任，集中力量打好项目攻坚战，建好新经济产业园；加快促成中国数码港、阿尔刚雷公司、佳驰电子、中轨公司等项目开工建设和建成达产；加快洽谈"电子科大一校一带产业园""VR&AR 转化基地"等项目。

2. 成都市大邑县安仁镇

安仁镇是中国历史文化名镇。现存的旧式街坊建筑多建于清末民初时期，尤以民国年间刘氏家族鼎盛时期的建筑最多，安仁镇有保存较完好的川西风格的明清古典建筑，全国重点文物保护单位——大邑刘氏地主庄园也位于此，是中国唯一的博物馆主体小镇。

博物馆是安仁发展的灵魂。在此次整体打造中，华侨城集团将与中华文促会合作，兴建安仁历史博物馆、中国民间国宝博物馆等大型藏馆，定期邀请世界知名博物馆和文化机构举办巡展，并规划趣味博物馆群落，引入虚拟现实、全息投影等高科技手段，实现安仁博物馆多功能、多主题、集群化、智能化发展；同时引入文物鉴定、修复、复制、拍卖、制作、发行等产业化内容，激活老场镇的古玩市场。在此基础上，项目还将为安仁镇导入全新的现代会展业，引进中欧小城镇论坛等国际级会议，让国际级的艺术文化展览也同步落户安仁，同时将以百年安仁为主题，发挥华侨城演艺优势，打造大型室内街区演艺秀，通过特色展览、博物馆、文化创意、演艺和古玩构建的文博集群，使安仁镇的产业链由单一变得更加多元。

3. 攀枝花市盐边县红格镇

红格镇的特色产业是运动和旅游。为整合红格片区的优质温泉、运动健身、乡村美食等多种旅游资源，提升红格"农家乐"初级乡村旅游产品，形成领域宽广、规模较大、特色突出的乡村旅游格局，把红格片区打造成四川著名的避暑度假基地和特色鲜明的优秀旅游小镇，2008 年 9 月 28 日，镇政府配合县旅游局选择了镇周边条件较好的 8 家农户进行精品农家乐打造，以此带动乡村旅游的发展。

2013 年，红格镇被列为《四川省"十二五"重点小城镇发展规划》，将红格镇规划定位为国际化阳光休闲旅游度假目的地，具有南亚热带风情的宜业、宜居、宜游山水园林城镇，规划城镇建设用地 9.5 平方千米，规划城镇人口 9 万人。目前红格镇的建成区为 4 平方千米，完成各类社会投资 84.3 亿元，建成红山国际休闲社区、四川省运动技术学院红格集训基地、红格温泉五星级假日酒店、红格温泉三星级宾馆、三个旅游新村等一批市县重点旅游项目，打造了攀枝花市旅游发展、会议会展、运动休闲的名片盒窗口。

4. 泸州市纳溪区大渡口镇

大渡口镇地势较平坦，用地条件好，是四川省无公害蔬菜种植基地之一，也是泸州市商品粮基地、水果基地、中药材种植基地、茶叶种植基地。大渡口镇旅游资源丰富，拥有"云溪八景"之一的"清溪映月"景区、国家 2A 级风景区凤凰湖、风景秀丽的烟子洞瀑布、集观光休闲于一体的十里黄栀子长廊等风景区。

大渡口镇以"中国酒镇·酒庄"建设为载体，推动白酒酿造与原粮种植、乡村旅游深度融合，实现一、二、三产业联动发展、循环发展。中国白酒展示中心、致帛酒庄建成投用，纳贡酒庄完成建设，中国白酒酒庄文化服务综合标准化示范区通过国标委验收；同时，已形成纳溪高速公路出口至凤凰湖高速公路出口的旅游环线，"花田酒地"成功创建国家 4A 级景区，凤凰湖创建国家湿地公园试点通过评审。

大渡口镇将酒业和旅游相结合，顺应白酒品牌和文化消费模式调整，建设集新型工业、文化旅游、小镇开发、生态建设于一体的"中国酒镇删蔽"项目。该镇将白酒产业的上游延伸至特色产业，建设"生态循环经济产业园"，形成观光农业、清洁生产、生态养殖的有机绿色价值链；下游延伸到第三产业，形成"观光休闲游—白酒主题游—农耕体验游"的旅游产品。未来几年，大渡口将继续加大力度，打造成真正的世界级的白酒文化旅游目的地。

5. 南充市西充县多扶镇

多扶镇是西充县的农业重镇、经济强镇、文化人镇。多扶镇以"多福古镇"为标志，以明清建筑风格为主，有机融合了川西民居、徽派建筑等特点。以此为契机，2014 年以来，该县紧紧围绕建设生态经济强县的目标，大力打造"中国西部最美乡村"，依托"中国微电影拍摄基地"品牌，发挥多扶镇区域资源优势，发展文化旅游业。多扶镇因便捷的交通，得天独厚的区位优势，被南充市委市政府纳入市创新驱动发展试验区，县委县政府更是倾力打造多扶新区，将各类项目、资金重点投入多扶，市县两级均将多扶全域纳入发展规划，多扶发展潜力十分巨大。

6. 宜宾市翠屏区李庄镇

李庄镇古为渔村，汉代曾设驿站，由于濒临长江，故为明清水运商贸之地。李庄之所以成为特色小镇，是因为其古建筑群规模宏大，布局严谨，比较完整地体现了明、清时期川南庙宇、殿堂建筑的特点；还有保存完好的普通居民席子巷，整条街都是一楼一底的木建筑，穿斗结构，二楼清一色的木挑吊脚楼等"一线天"奇特景观。2012 年 3 月，翠屏区专门成立李庄产业园区管委会，实行封闭运行、高效推进李庄园区"景、城、园"联动开发建设，目前已共投入 8 亿元完成了对李庄古镇的升级改造、园区道路基础设施建设、土地整理开发等。

7. 达州市宣汉县南坝镇

南坝镇建场始于东汉末年，至今已有 1000 多年，历史文化悠久，是一个现代农业初具规模、工业经济提档升级、第三产业充满活力的川东第一大镇，同时也是具有"气都商贸重镇、山水魅力幸福城、历史文化名镇、区域设施集聚区、宣汉县副中心"五大特征的巴蜀名镇。

在新型城镇试点过程中，该镇在农业发展方面，不断壮大"果、蔬、牛"等特色产业，培育农民专业合作社 37 个，建成连片设施农业 1000 亩；工业方面，南坝工业产业园区近五年共成功招驻规上企业 8 家；服务业方面，共建成商贸物流网点 26 个、商贸物流中心 17 家，精英商城、尚品德龙生活超市等投入营运，旅游收入大幅提升。南坝镇成为省级重点建设小集镇。

贵州省

一、特色小（城）镇建设行动

2013 年 3 月 1 日，贵州省人民政府办公厅印发了《贵州省 100 个示范小城镇建设 2013 年工作方案的通知》，对 100 个示范小城镇建设提出了工作要求、工作目标、工作原则、重点任务和保障措施，并对 100 个示范小城镇公共设施和公共服务方面的"8 个 1"工程项目列出了该年度的时间进度表和责任单位；对 30 个省级示范校城镇产业园区和生产基地的"8+3"项目列出了三年内的进度表和责任单位。2014 年，全省 100 个示范小城镇各项工作超额完成年度目标，完成项目投资 365 亿元，新增城镇人口 8.5 万人，新增企业 2850 家，分别占年度目标任务的 122%、106%、143%，完成投资同比增长 30%。该省小城镇建设多项工作纳入全国重点任务。89 个示范小城镇列入全国重点镇名单，占示范小城镇总数的 78%，旧州镇、昌明镇列入全国 62 个建制镇试点名单，青岩镇、肇兴镇列入全国 45 个宜居小镇名单。贵州省建设了一批旅游小镇、白酒小镇、茶叶小镇等各具特色的小城镇。

2016 年 3 月 18 日，贵州省印发《关于打造贵州省特色小城镇升级版的实施意见》（黔镇联办通〔2016〕4 号），启动"十百千计划"，按照"以点带面、特色引领、典型示范"的原则，大力实施"十百千"计划，重点支持 20 个县（市、区、特区）整体推进区域内小城镇建设发展，继续支持 100 个示范小城镇加快建设发展，带动全省 1000 多个小城镇共同建设发展，全力打造贵州特色小城镇升级版。在全省小城镇着力实施整县提升、改革提升、规划提升、项目提升、镇村联动提升、绿色提升、文化提升、电商提升、管理提升、开放提升等"十大提升工程"，开创小城镇建设发展新局面。

2016年8月11日，贵州省人民政府办公厅《关于公布全省第一批整县推进小城镇建设发展试点县名单的通知》（黔府办函〔2016〕180号），确定贵阳市的开阳县、修文县，遵义市的播州区、仁怀市、湄潭县，六盘水市的六枝特区、盘县，安顺市的西秀区、平坝区，毕节市的七星关区、金沙县，铜仁市的玉屏县、石阡县，黔东南州的凯里市、台江县，黔南州的贵定县、龙里县、福泉市，黔西南州的安龙县、兴仁县，共20个县（市、区）（排名不分先后）为全省第一批整县推进小城镇建设发展试点县；要求试点城镇尽快制定工作方案，加大支持力度，提升规划，注重特色发展，加快设施建设，推进镇村联动，加强资金筹措，强化监督考核。

二、典型特色小（城）镇

1. 贵阳市花溪区青岩镇

青岩镇是花溪区南郊中心集散地，贵州省的历史文化古镇。镇政府驻地海拔1100米左右，是一个山区小镇。该镇具有历史文化、建筑文化、宗教文化、农耕文化、饮食文化、革命传统文化底蕴，多民族聚居。青岩镇还有很多文化传统，至今仍保留的文化活动有放"孔明灯"、放"宝鼎"等。青岩镇是我国少有的"四教合一"的地方，佛教寺庙布局严谨，道教的宫观仍能传出道家的祷文，还有一座基督堂和一座天主堂，都进行着日常活动。该镇居民多种宗教和谐共处，形成其独特风格。青岩古镇本身就是省级文物保护单位、历史文化名镇，国家级文明市场。

其中的青岩古镇，是贵州四大古镇之一，曾是历史上的军事要塞。一方面，古镇设计精巧，寺庙、楼阁画栋雕梁、飞角重檐相间；另一方面，人文荟萃，有历史名人周渔璜、清末状元赵以炯等，还有近代史上震惊中外的青岩教案遗址、赵状元府第、平刚先生故居、红军长征作战指挥部等历史文物，同时也是抗战期间浙江大学的西迁办学点之一以及电影《寻枪》的拍摄地。

2005 年 9 月，青岩古镇景区被建设部、国家文物局公布为第二批中国历史文化名镇；2010 年，青岩古镇荣获中华诗词学会授予的"中华诗词之乡"荣誉称号、率先成为全国的诗词之乡；2013 年，青岩镇在顶峰国际非物质文化遗产保护与传承旅游规划项目中被誉为中国最具魅力的小镇之一；2016 年，青岩镇被住建部列为首批中国特色小镇。

2. 六盘水市六枝特区郎岱镇

六枝特区郎岱镇是一座古镇，明清古庙宇多达 16 座；同时，也是一座民族镇，少数民族有苗族、布依族、仡佬族、彝族等，且在婚嫁、祭祀、劳动、饮食、居住、服饰、头饰等方面都有其独有的夜郎文化特色，旅游开发潜力极大。相对于贵州整体多山的情况，郎岱镇交通便利，地势平坦、土壤肥沃、矿产资源丰富、民族风情浓郁；郎岱区位优势突出，一直是周边乡镇的商贸服务文化中心。

古镇充分利用旅游资源、交通条件，重点保护郎岱镇"群山环抱、水系环绕"的自然格局，胜利路、解放路、民族路、书院路等组成的街巷空间格局，兵役局、李伯平故居等文物保护单位，以及郎岱镇传统民居建筑风貌。该镇利用大连市政府对口帮扶六盘水市建设的中国凉都原生态农产品科技扶贫加工示范园区，发展原生态产业，成长为贵州省重点小城镇、历史文化名镇、万亩商品蔬菜基地和六盘水市现代农业产业园区、特色养殖示范基地。

3. 遵义市仁怀市茅台镇

茅台镇位于仁怀市赤水河畔，是川黔水陆交通的咽喉要地。茅台镇历来是黔北名镇，以名酒茅台而得名。域内白酒业兴盛，1915 年，茅台酒在巴拿马万国博览会上荣获金奖；1935 年，中国工农红军长征在茅台镇四渡赤水。茅台镇集古盐文化、长征文化和酒文化于一体，被誉为"中国第一酒镇"。同时，该镇曾是红军长征而且由遵义会议转折后的主要经过之地，建有"红军烈士陵园"和"红军渡河纪念碑"。赤水河航运贯穿全境，仁蔺、茅丹、茅习、遵茅公路汇聚于此，是连接川黔的重要枢纽和连接历史名城遵义和国家级风景区赤水的通道。

基于酒文化和红色旅游资源，茅台镇通过社会资本建设了酒文化博物馆和红军纪念馆等设施，作为旅游景点；同时改造了茅台商业街，根据当地特有的建筑风格，建设了仿古街建筑，并集中展现白酒销售和酒文化活动。

以酒为核心品牌小镇大力发展"酒"企业。2015 年，茅台镇有白酒企业800 多家、白酒品牌 3000 余个；完成生产总值 375 亿元，完成工业总产值 350亿元；并加大环境保护力度，每年投入大量资金用于赤水河上游生态保护，保证酿酒业的水质；同时，增强了镇区城市设施建设和文化广场建设。2014 年，该镇的全省全面小康统计监测 6 大类 21 项指标实现程度达 99%，提前一年全面建成小康社会。2015 年，茅台镇跻身中国百强镇，排第 95 位，在全省 100个示范小城镇绩效考评中位列全省第一。

4. 安顺市西秀区旧州镇

旧州地处黔中腹地，始建于 1351 年，是中国屯堡文化的发源地和聚集区之一，历史悠久，特色丰富；平均海拔 1356 米，全年空气质量优良率为 100%。旧州镇是典型的传统农业大镇，1958 年建成鹅项水库，1959 年建成型江河仙人坝灌区拦截坝和左右干渠，1985 年建成羊保水库。旧州镇利用良好的农业水利设施和自然条件，培育了旧州"珍珠米"品牌，形成了优质米、优质山药、优质折耳根种植基地。

发挥生态和文化优势，建设绿色旅游小镇。该镇依托丰富的文化资源和良好的生态环境，按照"镇在山中、山在绿中、山环水绕、人行景中"的规划布局和发展理念，坚持生态保护优先，先后完成了"土司衙门、古民居、古街道、古驿道"的修复修缮工作，培育了一个国家级湿地公园、一个 4A 级国家生态文化旅游景区、两个特色观光农业示范区。同时该镇加快旅游慢道、旅游小火车、游客服务中心等旅游基础设施建设，逐步形成了以旧州、天龙、云峰为重点的大屯堡旅游圈，推动了生态旅游与人文旅游融合发展。

探索就地就近城镇化路径，建设美丽幸福小镇。根据旧州镇实际，就地就近城镇化是推进特色小镇发展的重要路径，是打好脱贫攻坚战的必然选择。我们按照国家"3 个 1 亿人"城镇化行动方案和省"5 个 100 工程"建设目标要求，率先探索实践城镇基础设施"8+X"项目建设模式，完善了交通运输、污水处理、垃圾清运等基础设施，优化了教育医疗、文化、体育、便民服务等公共服务设施；吸引农业转移人口向镇区和美丽乡村集中，同时把小城镇建设与异地扶贫搬迁结合起来，将生活在治安条件极其恶劣、生态环境脆弱、自然灾害频繁区域的贫困户搬迁，集中安置到镇区附近，并帮助其就业。

建成了连接镇区至安顺中心城区的屯堡大道，改造提升区内路网和对外通道，把周边的双堡、七眼桥、大西桥和刘官、黄腊等乡镇串联起来，形成具有辐射带动作用的城镇集群。

在成功申报为全国历史文化名镇后，旧州镇着力打造文化生态旅游古镇。该镇首先坚持规划引领，科学编制了镇总体规划以及历史文化名镇保护规划，在全省率先编制了旧州镇"多规融合"规划；树立"一盘棋"思想，把特色小镇建设与全面小康结合起来，按照建设美丽乡村的要求，统筹镇村基础设施、公共服务设施建设，构建"以镇带村、以村促镇、镇村融合"的"1+N"镇村联动发展模式。

2006 年该镇获省级历史文化名镇称号，2008 年申报国家级历史文化名镇获批准授牌。旧州镇是全国第一批建制镇示范试点镇、中国历史文化名镇、全国文明村镇、全国美丽宜居小镇和国家 4A 级生态文化旅游小镇。

5. 黔东南州雷山县西江镇

西江镇具有得天独厚的自然风光和民族文化资源优势，其中"千户苗寨"

西江村是全镇乃至全县目前最大的行政村，被称为国家级露天博物馆。基于保存完好的自然生态和神秘多彩的少数民族文化，西江镇大力发展民族文化旅游。利用 2008 年贵州省第三届旅游产业发展大会的机遇，该镇进一步完善基础设施建设，不但使旅游产业得到迅猛发展；而且还通过先后举办中国雷山苗年、"游天下西江、品雷公山茶"品茗会、上海世博西江公众论坛等活动，提高了西江千户苗寨的知名度和影响力。西江镇先后获得"全国农业旅游示范点""中国乡村旅游'飞燕奖'最佳民俗文化奖"及"最佳景观村落"等荣誉称号，获得"多彩贵州"十大品牌和百强品牌殊荣。

云南省

一、特色小（城）镇建设行动

云南省于 2003 年就启动了 60 个旅游小镇建设，在旅游小镇建设模式上，形成了民族文化建设型、历史遗存保护型、生态环境营造型、特色经济培育型等五种模式。截止到 2009 年末，各旅游小镇已吸纳企业投资 140 多亿元，为云南省特色小镇建设提供了成功的经验。

2011 年 5 月 5 日，云南省发布《云南省人民政府关于加快推进特色小镇建设的意见》（云政发〔2011〕101 号），提出了小镇建设的原则，即发挥优势、突出特色，政府引导、市场运作，产业立镇、群众受益，统筹城乡、协调发展，保护耕地、持续发展。将小镇划分为旅游小镇、工业小镇、商贸小镇、现代农业小镇、边境口岸小镇和生态园林小镇六类，并公布了重点开发建设的 210 个特色小镇名单。其中，现代农业型 78 个、工业型 32 个、旅游型 60 个、商贸行 23 个、边境口岸行 9 个、生态园林型 8 个。自 2011 年起，分 3 年安排 4500 万元补助资金，专项用于除了 60 个旅游小镇之外的其他 150 个特色小镇的规划编制工作，而旅游小镇原有专项资金规模和用途继续保持不变。

2014 年 12 月 21 日，云南省在《云南省人民政府关于推进文化创意和设计服务与相关产业融合发展的实施意见》（云政发〔2014〕67 号）中提出，将建成 10 个有一定规模、原创设计为核心、相关产业链为聚合的创意产业集聚区，打造 10 个跨界融合、跨境合作、具有核心竞争力的企业，建设 210 个特色小城镇，培养一批重点领域专门人才、高技能人才、国际化人才和领军人才，培育一批拥有自主知识产权的产品，形成一批具有影响力的品牌。文化创意和设计服务的主营业务收入占文化产业主营业务收入的 18%。

二、典型特色小（城）镇

1. 红河州建水县西庄镇

西庄镇属建水县文化旅游资源丰富的乡镇之一，人文资源丰富，名胜古迹、人文景观众多。该镇拥有国家级重点文物保护单位——双龙桥、列入 2006 年世界纪念性建筑保护基金会遗产保护名录的团山民居群等，是国家历史文化名城和国家重点风景名胜区的重要组成部分之一，也是建水县委、政府实施旅游带动型发展战略的主要地区。

依托得天独厚的自然资源优势，西庄镇党委、政府遵循"政府引导、企业参与、市场运作、群众受益"的原则，按照《西庄旅游小镇总体规划》布局，结合"一线四区"的旅游发展具体思路，坚持保护与开发并举、开发与管理并重，不断加强旅游基础设施建设，逐步提升旅游小镇品质。

西庄镇的农业作物有稻谷、玉米、红薯，经济作物有甘蔗、花生等，并出产石榴、桃、梨和柑橘等，是建水县粮食主产区之一。西庄镇遵循"市场引导、发挥优势、突出特色、因地制宜"的原则，以现代科技为支撑，提高农业生产效益，做大、做强特色畜牧、果蔬产业，促进农民增产增收；与此同时，逐步提升工业效益，充分发挥西庄矿产、交通、区位和农产品等优势，坚持科学引导，走可持续发展道路，优化投资环境，营造良好投资氛围；重点扶持、引导和培育煤炭、建材、紫陶等产业，使之成为工农业和旅游都有一定实力的综合型小镇。

2. 大理州大理市喜洲镇

喜洲镇，隋唐时期被称为"大厘城"，是南诏时期"十睑之一"，是电影《五朵金花》的故乡，也是云南省著名的历史文化名镇和重点侨乡之一。在以四方街为中心，北至田庄宾馆，南至富春里、彩云街、染衣巷，西至市上街中段，东至镇东公路东侧的两院约 17.32 公顷的面积内，集合了大部分重点保护民居和保护民居，同时包括了被列为国家重点文物保护单位的严、董、杨三家大院。同时，大理是我国白族的主要聚居地，白族文化随处可见，还有众多的白族节日。由于电影的影响，其中的很多建筑和场景都成为吸引游客的地方；同时，由于喜洲镇成为旅游城镇的时间较长，旅游设施较完善，已成为云南甚至中国一个典型的旅游城镇。

3. 德宏州瑞丽市畹町镇

畹町镇是云南省德宏傣族景颇族自治州瑞丽市辖镇，是一座袖珍的历史名镇，居住着汉、傣、德昂、景颇等民族，是一个多民族聚居乡镇。畹町镇的主要产业为种植业，养殖业，第二、三产业等，产品主要销售往区内；目前正在发展甘蔗、橡胶、蔬菜、养殖等特色产业。

在特色产业方面，围绕特色农业，该镇把口岸服务型农业发展与畹町实现全面建设小康社会紧密结合起来，使畹町口岸服务型农业成为既能为城乡居民提供所需蔬菜、瓜果、肉禽、蛋奶等农副产品，又能保护生态环境，增加城市园林绿化，为边境口岸城市增添独特景观的绿色农业、生态农业、观光农业，不断增加农民收入。

在三次产业发展方面，一是认真落实强农、惠农、支农政策，"三农"投入持续增加，粮食平稳增产，香料烟、坚果、毛叶枣等特色产业不断壮大，畜牧、甘蔗、橡胶、竹子等传统产业不断提升，冬季农业明显增效。农林牧渔业生产总值从"十一五"末的 1.05 亿元增长到"十二五"末的 1.68 亿元，年均增长 12.1%；二是着力发展生物制药和食品加工业；三是加快旅游文化产业升级。

在基础设施方面，修建红石河水库，建设农田排灌沟渠；高速公路正式通车，农村公路硬化及修复工程顺利实施，全镇辖区道路交通显著改善，通信、电力得到保障。

西藏自治区

一、特色小（城）镇建设行动

2015 年 5 月 8 日，西藏自治区政府办公厅下发了《西藏自治区特色小城镇示范点建设工作实施方案》要求，坚持以人为本、注重民生，规划先行、突出特色，保护生态、和谐发展，项目带动、完善功能，产城互动、强化支撑，强化管理、确保稳定的基本原则；示范点要按照宜居宜业宜游的要求建设；结合地方发展实际，从交通沿线、江河沿线、边境沿线中，遴选出 20 个经济社会基础较好、特色产业优势明显的小城镇作为自治区级特色小城镇示范点。自治区计划投入 10 亿元支持地方开展特色小城镇示范点建设，按照计划，将于 3 年内完成示范点建设。为配合示范点建设，自治区制定了《西藏自治区人民政府办公厅关于印发西藏自治区特色小城镇示范点建设工作实施方案》，组建了特色小城镇示范点建设工作办公室，并督促各地按要求成立了工作专班。此外还制定了《特色小城镇建设规划编制要求》《特色小城镇示范点建设专项资金管理办法》《特色小城镇示范点建设考核评价办法》等一系列规范性文件。

二、典型特色小（城）镇

1. 拉萨市尼木县吞巴乡

尼木县吞巴乡是藏文创始人扎吞弥·桑布的故乡，也是全区专业藏香制作乡。其中的尼木吞巴景区，作为藏香发源地，吞巴以"不杀生之水"为原动力，经有着 1300 年历史传承的原始水磨藏香制作工艺生产手工藏香，这种水磨藏香制作技艺已被列入国家级非物质文化遗产。因有不杀生之功德，尼木藏香是西藏的敬佛上品，并享誉海内外。景区内至今仍完整地保存了吞弥·桑布扎故居、经堂、吞巴庄园等古建筑。景区现拥有 8 项国家级、自治区级非物质文化遗产，同时也是最著名的、最集中、最为完整的地区的民族手工业集聚地。在此可以观赏西藏最原始的水磨藏香制作过程，从采掘原材料、磨料、晒砖、配料到成品，整个过程都是传统手工制作。所有这些使旅游进入了深刻领会和体验的过程；加上藏佛教的氛围，形成了特色度极高的小镇。

2. 山南市扎囊县桑耶镇

桑耶镇经济以农业为主，种植青稞、小麦、豌豆、油菜。境内有全藏著名的桑耶寺，寺内珍藏着吐蕃王朝以来西藏各个时期的历史、宗教、建筑、壁画、雕塑多方面的遗产，是藏族古老而独特的早期文化宝库之一。周围绿树成荫，河渠萦绕，也是国家级雅砻风景名胜区的主要景区之一。每年前来观光、朝佛者达数万人次。

在特色经济方面，本地还有手工编织专业合作社，依靠优秀技艺，打造"泽帖尔"品牌，合作社效益不断提升。该镇以游客为主要消费群体，将手工编织作为旅游购物品，将自然、文化和宗教融为一体，形成了一种具有独特体验的小镇生活。

第十四章　西北地区

　　包括陕西、甘肃、青海、宁夏和新疆等省区在内的西北地区，是我国气候较为恶劣、自然环境条件较差、经济较为落后的地区。城市集中度大、乡镇经济薄弱；除陕西建制镇人口较多外，其余省份农村人口多、基础设施较差、乡镇发展迟缓。各地有地域性极强的民俗和传统文化，以及干旱区绿洲景观。该地区需要在大力保护自然资源和生态环境的基础上，发挥地方特色经济优势，逐步提高农村地区发展水平，合理发展特色小镇（见图14-1）。

优势：
历史文化旅游资源丰富、地域特色鲜明、政策支持力度高

劣势：
生态环境恶化、经济基础薄弱、居民收入低、城乡差距大、基础设施落后

机遇：
一带一路建设机遇、西部大开发

挑战：
生态系统脆弱、西北地区作为腹地发展落后

图 14-1　西北地区特色小（城）镇发展的 SWOT

陕西省

一、特色小（城）镇建设行动

陕西省自 2006 年开展"千村百镇"整治建设工作，每年提升 1000 个村、100 个镇的设施建设水平和村容村貌。2008 年，启动了"关中百镇"和陕南陕北各 50 个镇建设，省委、省政府给予每镇 100 万元的启动资金。2009 年，省委、省政府又做出 107 个重点镇建设的部署。2011 年起，在全省启动了重点示范镇和文化旅游名镇建设，采取专项资金引导、土地指标支持、专业人才帮扶、目标责任考核等一系列措施，取得了明显成效，示范引领全省小城镇快速发展。该省提出了"建好西安、做美城市、做强县城、做大集镇、做优社区"的总体思路，特别是把特色小城镇建设作为推进新型城镇化、促进城乡发展一体化的重要突破口，从 2011 年起，在全省启动了重点示范镇和文化旅游名镇建设，经过 5 年的努力，初步探索出加快推进农村人口就近城镇化、实现城乡协调发展的新路子。2011 年 3 月，陕西省确定了 31 个重点示范镇，采取专项资金引导、土地指标支持、专业人才帮扶、目标责任考核等一系列措施，目标是建设成为县域副中心，成为农民进城落户和创业的平台，2013 年 7 月又增加了 4 个沿渭镇，总数达到 35 个。同时，为充分保护历史遗存、传承传统文化，又确定了 31 个文化旅游名镇（街区），通过保护修复、打造特色、开发旅游，实现富民宜居，促进县域经济发展。几年来，在省委、省政府的正确领导下，35 个重点示范镇和 31 个文化旅游名镇建设取得了明显成效，示范引领全省小城镇快速发展。因此，2016 年住建部将陕西省的特色小城镇建设实践向全国推广。

2013 年，陕西省启动文化旅游名镇建设。三年来，历史遗存快速修复，传统风貌逐渐显现，不少镇成为闻名省内外的旅游目的地。2013 年 12 月 5 日，陕西省住房和城乡建设厅发布《关于报送省级重点示范镇文化旅游名镇（街区）2014 年度建设目标任务及考核指标的通知》，进一步明确了重点示范镇建设的具体任务和工作考核指标。2016 年 10 月 21 日，《陕西省人民政府关于深入推进新型城镇化建设的实施意见》提出，持续推进 35 个重点示范镇和 31 个文化旅游名镇建设，打造县域副中心和宜居宜游特色镇，并决定争取在 2020 年前打造 100 个特色小镇，现有的重点示范镇、文化旅游名镇将根据能上能下的淘汰机制。

二、典型特色小（城）镇

1. 西安市蓝田县汤峪镇

汤峪镇位于秦岭北麓，依山傍水，风景秀丽，是西安乃至西北地区著名的温泉疗养胜地。汤峪旅游风景游览区拟以汤峪湖以南重峦叠嶂的秦岭北侧山区为重点，凭借天然森林资源修建面积达千亩以上的森林公园，建设云太山风景区，修建狩猎场，修建通往柞水长达 30 千米、宽 5 米的四级砂石进山道路。

汤峪以"国际化温泉疗养度假基地、生态旅游基地、高端旅游基地、小镇风情体验基地"的品牌形象为目标，依托独特的温泉和自然生态资源，大力发展温泉度假、酒店会务、休闲农业、生态旅游四大主导产业。作为重点打造的全域旅游标杆——汤峪温泉特色小镇，先后取得"全省城镇化建设先进单位""省级园林城镇""全国特色景观旅游名镇"等荣誉，是全省 35 个重点示范镇之一，2014 年 7 月被国家发改委等七部委确定为全国重点镇，2011 至 2015 年度在省级重点示范镇考核中名列全省前茅，2014 年晋升为国家 4A 级旅游景区。

2. 铜川市耀州区照金镇

照金镇在 2012 年之前，是陕西的欠发达地区，城镇建成区布局零乱，建筑质量差，依靠煤炭资源发展却遇到资源枯竭等瓶颈问题，农业生产方式落后，二、三产业发展缓慢，城镇形象与社会期望严重背离。照金镇是西北第一个山区革命根据地，还有国家级丹霞地质公园；历史悠久，传统文化底蕴深厚。

照金的产业发展坚持产业、文化、旅游"三位一体"，生产、生活、生态"三生"融合发展的思路。其发展以农业经济发展为基础，因地制宜，充分整合照金独有资源，最终达到红色旅游、乡村旅游、农业三产融合，形成产业链，促进区域经济联动发展。该镇采取市场化运作，通过"股份分红 + 土地流转收入 + 商铺租金收入 + 工资收入 + 创业收入"五条保险索，逐步改变"脱地村民"的生产生活方式，系统化解决老区群众的可持续发展。

在项目建设中，铜川市也将照金红色旅游名镇开发建设列为十大转型项目之一，与大企业合作，高水平规划，大资本投入，大规模开发；通过与大企业集团的合作破解大投入、高水平建设困扰照金景区开发建设的难题；项目建设中坚持"红色即民生""无伤痕开发"的理念，坚持经济、环保、绿色并重点的原则；全力保留当地的每一棵大树、每一片绿植，根据缓坡地形修建成牧场，成为各地游客休闲度假的重要游憩区。

在城镇建设中，该镇坚持"基础设施城镇化、产业发展城镇化、生产生活方式城镇化、公共文化服务城镇化和人的城镇化"，在改善基础设施等硬件的基础上，以成立陕西照金村红色旅游发展（集团）有限公司为突破口，通过土地流转、就业培训、农特产品开发销售、开展系列文化活动等多项举措，逐步引导村民接受、融入市场经济，实现了产镇良性互动，完成了进出路网、卫生院、小学、社区服务中心、农贸市场、广场、污水处理厂、垃圾压缩站等工程，以及文化创意街区、小学、医院、幼儿园、书院建设。

照金在特色小镇建设过程中，一是实行了五位一体的开发模式，即全域化、生态化和主题化的高起点规划，保护原生态的无伤痕开发，企业为龙头的市场运作，改善民生式的温情拆迁；二是产镇良性互动，重点打造红色旅游景区，完善基础及设施和公共服务，实施人口集中居住，发展新兴产业，强化红色文化创意和旅游配套服务，大力吸引人才；三是统筹城乡发展，建立公共服务平台，建立城乡社会保障体系，加大教育医疗投入，推进综合配套改革。该镇先后被确定为全国 100 个红色旅游经典景区之一，全国爱国主义教育基地、国防教育基地，全国第二批特色景观旅游名镇，全国第六批"丹霞地貌地质公园"及陕西省旅游特色名镇，2013 年度陕西省文化旅游名镇（街区）建设先进镇（街区）等称号。

3. 宝鸡市眉县汤峪镇

汤峪镇位于秦岭主峰太白山脚下，拥有西安到汤峪镇的直达专用高速道路。汤峪镇自然景色优美、历史文化深厚；境内有始建于周代的汤峪温泉、钟吕坪，西周遗址，东坡新石器时期，三国名臣法正故里等著名名胜古迹。汤峪镇依托太白山丰富的自然资源和悠久的历史文化，打造景区级西部旅游度假小镇，是集旅游、餐饮、度假、休闲为一体的综合文化小镇。

汤峪镇依托旅游项目建设城镇，将城镇基础设施建设与发展旅游相结合。发展项目以特色农业、生态观光为依托，以田园风光和农家生活方式为特色，以休闲度假、观光娱乐和农作物体验为内容，主要由劳动文化展示区、农家生活体验区、农家餐饮服务区和田园认耕采摘区四大板块组成，集旅游观光、农家餐饮、民俗欣赏、田园体验于一体的农家生活体验项目。

4. 汉中市宁强县青木川镇

青木川镇地处陕、甘、川三省交界处，古镇历史悠久，旅游资源丰富。该镇原是一个有古迹遗落的历史小镇，对外的名声很大程度上来源于观光旅游。在综合开发之后，在旅游的带动下，青木川镇还开发了"青木川"商标系的羌绣、老鹰茶、手工挂面、根雕、奇石、手绘地图等系列产品，旅游附加值被大大提高。

在国家 4A 级旅游景区基础上，2013 年 3 月，青木川老街建筑群和青木川魏氏庄园被国务院公布为全国第七批全国重点文物保护单位，并先后荣获"全国特色景观名镇""中国历史文化名镇""中国最美十大潜力古镇""中国最美十大乡村旅游名镇"等称号。

5. 杨陵区五泉镇

五泉镇依托杨凌示范区农科教优势，将现代农业发展作为镇域主导产业，在现代农业发展新技术、新品种、新模式上先行先试、大胆探索，形成了现代农业与二、三产业交叉融合的特色产业体系；实现镇域产业科技全覆盖；围绕建设新型产业示范基地，推进农业产业化发展；积极培育农科品牌，创新经营模式。

在环境建设中，一是实施韦河生态综合治理；沿线分别建成花溪花卉、依山灵依、野猪林、百恒家庭农场等 6 个集休闲、采摘于一体的特色庄园；二是建设美丽乡村：建立环境卫生治理长效机制，建成一批雨污管网；三是开展"一镇一村"示范创建。

在传统方面，一是保护与发展非物质文化遗产，同时打造集传统农耕文化科普、现代农科技术展示、休闲观光农业、农科教知识教育为一体的农耕文化体验园；二是积极推进历史文化资源保护和开发；三是大力实施农民素质提升工程。

在基础设施建设方面，一是道路交通便利；全镇所有通村道路和村内街道实现水泥硬化，率先在全省实现城乡公交一体化，公交线路实现城、镇、村无障碍直达；二是公用设施完备：中小学校幼儿园、卫生院、自来水厂、污水处理厂、供热中心、农资超市、商业街、村组"六室一中心"等公共服务设施配套齐全；三是公共服务健全。

五泉镇在现代农业示范区基础上，建设了农业示范区创新园，成为国家 3A 级风景区，有工厂化育苗馆、梦幻花卉馆、无土栽培馆、现代农业创意馆、西部特色馆、超级菜园、南方果树馆等八个现代农业技术展览馆和花卉林木种子资源苗圃，以及水生植物展示区和创新中心等现代农业展示区，实现了农业与旅游、农业与教育科技、农业与创新产业的融合。五泉镇连续多年荣获"省级重点示范镇建设先进镇"，为全省重点示范镇建设提供了"五泉模式"。

甘肃省

一、特色小（城）镇建设行动

2016 年 7 月 27 日，甘肃省出台《关于推进特色小镇建设的指导意见》，明确坚持产业、文化、旅游"三位一体"，生产、生活、生态"三生融合"，工业化、信息化、城镇化、农业现代化"四化驱动"，项目、资金、人才、管理"四方落实"的要求，坚持以人为本、公平共享，科学规划、产业集聚，生态文明、绿色低碳，文化传承、彰显特色，政府引导、市场运作，统筹协调、分类指导的原则，围绕不同区域的产业发展、自然风貌、文化风俗和资源禀赋，按照"一镇一业""一镇一品"的要求，在全省范围内初步建成一批特色鲜明、绿色低碳、功能完善、产业集聚、开放包容、机制灵活、示范效应明显的特色小镇，要求特色小镇均要建设成为 3A 级以上旅游景区，其中旅游产业类特色小镇要按 5A 级旅游景区标准建设。

具体方案是从 2016 年 7 月起至 2018 年底，用三年时间分四个阶段进行。省政府支持各地以特色小镇理念改造提升产业集聚区和各类开发区（园区）的特色产业；并且采取"以奖代补"的方式，对按期完成任务、通过考评验收的特色小镇给予一定的奖补资金；要求所在县级政府将特色小镇建设用地的租赁收入以及小城镇基础设施配套费等资金，专项用于特色小镇基础设施建设；各地要积极研究制订具体政策措施，整合优化资源，对特色小镇规划建设给予支持。甘肃省计划通过 3 年的努力，重点建设 18 个特色小镇。

二、典型特色小（城）镇

1. 兰州市榆中县青城镇

青城镇又名一条城，地势南高北低，地形呈狭长地带，属典型的黄河谷地。青城是古丝绸之路上的水旱码头和商贸中心，唐宋元明时期的边塞军事重镇，被誉为"黄河千年古镇"。青城历史悠久，文物古迹众多，文化底蕴深厚，不但有文物保护单位，还有各种民俗活动。青城古镇历来重视传统文化教育，始建于清道光十一年的青城书院，是青城本地的第一所教育机构。青城书院的建立，使青城成为远近闻名的文化之乡，为青城赢得了"风雅青城，仁义之乡"的美誉。青城通过开展"走进国学，品味经典"诵读等活动，激发学生诵读经典国学的兴趣，积淀国学底蕴，丰富课外阅读的内涵。

这里土地肥沃、气候温和、光照充足、水利资源丰富，农业生产主要以种植蔬菜、西瓜、林果、稻田、玉米和发展猪、羊养殖为主，尤以水烟种植为特色。青城是水烟的发源地，被誉为"中国水烟之乡"。基于此，青城镇全力打造现代设施农业，在五坪完成了道路、渠系等配套工程，在魏家大坪上初步形成了集高效日光温室种植、规模化养殖、休闲观光为一体的现代生态农业观光示范基地。东滩湿地公园初步形成了以垂钓娱乐、观赏荷花、食用藕种植为主的休闲观光农业。

在生态和基础设施建设中，该镇不断完善农家院落的基础设施，改善环境卫生，扶持群众发展特色餐饮、农家住宿、生态采摘等各具特色的农家小院落；从综合商业、特色商业街区、便利店、景区服务四个层次，推进古镇综合服务及商业设施建设，吸引优质医疗和教育等公共服务资源进古镇，调整优化公交线路、增加区域公交班次，强化古镇对外交通连接。

2006 年，青城镇被甘肃省建设厅、甘肃省文物局命名为"甘肃历史文化名镇"，2007 年被命名为"中国历史文化名镇"，2010 年被评定为"国家特色景观旅游名镇"，2013 年荣膺"中国十佳最美风情小镇"，青城古民居建筑群落被国务院列为第七批文物保护单位，城河村入列第一批中国传统村落名录，2014 年被国家环保部评为"国家级生态乡镇"，2014 年获批国家 4A 级旅游景区。

2. 武威市凉州区清源镇

清源镇境内有省级文物濒危野生动物繁育中心和沙漠公园、市沙产业开发中心、区治沙站等单位驻在镇区；皇台万亩葡萄基地、清源生态农业观光园区已初具规模。清源镇拥有酿造葡萄酒得天独厚的优势，属典型温带干旱荒漠、半荒漠区，为葡萄种植和酿制优质葡萄酒提供了绝佳的先天环境。

该镇利用这一优势，从种植、酿造到营销，全力打造葡萄酒产业链，大力加强软硬件环境建设，吸引国内外知名葡萄酒企业前来投资兴业。落户的莫高国际生态酒城、威龙欧斐堡酒庄都巧妙地结合周边沙丘地势，葡萄园环绕，成为绿树成荫的节水示范园区和集生产加工、观光旅游、休闲娱乐为一体的庄园式工厂。

该镇以葡萄酒小镇为核心，编制产业发展规划，从基地建设、产业发展、政策措施等方面推动和保障葡萄酒产业向生态、经济、社会三大效益有机结合的多赢产业方向发展。通过培育产业、旅游、文化"三位一体"，生态、生产、生活"三生融合"，该镇打造出一个"望得见山、看得见水、记得住乡愁"的小镇；同时举办"中国·河西走廊有机葡萄美酒节"，显示了集文化、展销、旅游于一体的葡萄酒文化。

在生态环境中，以"推广适宜模式、打造标准户型、发展特色民居、建设文明家园"为总体要求，清源镇大力实施"百村万户"小康住宅建设工程，建设了蔡寨幸福家园等四处集住宅、餐饮、休闲为一体的新型农村社区。新建的阳光住宅小区，通过实施太阳灶、太阳能热水器、太阳能暖房、生态养殖小区、秸秆制气和日光温室等工程，形成生活区、养殖区、种植区相互间的循环利用体系。

3. 临夏州和政县松鸣镇

松鸣镇位于太子山下、大南岔河畔，因国家4A级旅游风景区松鸣岩而得名。松鸣镇是松鸣岩"花儿"的发祥地，长久以来境内汉、回、藏、东乡等各民族群众就有"唱山""踏歌"的传统习俗，一年一度的松鸣岩花儿会，被联合国教科文组织命名为人类非物质文化遗产保护项目。

该镇以松鸣岩旅游风景区、花儿、古动物化石品牌为特色，打造文化旅游型城镇：编制完成集景观区、旅游综合服务区、公共服务区、星级农家乐区、东西部居住片区、运动休闲民俗文化传承体验区、特色购物商贸区、自驾游露营服务区于一体的特色小镇建设规划；建设景观区人工湖、松鸣小镇会议中心、松鸣镇政府整体搬迁、农家乐主体工程、简欧式商铺工程、小峡河河道治理工程、云海闲庭度假村、松鸣岩花儿歌舞表演"大舞台"等项目；新建松鸣岩国际滑雪场和云发文体公园项目，既完善吃、住、行、游、购、娱等旅游要素，又拉动文化旅游产业收益；同时，发展以乡村风味经营为特色、以农家村居为载体的"农家乐"服务业，兼顾发展以竹柳编、水绣石为主的民俗文化旅游商品零售业。

青海省

一、特色小（城）镇建设行动

　　青海省海西州全力推进特色产业小镇建设，目前已启动茶卡镇等 15 个首批特色小镇试点建设工作，努力将海西州建成全省统筹城乡一体化发展示范区。海西州各级住房和城乡建设主管部门精心策划特色产业小镇建设工作，将产业形态、景观、传统文化、服务设施、体制机制、运营主体和营销手段等从七个方面全力落实和推进特色小镇建设。

二、典型特色小（城）镇

1. 海东市化隆回族自治县群科镇

　　群科镇地处黄河谷地东北侧，周围群山环抱，东西黄河穿流，依山傍水，交通便捷，区位优势明显，是青海省最具魅力、最具地域特色、最具休闲品位的区域之一。群科镇充分发挥群科镇适宜的气候优势和自然资源，推广薄皮核桃、西瓜等水果和蔬菜，发展设施农业，打造高原特色现代农业示范园。该镇结合"互联网＋"发展优势，建立起全国首批清真拉面店及清真餐饮企业。该镇立足黄河资源，打造特色旅游产业，充分发挥区位优势和黄河资源，开发和挖掘旅游资源；重点建设以回秀为龙头的民族刺绣，形成民族民间艺术品规模化生产；建设群科新区文化产业园；着力打造饮食文化产业园。

　　依托镇域现有的自然景观资源，群科镇充分发掘小城镇文化景观风貌，大力开展环境整治工作，整治交通秩序，加大巡逻执勤力度，加强集镇管理；结合环境整治活动，开展了市场整治、环境综合整治等活动，集镇、公路沿线和村庄的环境进一步得到改观。

在基础设施方面，加快镇区各等级道路建设，组织镇区功能清晰的主次干道路网，镇区形成了"两横两纵"的骨架，群科镇新区路网以主干道构成一环（城市外环）、两横、六纵的路网格局。

2. 海西蒙古族藏族自治州乌兰县茶卡镇

茶卡镇辖区内的茶卡盐湖面积 105 平方千米，是柴达木盆地有名的天然结晶盐湖。茶卡镇是一个纯粹的采矿业城镇，境内仅有少量的牧民，无村（牧）居委会，仅有茶卡盐厂等企事业单位。

茶卡镇立足区位优势，以打造旅游重镇为抓手，准确定位，积极推进以盐化工和旅游、餐饮、民族特色文化为主的第二、第三产业发展；利用茶卡盐湖自然风光、盐雕艺术、地方民俗文化等优势资源，加大对外宣传力度，大力发展旅游业；根据"百年盐都、高原明珠"的定位和"一带、一环、四轴、四心、六节点"镇区风貌结构进行建设，体现了茶卡镇独有的城镇风貌、德都蒙古文化风貌、草原风情风貌、青盐产业风貌及盐湖景区风貌，为茶卡镇形成独特风情奠定了基础。

宁夏回族自治区

一、特色小（城）镇建设行动

2016 年，宁夏回族自治区审议宁夏回族自治区《关于促进特色小镇建设的意见（送审稿）》。贺兰县委于 2016 年印发了《关于加快特色小镇建设的实施意见》，正式启动建设一批特色小镇，助推全县经济转型升级和城乡统筹发展。为确保这项建设任务顺利实施，县财政每年安排 1000 万元资金，同时整合自治区、银川市涉农扶持奖励资金 1000 万元，从 2016 年开始连续 5 年，共计 1 亿元，通过以奖代补的方式支持特色小镇建设。创建特色小镇的乡、镇、农牧场当年建设周期结束后，经验收考核达到特色小镇建设标准的，按照考核结果分设一、二、三等奖，兑现以奖代补资金。其中一等奖 1 名，奖励资金 300 万元；二等奖 2 名，各奖励资金 200 万元；三等奖 3 名，各奖励资金 100 万元。经考核验收达不到建设标准的，所在乡、镇、农牧场主要负责人将被问责。

二、典型特色小（城）镇

1. 银川市西夏区镇北堡镇

镇北堡镇北堡得名于明清时期为防御贺兰山以北各族入侵银川府而设置的驻军要塞。镇域及周边地区旅游资源丰厚，除了镇北堡西部影视城、贺兰山国家森林公园、贺兰山岩画、滚钟口、拜寺口双塔等风景旅游景区，还有瑞信天沐温泉度假中心、兰一山庄、万义生态园、红柳湾山庄、新牛庄园等现代观光园。

镇北堡镇充分利用旅游资源，以镇北堡西部影视城和贺兰山国家森林公园为依托，放大影视基地和贺兰山自然保护区的旅游辐射效应，大力发展农业生态观光。该镇依靠区位优势，抢抓宁夏葡萄酒庄文化产业政策机遇，重点发展特色种植业；同时，利用小城镇建设的商贸功能，积极引导扶持村民进行商贸活动，促进了第三产业发展。

在环境建设方面，该镇加大镇村环境综合整治力度，对主干道路两侧、城乡接合部、镇村巷道有碍观瞻的危旧房屋和私搭乱建的建筑物进行了拆除和全面整治；对镇区内的危旧平房全部拆迁改造；完善镇区营业网店外立面改造，规范门头牌匾；基本上行成了"户收、村集、镇转运"的垃圾处理模式。

在传统方面，除大力保护现有古文物、古遗迹外，还依托影视文化，在镇区内打造建成了葡萄酒博物馆；结合当地西夏风情文化，在镇区打造建成了西夏文化演艺中心、丝绸之路美食街，创新打造葡萄酒文化和西夏文化旅游中心。

在公共服务方面，学校、幼儿园基础完善，师资力量配置符合国家标准。镇村建有图书室、并配有健身器材和文化广场。银行、邮政、保险、供电等社会机构基本齐全，满足了居民对便捷完善服务的需求。2014年，镇北堡镇被住房和城乡建设部列为"国家重点小城镇"；2015年7月，荣获全国特色景观旅游名镇称号。

2. 固原市泾源县泾河源镇

泾河源镇地处六盘山核心区，温润冰凉的自然条件有利于中药材产业的培育与发展，境内共有中药材资源530种，其中可作为临床药用的有377种。境内有六盘山国家森林公园、老龙潭等知名旅游景点。在特色产业发展中，该镇一是利用和发挥区域地理气候优势，通过人工种植和野生驯化等方式积极引导和组织农民发展栽培中药材。目前，全县共建成中药材示范点5个，香水镇米岗村是全县中药材良种繁育基地和科技示范点。二是充分利用当地丰富的旅游资源，塑造旅游形象的新名片，大力发展以旅游产业为主的三产服务业和星级农家乐，农民人均纯收入大幅增长。

新疆维吾尔自治区

一、特色小（城）镇建设行动

2016 年 12 月 28 日至 29 日，新疆维吾尔自治区召开党委经济工作会议，明确提出大力发展旅游业，充分发挥新疆浩瀚沙漠、苍茫戈壁、葱郁绿洲、广袤草原、逶迤雪山、湛蓝湖泊、丝路古道、民族风情、历史文化等丰富的旅游资源优势，加大宣传推介力度、提高知名度和影响力，设计推出系列精品线路、做到方便快捷舒适安全，精心打造特色品牌、在国内外叫响"辽阔疆域，风光无限，新疆是个好地方"，建设世界旅游目的地；加快南疆特色乡镇建设，到 2020 年在南疆培育 100 个特色小城镇；且对 2017 年重点抓好 33 个试点乡镇建设，做好规划、培植产业、集聚人口、促进就业，推动经济增长进行了安排。

二、典型特色小（城）镇

1. 喀什地区巴楚县色力布亚镇

色力布亚镇是古代"丝绸之路"北路要道的重要城镇和"南疆商贸重镇"，素有"南疆第一巴扎"美誉。该镇采取多元投入，在经营城镇中筹资金；创新管理方式，在加强管理中提品位；强化产业支撑，在产业互动中促繁荣。在特色产业方面，色力布亚镇充分利用商贸中心优势，大力发展商业服务，为周围地区的农产品打开了销路；不断完善观光、旅游、购物、休闲、餐饮等综合服务功能，着力建成具有浓郁民族特色的全疆商贸大镇。

2. 塔城地区沙湾县乌兰乌苏镇

乌兰乌苏镇拥有绿色蔬菜、畜牧养殖、酱用番茄、优质林果四大优势产业。基于耕地资源、草场资源及日照资源等优势，该镇通过人才培训和技术引进，积极推进农业现代化；将先进技术用于农副产品加工，培育出了一批优势农产品；以"农"为基础和发挥交通优势，使得商贸业也有了较好发展。

依托新疆农业职业技术学院加强该镇高新农业技术示范基地的建设，推进农业产业化经营，依托结构调整，促进农民增收；按照绿色无公害品牌的要求，推进农业标准生产，提高农产品的质量和安全水平，在创建绿色无公害品牌和扩大复播面积上下功夫，以韭菜和红薯为主栽品种，争创品牌；加快现代畜牧业发展，继续抓基地建设和畜产品的销售，强力推进南山坡千头奶牛养殖基地建设，大力发展牛羊育肥业和家禽养殖业。

紧紧围绕新型"城镇化＋文化""旅游＋文化""绿色产业＋互联网"的要求，乌兰乌苏镇全力打造休闲旅游、文化产业、富硒有机农业、养老产业为四大特色的特色小城镇。该镇正在大力发展富硒产业，通过富硒产业发展带动农业增效、农民增收。

3. 阿勒泰地区富蕴县可可托海镇

可可托海镇是我国第二冷的地方，曾因矿产资源丰富而举世闻名。东、西、北部有大片的原始森林，野生动物种类繁多，药用植物资源丰富。此外，该镇在 10 千米处有 1931 年 8 月 11 日地震遗留下的一条规模宏大的地震断裂带，是一大旅游景点；现存 40 余处俄式历史建筑，其建筑工艺精湛，独具一格，影响深远。

随着采矿业的衰退和旅游经济的兴盛，该镇在旅游升级发展中，坚持镇区即景区，城镇化与产业化融合发展的理念；在空间格局上，北区依托历史文化和山水景观建设以旅游服务、文化休闲为主的高品质商业休闲区，南区依托工业遗迹、矿山公园和交通优势，打造旅游接待和商贸为主的特色商业区。目前该镇已形成四大旅游板块，成为阿勒泰"高品质千里画卷"中的重要节点。

该镇大力扶持居民围绕旅游产业发展做足增收文章，组建"家庭宾馆协会"，统筹实施农牧家乐及家庭宾馆的设计，在文化包装、服务质量、价格、生态保护、食品卫生、游客安全等方面进行全方位指导，实现参与到旅游产业的城镇居民仅依靠旅游经营人均收入突破 3 万余元。

4. 新疆生产建设兵团第八师石河子市北泉镇

北泉镇是新疆生产建设兵团唯一的建制镇，建设有周恩来总理纪念碑和纪念馆，是这里的标志性建筑和新疆著名的人文景观之一。境内还有新疆农垦科学院等 3 家科研单位。利用农垦基础和冰泉的农业科研能力，北泉镇建设的农业科技园区已被国家正式批准为"国家农业科技园区"，并被国家外专局命名为"引进国外技术膜下滴灌示范基地"。在特色小镇建设中，北泉镇具有农垦特色产业，环境优美、服务便捷，并保留有一定的文化传统，是全国小城镇综合改革试点镇，联合国开发计划署中国可持续发展审国项目试点镇。

附　录

大事记

● 2016 年 2 月 2 日，《国务院关于深入推进新型城镇化建设的若干意见》（国发〔2016〕8 号）提出加快特色镇发展；因地制宜、突出特色、创新机制，充分发挥市场主体作用，推动小城镇发展与疏解大城市中心城区功能相结合、与特色产业发展相结合、与服务"三农"相结合；发展具有特色优势的休闲旅游、商贸物流、信息产业、先进制造、民俗文化传承、科技教育等魅力小镇，带动农业现代化和农民就近城镇化；提升边境口岸城镇功能，在人员往来、加工物流、旅游等方面实行差别化政策，提高投资贸易便利化水平和人流物流便利化程度。

● 2016 年 2 月 25 日上午，国家发展改革委举行新闻发布会，政研室副主任赵辰昕，规划司副司长陈亚军，浙江省发改委副主任翁建荣，贵州省发改委党组成员、总规划师张美钧，浙江杭州云栖小镇党委书记吕钢锋，贵州安顺西秀区旧州镇党委书记刘可立出席发布会，介绍新型城镇化和特色小镇建设有关情况，并就浙江、贵州两省推进特色小镇的做法，云栖小镇、旧州镇各自特色，统筹新型城镇化和新农村建设等问题，回答了与会记者的提问。

● 2016 年 3 月 17 日，两会授权发布《中华人民共和国国民经济和社会发展第十三个五年规划纲要》，纲要第三十三章第三节提出："因地制宜发展特色鲜明、产城融合、充满魅力的小城镇。"

● 2016 年 5 月 3 日，国家发展改革委表示，为深入贯彻落实习近平总书记、李克强总理关于特色小镇发展的重要批示精神，将强化对特色镇基础设施建设的资金支持，支持特色小城镇提升基础设施和公共服务设施等功能。今年将选择 1000 个左右条件较好的小城镇，积极引导扶持发展为专业特色镇。

● 2016 年 7 月 1 日，住房和城乡建设部、国家发展改革委、财政部发出《关于开展特色小镇培育工作的通知》，明确指导思想、原则和目标，培育要求和支持政策；提出到 2020 年，培育 1000 个左右各具特色、富有活力的休闲旅游、商贸物流、现代制造、教育科技、传统文化、美丽宜居等特色小镇。

● 2016 年 8 月 3 日，住房和城乡建设部村镇建设司发出《关于做好 2016 年特色小镇推荐工作的通知》（建村建函〔2016〕71 号），明确各省推荐名额、推荐材料和推荐程序。

● 2016 年 10 月 14 日，由国务院官方网站中国政府网牵头举行了以"打造特色小镇：特点、难点与对策"为主题的文津圆桌，邀请了国家发改委、住建部、旅游局等部委的领导以及特色小镇领域的知名专家和实践者，进行了一次高规格的深入讨论。此次论坛话题极具针对性，专家谈到了很多特色小镇的关键问题，是对目前关于特色小镇的研讨中最为值得关注的一次。

● 2016 年 10 月 8 日，国家发展改革委发出《关于加快美丽特色小（城）镇建设的指导意见》（发改规划〔2016〕2125 号），从十个方面阐述美丽特色小（城）镇的总体和具体要求。

● 2016 年 10 月 10 日，住房和城乡建设部、中国农业发展银行联合发出《关于推进政策性金融支持小城镇建设的通知》（建村〔2016〕220 号），就利用政策性金融支持特色小镇培育做出规定。

● 2016 年 10 月 11 日，住房和城乡建设部公布第一批中国特色小镇名单，在各地推荐的基础上，经专家复核，会签国家发展改革委、财政部，认定北京市房山区长沟镇等 127 个镇为第一批中国特色小镇。

● 2016 年 10 月 13 日，中央财经领导小组办公室、国家发展改革委、住房和城乡建设部在浙江杭州召开特色小（城）镇建设经验交流会。推进新型城镇化工作部际联席会议成员有关司局负责人，各省、自治区、直辖市、计划单列市、新疆生产建设兵团发展改革、住房和城乡建设部门负责同志参加会议。中央财经领导小组办公室舒国增副主任、住房和城乡建设部陈政高部长，国家发展改革委胡祖才副主任，浙江省委常委、常务副省长袁家军出席会议并讲话。

● 2016 年 12 月 12 日，国家发展改革委、国家开发银行、中国光大银行、中国企业联合会、中国企业家协会、中国城镇化促进会等六部门联合下发了《关于实施"千企千镇工程"推进美丽特色小（城）镇建设的通知》。根据该通知，"千企千镇工程"将采取"政府引导、企业主体、市场化运作"的新型小（城）镇创建模式，搭建小（城）镇与企业主体有效对接平台，引导社会资本参与美丽特色小（城）镇建设。

● 2016 年 12 月 14 日，国家发展改革委、国家旅游局联合下发了《关于实施旅游休闲重大工程的通知》。通知指出，未来将重点引导企业开展 8 个领域项目建设，这包括引导企业开展旅游公共服务保障工程、重点景区建设工程、旅游扶贫工程、红色旅游发展工程、贫困户乡村旅游"三改一整"工程、新兴旅游业态培育工程、旅游创业创新工程、绿色旅游引导工程建设。实施旅游休闲重大工程的通知，旨在引导社会资本投资旅游业，不断完善旅游基础设施和公共服务体系，丰富旅游产品和服务。

● 2016 年 12 月 16 日，"特色小镇培育建设座谈会暨特色小镇建设系列活动发布会"在北京新世纪日航酒店如期举行。作为目前特色小镇建设时期规格高的座谈会，住建部原副部长、中国房地产业协会会长刘志峰、中国城市和小城镇改革发展中心学术委员会秘书长冯奎、邛崃市副市长杨敏、中国房地产业协会商业和旅游地产专业委员会秘书长蔡云、中国房地产业协会金融专业委员会秘书长肖晓俭、特色小镇建设系列活动执行秘书长郑向东等领导出席座谈会，与在场嘉宾们共同探讨特色小镇未来发展之路。

● 2017 年 1 月 8 日上午，"2017 年中国新型城镇化论坛暨'千企千镇工程'启动仪式"在人民大会堂金色大厅举行。下午中国城镇化促进会城镇规划专业委员会分论坛在人民大会堂重庆厅举办，会议主题为"特色小镇，规划先行"。

● 2017 年 1 月 13 日，国家发展改革委与国家开发银行联合发布《关于开发性金融支持特色小（城）镇建设促进脱贫攻坚的意见》（发改规划〔2017〕102 号），提出"在贫困地区推进特色小（城）镇建设，有利于为特色产业脱贫搭建平台，为转移就业脱贫拓展空间，为易地扶贫搬迁脱贫提供载体。"具体提出了七项任务：一是加强规划引导，二是支持发展特色产业，三是补齐特色小（城）镇发展短板；四是积极开展试点示范；五是加大金融支持力度；六是强化人才支撑；七是建立长效合作机制。

● 2017 年 1 月 22 日，国家开发银行与住房和城乡建设部举行高层联席会议。住建部部长陈政高、国开行董事长胡怀邦出席会议并签署《共同推进小城镇建设战略合作框架协议》。住建部副部长陆克华、总经济师赵晖，国开行行长郑之杰、副行长张旭光、蔡东参加。根据协议，双方将建立部行合作推动机制，按照"优势互补、统筹规划、机制共建、信息共享"原则，协同推进小城镇提升建设和城乡协调发展，2017 年力争打造一批具有示范带动意义的试点小城镇，到 2020 年在全国范围内支持培育 1000 个特色小镇。

政　策

住房和城乡建设部 国家发展改革委 财政部
关于开展特色小镇培育工作的通知

建村〔2016〕147号

各省、自治区、直辖市住房和城乡建设厅（建委）、发展改革委、财政厅，北京市农委、上海市规划和国土资源管理局：

为贯彻党中央、国务院关于推进特色小镇、小城镇建设的精神，落实《国民经济和社会发展第十三个五年规划纲要》关于加快发展特色镇的要求，住房和城乡建设部、国家发展改革委、财政部（以下简称三部委）决定在全国范围开展特色小镇培育工作，现通知如下。

一、指导思想、原则和目标

（一）指导思想

全面贯彻党的十八大和十八届三中、四中、五中全会精神，牢固树立和贯彻落实创新、协调、绿色、开放、共享的发展理念，因地制宜、突出特色，充分发挥市场主体作用，创新建设理念，转变发展方式，通过培育特色鲜明、产业发展、绿色生态、美丽宜居的特色小镇，探索小镇建设健康发展之路，促进经济转型升级，推动新型城镇化和新农村建设。

（二）基本原则

——坚持突出特色。从当地经济社会发展实际出发，发展特色产业，传承传统文化，注重生态环境保护，完善市政基础设施和公共服务设施，防止千镇一面。依据特色资源优势和发展潜力，科学确定培育对象，防止一哄而上。

——坚持市场主导。尊重市场规律，充分发挥市场主体作用，政府重在搭建平台、提供服务，防止大包大揽。以产业发展为重点，依据产业发展确定建设规模，防止盲目造镇。

——坚持深化改革。加大体制机制改革力度，创新发展理念，创新发展模式，创新规划建设管理，创新社会服务管理。推动传统产业改造升级，培育壮大新兴产业，打造创业创新新平台，发展新经济。

（三）目标

到 2020 年，培育 1000 个左右各具特色、富有活力的休闲旅游、商贸物流、现代制造、教育科技、传统文化、美丽宜居等特色小镇，引领带动全国小城镇建设，不断提高建设水平和发展质量。

二、培育要求

（一）特色鲜明的产业形态

产业定位精准，特色鲜明，战略新兴产业、传统产业、现代农业等发展良好、前景可观。产业向做特、做精、做强发展，新兴产业成长快，传统产业改造升级效果明显，充分利用"互联网+"等新兴手段，推动产业链向研发、营销延伸。产业发展环境良好，产业、投资、人才、服务等要素集聚度较高。通过产业发展，小镇吸纳周边农村剩余劳动力就业的能力明显增强，带动农村发展效果明显。

（二）和谐宜居的美丽环境

空间布局与周边自然环境相协调,整体格局和风貌具有典型特征,路网合理,建设高度和密度适宜。居住区开放融合，提倡街坊式布局，住房舒适美观。建筑彰显传统文化和地域特色。公园绿地贴近生活、贴近工作。店铺布局有管控。镇区环境优美，干净整洁。土地利用集约节约，小镇建设与产业发展同步协调。美丽乡村建设成效突出。

（三）彰显特色的传统文化

传统文化得到充分挖掘、整理、记录，历史文化遗存得到良好保护和利用，非物质文化遗产活态传承。形成独特的文化标识，与产业融合发展。优秀传统文化在经济发展和社会管理中得到充分弘扬。公共文化传播方式方法丰富有效。居民思想道德和文化素质较高。

（四）便捷完善的设施服务

基础设施完善，自来水符合卫生标准，生活污水全面收集并达标排放，垃圾无害化处理，道路交通停车设施完善便捷，绿化覆盖率较高，防洪、排涝、消防等各类防灾设施符合标准。公共服务设施完善、服务质量较高，教育、医疗、文化、商业等服务覆盖农村地区。

（五）充满活力的体制机制

发展理念有创新，经济发展模式有创新。规划建设管理有创新，鼓励多规协调，建设规划与土地利用规划合一，社会管理服务有创新。省、市、县支持政策有创新。镇村融合发展有创新。体制机制建设促进小镇健康发展，激发内生动力。

三、组织领导和支持政策

三部委负责组织开展全国特色小镇培育工作，明确培育要求，制定政策措施，开展指导检查，公布特色小镇名单。省级住房城乡建设、发展改革、财政部门负责组织开展本地区特色小镇培育工作，制定本地区指导意见和支持政策，开展监督检查，组织推荐。县级人民政府是培育特色小镇的责任主体，制定支持政策和保障措施，整合落实资金，完善体制机制，统筹项目安排并组织推进。

镇人民政府负责做好实施工作。

国家发展改革委等有关部门支持符合条件的特色小镇建设项目申请专项建设基金，中央财政对工作开展较好的特色小镇给予适当奖励。

三部委依据各省小城镇建设和特色小镇培育工作情况，逐年确定各省推荐数量。省级住房城乡建设、发展改革、财政部门按推荐数量，于每年 8 月底前将达到培育要求的镇向三部委推荐。特色小镇原则上为建制镇（县城关镇除外），优先选择全国重点镇。

2016 年各省（区、市）特色小镇推荐数量及有关要求另行通知。

联系单位：住房和城乡建设部村镇建设司

联系人：林岚岚、贾一石

电话：010-58934432、58934431

传真：010-58933123

中华人民共和国住房和城乡建设部

中华人民共和国国家发展和改革委员会

中华人民共和国财政部

2016 年 7 月 1 日

关于做好 2016 年特色小镇推荐工作的通知

建村建函〔2016〕71 号

各省（区、市）住房和城乡建设厅（建委）、北京市农委、上海市规划和国土资源管理局：

根据《住房和城乡建设部、国家发展改革委、财政部关于开展特色小镇培育工作的通知》（建村〔2016〕147 号）（以下简称《通知》）的要求，为做好 2016 年特色小镇推荐上报工作，现将有关事项通知如下。

一、推荐数量

根据各省（区、市）经济规模、建制镇数量、近年来小城镇建设工作及省级支持政策情况，确定 2016 年各省推荐数量（见附件 1）。

二、推荐材料

推荐特色小镇应提供下列资料：

（一）小城镇基本信息表（见附件 2）。各项信息要客观真实。

（二）小城镇建设工作情况报告及 PPT（编写提纲见附件 3）。报告要紧紧围绕《通知》中 5 项培育要求编写。同时按编写提纲提供能直观、全面反映小城镇培育情况的 PPT。有条件的地方可提供不超过 15 分钟的视频材料。

（三）镇总体规划。符合特色小镇培育要求、能够有效指导小城镇建设的规划成果。

（四）相关政策支持文件。被推荐镇列为省、市、县支持对象的证明资料及县级以上支持政策文件。

以上材料均需提供电子版，基本信息表还需提供纸质盖章文件。

三、推荐程序

各省（区、市）要认真组织相关县级人民政府做好推荐填报工作，组织专家评估把关并实地考核，填写专家意见和实地考核意见，将优秀的候选特色小镇报我司。候选特色小镇近 5 年应无重大安全生产事故、重大环境污染、重大生态破坏、重大群体性社会事件、历史文化遗存破坏现象。我司将会同国家发展改革委规划司、财政部农业司组织专家对各地推荐上报的候选特色小镇进行复核，并现场抽查，认定公布特色小镇名单。

各省（区、市）村镇建设相关部门严格按照推荐数量上报，并于 2016 年 8 月 30 日前将候选特色小镇材料及电子版上报我司，同时完成在我部网站（网址：http：//czjs.mohurd.gov.cn）上的信息填报。

联系人：林岚岚、陈玲、贾一石

电话：010-58934431、58934432

传真：010-58933123

地址：北京市海淀区三里河路 9 号

邮编：100835

邮箱：qgtsxz2016@126.com

附件：1.各省（区、市）特色小镇推荐数量分配表

　　　2.小城镇基本信息表

　　　3.小城镇建设工作情况报告编写提纲

中华人民共和国住房和城乡建设部村镇建设司

2016 年 8 月 3 日

附件 1

各省（区、市）特色小镇推荐数量分配表

编号	省（区、市）	数量
1	北京市	4
2	天津市	3
3	河北省	5
4	山西省	4
5	内蒙古自治区	4
6	辽宁省	5
7	吉林省	3
8	黑龙江省	4
9	上海市	4
10	江苏省	8
11	浙江省	10
12	安徽省	6
13	福建省	6
14	江西省	5
15	山东省	8
16	河南省	5
17	湖北省	6

编号	省（区、市）	数量
18	湖南省	6
19	广东省	8
20	广西壮族自治区	5
21	海南省	3
22	重庆市	5
23	四川省	8
24	贵州省	6
25	云南省	4
26	西藏自治区	3
27	陕西省	6
28	甘肃省	3
29	青海省	3
30	宁夏回族自治区	3
31	新疆维吾尔自治区	4
32	新疆生产建设兵团	2
合　计		159

附件 2

小城镇基本信息表

* 表格数据均指 2015 年数据

镇名称		所属省、市、县		
地形	□山区□平原　□丘陵	区位	□大城市近郊　□远郊区　□农业地区	
功能类型	A 商贸流通型　B 工业发展型　C 农业服务型　D 旅游发展型　E 历史文化型　F 民族聚居型　G 其他（请注明）			
镇域面积（平方公里）		镇区建成区面积（平方公里）		
镇域常住人口（人）		下辖村庄数量（个）		
镇区常住人口（人）		镇区户籍人口（人）		
本镇就业总人口（人）		其中：来自于周边农村的就业人口（人）		
镇 GDP（万元）		镇所属县 GDP（万元）		
城镇居民人均纯收入（元）		公共财政收入（万元）		
农村居民人均纯收入（元）		其中：本级公共财政收入（万元）		
市政基础设施建设投资（万元）		上级补贴（万元）		
全社会固定资产投资（万元）	2013		2014	2015
民间资本固定资产投资（万元）	2013		2014	2015
已获称号	国家级称号： 　　□全国重点镇　□中国历史文化名镇　□全国特色景观旅游名镇 　　□美丽宜居小镇　□国家园林城镇　□全国环境优美乡镇 　　□国家发改委新型城镇化试点镇　□财政部、住建部建制镇试点示范 　　□其他 省级称号： 　　□省级重点镇、中心镇、示范镇　□省级卫生乡镇　□省级美丽宜居镇　□其他 镇域内是否有传统村落？□是　□否　数量：□中国传统村落；□省级传统村落 镇域内是否有美丽宜居村庄/美丽乡村？　□是　□否 其他（请注明称号名称及哪级认定）：			
规划	镇规划区面积（平方公里）：		控制性详细规划编制面积（平方公里）：	
	镇规划区是否编制了与特色小镇相关的专项规划？□是　□否		规划名称：	

	年份	2013	2014	2015
产业	主导产业类型			
	主导产业企业数量（个）			
	主导产业企业年投资额（万元）			
	主导产业产值（万元）			
	主导产业吸纳的就业人员数量（人）			
	龙头企业大专以上学历就业人数			
	主导产业产品品牌荣誉、称号	国家级；省级；市、县级		
	主导产业产值在省、市、县同类行业镇中排名	省排名；市排名；县排名		
	全镇当年新增注册公司数量（个）			

基础设施	是否通二级以上公路	□是　□否	停车位数量（个）			
	自来水供水率（%）		自来水卫生达标率（%）			
	生活垃圾无害化处理率（%）		生活污水达标排放率（%）			
	宽带入户率（%）		街头小公园、绿地（处）			
	主要灾害设施（防洪、排涝、消防等）名称					
	有污水处理设施的行政村比例（%）		垃圾得到有效治理的行政村比例（%）			
用地	各类产业用地面积（公顷）		镇区人均建设用地面积（平方米）			
公共服务	小学（所）		是否为市级以上重点小学		□是　□否	
	初中（所）		是否为市级以上重点中学		□是　□否	
	高中（所）		职业学校（所）			
	医院等级		养老服务设施（处）			
	银行（信用社）网点（个）	个；分属银行				
	大型连锁超市或商业中心（处）		三星标准以上酒店（个）			
	快递网点（个）		公共区域 WIFI 全覆盖		□是　□否	
文化传播	非物质文化遗产	国家项；省级项；市级项；县项				
	地域特色文化	□民俗活动□特色餐饮□民间技艺□民间戏曲 □其他特色				
	文化活动中心/场所（处）		举办居民文化活动类型		（类）	
	文化传播手段（多选）	□广播电视　□网站　□微信　□短信　□其他				

	镇级组织机构设置(镇政府及下设办公室)				
社会管理	近3年曾获得县级以上表彰				
	是否有综合执法机构	□是　□否	是否"一站式"综合行政服务		□是　□否
	是否有规划建设管理机构	□是　□否	镇政府工作人员数量（人）		
	是否核发乡村规划许可?	□是　□否	其中：有编制的人员数量（人）		
			规划建设管理人员数量（人）		
	是否有PPP项目?	□是　□否　项目名称			
	是否有政府购买服务项目?	□是　□否　项目名称			
县级申报单位意见	申报意见： 　　　　　　　　　　　　　　　　　单位盖章 　　　　　　　　　　日期：　年　月　日				
省级村镇建设管理部门意见	专家组审核意见： 现场考核专家意见： 　　　　　　　　　　　　　　　　　单位盖章 　　　　　　　　　　日期：　年　月　日				

附件 3

小城镇建设工作情况报告编写提纲

（字数不超过 5000 字）

一、近 3 年小城镇建设工作情况

要求：简述小城镇区位、交通、人口、经济水平、产业基础等社会经济发展基本情况。简述近 3 年小城镇建设情况，主要实施项目，特色化方面开展的工作情况。

二、小城镇建设培育工作评估

要求：按照建村〔2016〕147 号文中培育要求，简述本镇在"产业发展、小镇环境、传统文化、设施服务、体制机制"5 个方面的情况，逐项评估。

（一）特色鲜明的产业形态

从产业特色、带动作用、发展环境 3 个方面阐述小城镇的产业发展特色。

（二）和谐宜居的美丽环境

从城镇风貌、镇区环境、美丽乡村 3 个方面阐述小城镇的环境风貌特色。

（三）彰显特色的传统文化

从文化传承、文化传播 2 个方面阐述小城镇的文化特色。

（四）便捷完善的设施服务

从道路交通、公用设施、公共服务 3 个方面阐述小城镇服务设施的便捷性。

（五）充满活力的体制机制

从理念模式、规划建设、社会管理、体制机制等方面阐述小城镇的体制机制活力。

三、当前小城镇培育面临的困难和问题

四、发展目标及政策措施

（一）到 2020 年总体发展目标及年度目标

（二）近期工作安排

从产业培育、环境整治、文化传承、基础设施建设、体制机制建设等方面阐述 2017 年、2018 年工作安排。

（三）县级支持政策

国家发展改革委关于加快美丽特色小（城）镇建设的指导意见

发改规划〔2016〕2125 号

各省、自治区、直辖市、计划单列市发展改革委，新疆生产建设兵团发展改革委：

　　特色小（城）镇包括特色小镇、小城镇两种形态。特色小镇主要指聚焦特色产业和新兴产业，集聚发展要素，不同于行政建制镇和产业园区的创新创业平台。特色小城镇是指以传统行政区划为单元，特色产业鲜明、具有一定人口和经济规模的建制镇。特色小镇和小城镇相得益彰、互为支撑。发展美丽特色小（城）镇是推进供给侧结构性改革的重要平台，是深入推进新型城镇化的重要抓手，有利于推动经济转型升级和发展动能转换，有利于促进大中小城市和小城镇协调发展，有利于充分发挥城镇化对新农村建设的辐射带动作用。为深入贯彻落实习近平总书记、李克强总理等党中央、国务院领导同志关于特色小镇、小城镇建设的重要批示指示精神，现就加快美丽特色小（城）镇建设提出如下意见。

一、总体要求

　　全面贯彻党的十八大和十八届三中、四中、五中全会精神，深入学习贯彻习近平总书记系列重要讲话精神，牢固树立和贯彻落实创新、协调、绿色、开放、共享的发展理念，按照党中央、国务院的部署，深入推进供给侧结构性改革，以人为本、因地制宜、突出特色、创新机制，夯实城镇产业基础，完善城镇服务功能，优化城镇生态环境，提升城镇发展品质，建设美丽特色新型小（城）镇，有机对接美丽乡村建设，促进城乡发展一体化。

　　——坚持创新探索。创新美丽特色小（城）镇的思路、方法、机制，着力培育供给侧小镇经济，防止"新瓶装旧酒""穿新鞋走老路"，努力走出一条特色鲜明、产城融合、惠及群众的新型小城镇之路。

——坚持因地制宜。从各地实际出发，遵循客观规律，挖掘特色优势，体现区域差异性，提倡形态多样性，彰显小（城）镇独特魅力，防止照搬照抄、"东施效颦"、一哄而上。

——坚持产业建镇。根据区域要素禀赋和比较优势，挖掘本地最有基础、最具潜力、最能成长的特色产业，做精做强主导特色产业，打造具有持续竞争力和可持续发展特征的独特产业生态，防止千镇一面。

——坚持以人为本。围绕人的城镇化，统筹生产、生活、生态空间布局，完善城镇功能，补齐城镇基础设施、公共服务、生态环境短板，打造宜居宜业环境，提高人民群众获得感和幸福感，防止形象工程。

——坚持市场主导。按照政府引导、企业主体、市场化运作的要求，创新建设模式、管理方式和服务手段，提高多元化主体共同推动美丽特色小（城）镇发展的积极性。发挥好政府制定规划政策、提供公共服务等作用，防止大包大揽。

二、分类施策，探索城镇发展新路径

总结推广浙江等地特色小镇发展模式，立足产业"特而强"、功能"聚而合"、形态"小而美"、机制"新而活"，将创新性供给与个性化需求有效对接，打造创新创业发展平台和新型城镇化有效载体。

按照控制数量、提高质量，节约用地、体现特色的要求，推动小（城）镇发展与疏解大城市中心城区功能相结合、与特色产业发展相结合、与服务"三农"相结合。大城市周边的重点镇，要加强与城市发展的统筹规划与功能配套，逐步发展成为卫星城。具有特色资源、区位优势的小城镇，要通过规划引导、市场运作，培育成为休闲旅游、商贸物流、智能制造、科技教育、民俗文化传承的专业特色镇。远离中心城市的小城镇，要完善基础设施和公共服务，发展成为服务农村、带动周边的综合性小城镇。

统筹地域、功能、特色三大重点，以镇区常住人口 5 万以上的特大镇、镇区常住人口 3 万以上的专业特色镇为重点，兼顾多类型多形态的特色小镇，因地制宜建设美丽特色小（城）镇。

三、突出特色，打造产业发展新平台

产业是小城镇发展的生命力，特色是产业发展的竞争力。要立足资源禀赋、区位环境、历史文化、产业集聚等特色，加快发展特色优势主导产业，延伸产业链、提升价值链，促进产业跨界融合发展，在差异定位和领域细分中构建小镇大产业，扩大就业，集聚人口，实现特色产业立镇、强镇、富镇。

有条件的小城镇特别是中心城市和都市圈周边的小城镇，要积极吸引高端要素集聚，发展先进制造业和现代服务业。鼓励外出农民工回乡创业定居。强化校企合作、产研融合、产教融合，积极依托职业院校、成人教育学院、继续教育学院等院校建设就业技能培训基地，培育特色产业发展所需各类人才。

四、创业创新，培育经济发展新动能

创新是小城镇持续健康发展的根本动力。要发挥小城镇创业创新成本低、进入门槛低、各项束缚少、生态环境好的优势，打造大众创业、万众创新的有效平台和载体。鼓励特色小（城）镇发展面向大众、服务小微企业的低成本、便利化、开放式服务平台，构建富有活力的创业创新生态圈，集聚创业者、风投资本、孵化器等高端要素，促进产业链、创新链、人才链的耦合；依托互联网拓宽市场资源、社会需求与创业创新对接通道，推进专业空间、网络平台和企业内部众创，推动新技术、新产业、新业态蓬勃发展。

营造吸引各类人才、激发企业家活力的创新环境，为初创期、中小微企业和创业者提供便利、完善的"双创"服务；鼓励企业家构筑创新平台、集聚创新资源；深化投资便利化、商事仲裁、负面清单管理等改革创新，打造有利于创新创业的营商环境，推动形成一批集聚高端要素、新兴产业和现代服务业特色鲜明、富有活力和竞争力的新型小城镇。

五、完善功能，强化基础设施新支撑

便捷完善的基础设施是小城镇集聚产业的基础条件。要按照适度超前、综合配套、集约利用的原则，加强小城镇道路、供水、供电、通信、污水垃圾处理、物流等基础设施建设。建设高速通畅、质优价廉、服务便捷的宽带网络基础设施和服务设施，以人为本推动信息惠民，加强小城镇信息基础设施建设，加速光纤入户进程，建设智慧小镇。加强步行和自行车等慢行交通设施建设，做好慢行交通系统与公共交通系统的衔接。

强化城镇与交通干线、交通枢纽城市的连接，提高公路技术等级和通行能力，改善交通条件，提升服务水平。推进大城市市域（郊）铁路发展，形成多层次轨道交通骨干网络，高效衔接大中小城市和小城镇，促进互联互通。鼓励综合开发，形成集交通、商业、休闲等为一体的开放式小城镇功能区。推进公共停车场建设。鼓励建设开放式住宅小区，提升微循环能力。鼓励有条件的小城镇开发利用地下空间，提高土地利用效率。

六、提升质量，增加公共服务新供给

完善的公共服务特别是较高质量的教育医疗资源供给是增强小城镇人口集聚能力的重要因素。要推动公共服务从按行政等级配置向按常住人口规模配置转变，根据城镇常住人口增长趋势和空间分布，统筹布局建设学校、医疗卫生机构、文化体育场所等公共服务设施，大力提高教育卫生等公共服务的质量和水平，使群众在特色小（城）镇能够享受更有质量的教育、医疗等公共服务。要聚焦居民日常需求，提升社区服务功能，加快构建便捷"生活圈"、完善"服务圈"和繁荣"商业圈"。

镇区人口 10 万以上的特大镇要按同等城市标准配置教育和医疗资源，其他城镇要不断缩小与城市基本公共服务差距。实施医疗卫生服务能力提升计划，参照县级医院水平提高硬件设施和诊疗水平，鼓励在有条件的小城镇布局三级医院。大力提高教育质量，加快推进义务教育学校标准化建设，推动市县知名中小学和城镇中小学联合办学，扩大优质教育资源覆盖面。

七、绿色引领，建设美丽宜居新城镇

优美宜居的生态环境是人民群众对城镇生活的新期待。要牢固树立"绿水青山就是金山银山"的发展理念，保护城镇特色景观资源，加强环境综合整治，构建生态网络。深入开展大气污染、水污染、土壤污染防治行动，溯源倒逼、系统治理，带动城镇生态环境质量全面改善。有机协调城镇内外绿地、河湖、林地、耕地，推动生态保护与旅游发展互促共融、新型城镇化与旅游业有机结合，打造宜居宜业宜游的优美环境。鼓励有条件的小城镇按照不低于 3A 级景区的标准规划建设特色旅游景区，将美丽资源转化为"美丽经济"。

加强历史文化名城名镇名村、历史文化街区、民族风情小镇等的保护，保护独特风貌，挖掘文化内涵，彰显乡愁特色，建设有历史记忆、文化脉络、地域风貌、民族特点的美丽小（城）镇。

八、主体多元，打造共建共享新模式

创新社会治理模式是建设美丽特色小（城）镇的重要内容。要统筹政府、社会、市民三大主体积极性，推动政府、社会、市民同心同向行动。充分发挥社会力量作用，最大限度激发市场主体活力和企业家创造力，鼓励企业、其他社会组织和市民积极参与城镇投资、建设、运营和管理，成为美丽特色小（城）镇建设的主力军。积极调动市民参与美丽特色小（城）镇建设热情，促进其致富增收，让发展成果惠及广大群众。逐步形成多方主体参与、良性互动的现代城镇治理模式。

政府主要负责提供美丽特色小（城）镇制度供给、设施配套、要素保障、生态环境保护、安全生产监管等管理和服务，营造更加公平、开放的市场环境，深化"放管服"改革，简化审批环节，减少行政干预。

九、城乡联动，拓展要素配置新通道

美丽特色小（城）镇是辐射带动新农村的重要载体。要统筹规划城乡基础设施网络，健全农村基础设施投入长效机制，促进水电路气信等基础设施城乡联网、生态环保设施城乡统一布局建设。推进城乡配电网建设改造，加快农村宽带网络和快递网络建设，以美丽特色小（城）镇为节点，推进农村电商发展和"快递下乡"。推动城镇公共服务向农村延伸，逐步实现城乡基本公共服务制度并轨、标准统一。

搭建农村一二三产业融合发展服务平台，推进农业与旅游、教育、文化、健康养老等产业深度融合，大力发展农业新型业态。依托优势资源，积极探索承接产业转移新模式，引导城镇资金、信息、人才、管理等要素向农村流动，推动城乡产业链双向延伸对接。促进城乡劳动力、土地、资本和创新要素高效配置。

十、创新机制，激发城镇发展新活力

释放美丽特色小（城）镇的内生动力关键要靠体制机制创新。要全面放开小城镇落户限制，全面落实居住证制度，不断拓展公共服务范围。积极盘活存量土地，建立低效用地再开发激励机制。建立健全进城落户农民农村土地承包权、宅基地使用权、集体收益分配权自愿有偿流转和退出机制。创新特色小（城）镇建设投融资机制，大力推进政府和社会资本合作，鼓励利用财政资金撬动社会资金，共同发起设立美丽特色小（城）镇建设基金。研究设立国家新型城镇化建设基金，倾斜支持美丽特色小（城）镇开发建设。鼓励开发银行、农业发展银行、农业银行和其他金融机构加大金融支持力度。鼓励有条件的小城镇通过发行债券等多种方式拓宽融资渠道。

按照"小政府、大服务"模式，推行大部门制，降低行政成本，提高行政效率。深入推进强镇扩权，赋予镇区人口 10 万以上的特大镇县级管理职能和权限，强化事权、财权、人事权和用地指标等保障。推动具备条件的特大镇有序设市。

各级发展改革部门要把加快建设美丽特色小（城）镇作为落实新型城镇化战略部署和推进供给侧结构性改革的重要抓手，坚持用改革的思路、创新的举措发挥统筹协调作用，借鉴浙江等地采取创建制培育特色小镇的经验，整合各方面力量，加强分类指导，结合地方实际研究出台配套政策，努力打造一批新兴产业集聚、传统产业升级、体制机制灵活、人文气息浓厚、生态环境优美的美丽特色小（城）镇。国家发展改革委将加强统筹协调，加大项目、资金、政策等的支持力度，及时总结推广各地典型经验，推动美丽特色小（城）镇持续健康发展。

国家发展改革委

2016 年 10 月 8 日

住房和城乡建设部 中国农业发展银行
关于推进政策性金融支持小城镇建设的通知

建村〔2016〕220号

各省、自治区、直辖市住房和城乡建设厅（建委）、北京市农委、上海市规划和国土资源管理局，中国农业发展银行各省、自治区、直辖市分行，总行营业部：

为贯彻落实党中央、国务院关于推进特色小镇、小城镇建设的精神，切实推进政策性金融资金支持特色小镇、小城镇建设，现就相关事项通知如下：

一、充分发挥政策性金融的作用

小城镇是新型城镇化的重要载体，是促进城乡协调发展最直接最有效的途径。各地要充分认识培育特色小镇和推动小城镇建设工作的重要意义，发挥政策性信贷资金对小城镇建设发展的重要作用，做好中长期政策性贷款的申请和使用，不断加大小城镇建设的信贷支持力度，切实利用政策性金融支持，全面推动小城镇建设发展。

二、明确支持范围

（一）支持范围。

1. 支持以转移农业人口、提升小城镇公共服务水平和提高承载能力为目的的基础设施和公共服务设施建设。主要包括：土地及房屋的征收、拆迁和补偿；安置房建设或货币化安置；水网、电网、路网、信息网、供气、供热、地下综合管廊等公共基础设施建设；污水处理、垃圾处理、园林绿化、水体生态系统与水环境治理等环境设施建设；学校、医院、体育馆等文化教育卫生设施建设；小型集贸市场、农产品交易市场、生活超市等便民商业设施建设；其他基础设施和公共服务设施建设。

2. 为促进小城镇特色产业发展提供平台支撑的配套设施建设。主要包括：标准厂房、孵化园、众创空间等生产平台建设；博物馆、展览馆、科技馆、文化交流中心、民俗传承基地等展示平台建设；旅游休闲、商贸物流、人才公寓等服务平台建设；其他促进特色产业发展的配套基础设施建设。

（二）优先支持贫困地区。

中国农业发展银行要将小城镇建设作为信贷支持的重点领域，以贫困地区小城镇建设作为优先支持对象，统筹调配信贷规模，保障融资需求。开辟办贷绿色通道，对相关项目优先受理、优先审批，在符合贷款条件的情况下，优先给予贷款支持。

三、建立贷款项目库

地方各级住房和城乡建设部门要加快推进小城镇建设项目培育工作，积极与中国农业发展银行各级机构对接，共同研究融资方案，落实建设承贷主体。申请政策性金融支持的小城镇需要编制小城镇近期建设规划和建设项目实施方案，经县级人民政府批准后，向中国农业发展银行相应分支机构提出建设项目和资金需求。各省级住房和城乡建设部门、中国农业发展银行省级分行应编制本省（区、市）本年度已支持情况和下一年度申请报告（包括项目清单），并于每年 12 月底前提交住房和城乡建设部、中国农业发展银行总行，同时将相关信息录入小城镇建设贷款项目库（http：//www.czjs.mohurd.gov.cn）。

四、加强项目管理

住房和城乡建设部负责组织、推动全国小城镇政策性金融支持工作，建立项目库，开展指导和检查。中国农业发展银行将进一步争取国家优惠政策，提供中长期、低成本的信贷资金。

省级住房和城乡建设部门、中国农业发展银行省级分行要建立沟通协调机制，协调县（市）申请中国农业银行政策性贷款，解决相关问题。县级住房和城乡建设部门要切实掌握政策性信贷资金申请、使用等相关规定，组织协调小城镇政策性贷款申请工作，并确保资金使用规范。

中国农业发展银行各分行要积极配合各级住房和城乡建设部门工作，普及政策性贷款知识，加大宣传力度。各分行要积极运用政府购买服务和采购、政府和社会资本合作（PPP）等融资模式，为小城镇建设提供综合性金融服务，并联合其他银行、保险公司等金融机构以银团贷款、委托贷款等方式，努力拓宽小城镇建设的融资渠道。对符合条件的小城镇建设实施主体提供重点项目建设基金，用于补充项目资本金不足部分。在风险可控、商业可持续的前提下，小城镇建设项目涉及的特许经营权、收费权和政府购买服务协议预期收益等可作为中国农业发展银行贷款的质押担保。

通知执行过程中如有问题和建议，请及时与住房和城乡建设部和中国农业发展银行总行联系。

住房和城乡建设部村镇建设司林岚岚、贾一石

联系电话：010-58934431

中国农业发展银行基础设施部周斌、傅卫华

联系电话：010-68082275

中华人民共和国住房和城乡建设部

中国农业发展银行

2016 年 10 月 10 日

住房和城乡建设部关于公布第一批中国特色小镇名单的通知

建村〔2016〕221 号

各省、自治区、直辖市住房和城乡建设厅（建委）、北京市农委、上海市规划和国土资源管理局：

根据《住房和城乡建设部国家发展改革委财政部关于开展特色小镇培育工作的通知》（建村〔2016〕147 号）（以下简称《通知》）精神和相关规定，在各地推荐的基础上，经专家复核，会签国家发展改革委、财政部，认定北京市房山区长沟镇等 127 个镇为第一批中国特色小镇，现予以公布。

中华人民共和国住房和城乡建设部

2016 年 10 月 11 日

关于实施"千企千镇工程"推进美丽特色小（城）镇建设的通知

发改规划〔2016〕2604号

各省、自治区、直辖市及计划单列市发展改革委、企业联合会、企业家协会、国家开发银行、中国光大银行各分行、新疆生产建设兵团发展改革委：

为深入贯彻落实习近平总书记、李克强总理等党中央、国务院领导同志关于加强特色小镇、小城镇建设的重要批示指示精神，按照《国家发展改革委关于加快美丽特色小（城）镇建设的指导意见》要求，在总结近年来企业参与城镇建设运营行之有效的经验基础上，国家发展改革委、国家开发银行、中国光大银行、中国企业联合会、中国企业家协会、中国城镇化促进会拟组织实施美丽特色小（城）镇建设"千企千镇工程"。有关事项通知如下：

一、主要目的

"千企千镇工程"，是指根据"政府引导、企业主体、市场化运作"的新型小（城）镇创建模式，搭建小（城）镇与企业主体有效对接平台，引导社会资本参与美丽特色小（城）镇建设，促进镇企融合发展、共同成长。

实施"千企千镇工程"，有利于充分发挥优质企业与特色小（城）镇的双重资源优势，开拓企业成长空间，树立城镇特色品牌，实现镇企互利共赢；有利于培育供给侧小镇经济，有效对接新消费新需求，增强小（城）镇可持续发展能力和竞争力；有利于创新小（城）镇建设管理运营模式，充分发挥市场配置资源的决定性作用，更好发挥政府规划引导和提供公共服务等作用，防止政府大包大揽。

二、主要内容

牢固树立和贯彻落实创新、协调、绿色、开放、共享的发展理念，深入推进供给侧结构性改革，以建设特色鲜明、产城融合、充满魅力的美丽特色小（城）镇为目标，以探索形成政府引导、市场主导、多元主体参与的特色小（城）镇建设运营模式为方向，加强政企银合作，拓宽城镇建设投融资渠道，加快城镇功能提升。坚持自主自愿、互利互惠，不搞"拉郎配"，不搞目标责任制，通过搭建平台更多依靠市场力量引导企业等市场主体参与特色小（城）镇建设。

（一）聚焦重点领域。围绕产业发展和城镇功能提升两个重点，深化镇企合作。引导企业从区域要素禀赋和比较优势出发，培育壮大休闲旅游、商贸物流、信息产业、智能制造、科技教育、民俗文化传承等特色优势主导产业，扩大就业，集聚人口。推动"产、城、人、文"融合发展，完善基础设施，扩大公共服务，挖掘文化内涵，促进绿色发展，打造宜居宜业的环境，提高人民群众获得感和幸福感。

（二）建立信息服务平台。运用云计算、大数据等信息技术手段，建设"千企千镇服务网"，开发企业产业转移及转型升级数据库和全国特色小（城）镇数据库，为推动企业等社会资本与特色小（城）镇对接提供基础支撑。

（三）搭建镇企合作平台。定期举办"中国特色小（城）镇发展论坛"，召开多形式的特色小（城）镇建设交流研讨会、项目推介会等，加强企业等社会资本和特色小（城）镇的沟通合作与互动交流。

（四）镇企结对树品牌。依托信息服务平台和镇企合作平台，企业根据自身经营方向，优选最佳合作城镇，城镇发挥资源优势，吸引企业落户，实现供需对接、双向选择，共同打造镇企合作品牌。

（五）推广典型经验。每年推出一批企业等社会资本与特色小（城）镇成功合作的典型案例，总结提炼可复制、可推广的经验，供各地区参考借鉴。

三、组织实施

（一）强化协同推进。"千企千镇工程"由国家发展改革委、国家开发银行、中国光大银行、中国企业联合会、中国企业家协会、中国城镇化促进会等单位共同组织实施。中国城镇化促进会要充分发挥在平台搭建、信息交流、经验总结等方面的积极作用，承担工程实施的具体工作。

（二）完善支持政策。"千企千镇工程"的典型地区和企业，可优先享受有关部门关于特色小（城）镇建设的各项支持政策，优先纳入有关部门开展的新型城镇化领域试点示范。国家开发银行、中国光大银行将通过多元化金融产品及模式对典型地区和企业给予融资支持，鼓励引导其他金融机构积极参与。政府有关部门和行业协会等社会组织将加强服务和指导，帮助解决"千企千镇工程"实施中的重点难点问题。

（三）积极宣传引导。充分发挥主流媒体、自媒体等舆论引导作用，持续跟踪报道"千企千镇工程"实施情况，总结好经验好做法，发现新情况新问题，形成全社会关心、关注、支持特色小（城）镇发展的良好氛围。

四、工作要求

（一）各地发展改革部门要强化对特色小（城）镇建设工作的指导和推进力度，积极组织引导特色小（城）镇参与结对工程建设，做好本地区镇企对接统筹协调。

（二）国家开发银行、中国光大银行各地分行要把特色小（城）镇建设作为推进新型城镇化建设的突破口，对带头实施"千企千镇工程"的企业等市场主体和特色小（城）镇重点帮扶，优先支持。

（三）各地企业联合会、企业家协会要充分发挥社会组织的作用，动员和组织本地企业与特色小（城）镇结对，以市场为导向，以产城融合为目标，把企业转型升级与特色小（城）镇建设有机结合起来。

联系人及电话：

中国城镇化促进会杨子健（010—68518601）

国家发展改革委

国家开发银行

中国光大银行

中国企业联合会

中国企业家协会

中国城镇化促进会

2016 年 12 月 12 日

国家发展改革委 国家开发银行关于
开发性金融支持特色小（城）镇建设促进脱贫攻坚的意见

发改规划〔2017〕102号

各省、自治区、直辖市及计划单列市发展改革委、新疆生产建设兵团发展改革委，
国家开发银行各分行：

建设特色小（城）镇是推进供给侧结构性改革的重要平台，是深入推进新型城镇化、辐射带动新农村建设的重要抓手。全力实施脱贫攻坚、坚决打赢脱贫攻坚战是"十三五"时期的重大战略任务。在贫困地区推进特色小（城）镇建设，有利于为特色产业脱贫搭建平台，为转移就业脱贫拓展空间，为易地扶贫搬迁脱贫提供载体。为深入推进特色小（城）镇建设与脱贫攻坚战略相结合，加快脱贫攻坚致富步伐，现就开发性金融支持贫困地区特色小（城）镇建设提出以下意见。

一、总体要求

全面贯彻党的十八大和十八届三中、四中、五中、六中全会精神，统筹推进"五位一体"总体布局和协调推进"四个全面"战略布局，牢固树立和贯彻落实新发展理念，按照扶贫开发与经济社会发展相结合的要求，充分发挥开发性金融作用，推动金融扶贫与产业扶贫紧密衔接，夯实城镇产业基础，完善城镇服务功能，推动城乡一体化发展，通过特色小（城）镇建设带动区域性脱贫，实现特色小（城）镇持续健康发展和农村贫困人口脱贫双重目标，坚决打赢脱贫攻坚战。

坚持因地制宜、稳妥推进。从各地实际出发，遵循客观规律，加强统筹协调，科学规范引导特色小（城）镇开发建设与脱贫攻坚有机结合，防止盲目建设、

浪费资源、破坏环境。

坚持协同共进、一体发展。统筹谋划脱贫攻坚与特色小（城）镇建设，促进特色产业发展、农民转移就业、易地扶贫搬迁与特色小（城）镇建设相结合，确保群众就业有保障、生活有改善、发展有前景。

坚持规划引领、金融支持。根据各地发展实际，精准定位、规划先行，科学布局特色小（城）镇生产、生活、生态空间。通过配套系统性融资规划，合理配置金融资源，为特色小（城）镇建设提供金融支持，着力增强贫困地区自我发展能力，推动区域持续健康发展。

坚持主体多元、合力推进。

发挥政府在脱贫攻坚战中的主导作用和在特色小（城）镇建设中的引导作用，充分利用开发性金融融资、融智优势，聚集各类资源，整合优势力量，激发市场主体活力，共同支持贫困地区特色小（城）镇建设。

坚持改革创新、务求实效。用改革的办法和创新的精神推进特色小（城）镇建设，完善建设模式、管理方式和服务手段，加强金融组织创新、产品创新和服务创新，使金融资源切实服务小（城）镇发展，有效支持脱贫攻坚。

二、主要任务

（一）加强规划引导

加强对特色小（城）镇发展的指导，推动地方政府结合经济社会发展规划，编制特色小（城）镇发展专项规划，明确发展目标、建设任务和工作进度。开发银行各分行积极参与特色小（城）镇规划编制工作，统筹考虑财税、金融、市场资金等方面因素，做好系统性融资规划和融资顾问工作，明确支持重点、融资方案和融资渠道，推动规划落地实施。各级发展改革部门要加强与开发银行各分行、特色小（城）镇所在地方政府的沟通联系，积极支持系统性融资规划编制工作。

（二）支持发展特色产业

一是各级发展改革部门和开发银行各分行要加强协调配合，根据地方资源禀赋和产业优势，探索符合当地实际的农村产业融合发展道路，不断延伸农业产业链、提升价值链、拓展农业多种功能，推进多种形式的产城融合，实现农业现代化与新型城镇化协同发展。二是开发银行各分行要运用"四台一会"（管理平台、借款平台、担保平台、公示平台和信用协会）贷款模式，推动建立风险分担和补偿机制，以批发的方式融资支持龙头企业、中小微企业、农民合作组织以及返乡农民工等各类创业者发展特色优势产业，带动周边广大农户，特别是贫困户全面融入产业发展。三是在特色小（城）镇产业发展中积极推动开展土地、资金等多种形式的股份合作，在有条件的地区，探索将"三资"（农村集体资金、资产和资源）、承包土地经营权、农民住房财产权和集体收益分配权资本化，建立和完善利益联结机制，保障贫困人口在产业发展中获得合理、稳定的收益，并实现城乡劳动力、土地、资本和创新要素高效配置。

（三）补齐特色小（城）镇发展短板

一是支持基础设施、公共服务设施和生态环境建设，包括但不限于土地及房屋的征收、拆迁和补偿；安置房建设或货币化安置；水网、电网、路网、信息网、供气、供热、地下综合管廊等公共基础设施建设；污水处理、垃圾处理、园林绿化、水体生态系统与水环境治理等环境设施建设以及生态修复工程；科技馆、学校、文化馆、医院、体育馆等科教文卫设施建设；小型集贸市场、农产品交易市场、生活超市等便民商业设施建设；其他基础设施、公共服务设施以及环境设施建设。二是支持各类产业发展的配套设施建设，包括但不限于标准厂房、孵化园、众创空间等生产平台；旅游休闲、商贸物流、人才公寓等服务平台建设；其他促进特色产业发展的配套基础设施建设。

（四）积极开展试点示范

结合贫困地区发展实际，因地制宜开展特色小（城）镇助力脱贫攻坚建设试点。对试点单位优先编制融资规划，优先安排贷款规模，优先给予政策、资金等方面的支持，鼓励各地先行先试，着力打造一批资源禀赋丰富、区位环境良好、历史文化浓厚、产业集聚发达、脱贫攻坚效果好的特色小（城）镇，为其他地区提供经验借鉴。

（五）加大金融支持力度

开发银行加大对特许经营、政府购买服务等模式的信贷支持力度，特别是通过探索多种类型的 PPP 模式，引入大型企业参与投资，引导社会资本广泛参与。发挥开发银行"投资、贷款、债券、租赁、证券、基金"综合服务功能和作用，在设立基金、发行债券、资产证券化等方面提供财务顾问服务。发挥资本市场在脱贫攻坚中的积极作用，盘活贫困地区特色资产资源，为特色小（城）镇建设提供多元化金融支持。各级发展改革部门和开发银行各分行要共同推动地方政府完善担保体系，建立风险补偿机制，改善当地金融生态环境。

（六）强化人才支撑

加大对贫困地区特色小（城）镇建设的智力支持力度，开发银行扶贫金融专员要把特色小（城）镇作为金融服务的重要内容，帮助派驻地（市、州）以及对口贫困县区域内的特色小（城）镇引智、引商、引技、引资，着力解决缺人才、缺技术、缺资金等突出问题。以"开发性金融支持脱贫攻坚地方干部培训班"为平台，为贫困地区干部开展特色小（城）镇专题培训，帮助正确把握政策内涵，增强运用开发性金融手段推动特色小（城）镇建设、促进脱贫攻坚的能力。

（七）建立长效合作机制

国家发展改革委和开发银行围绕特色小（城）镇建设进一步深化合作，建立定期会商机制，加大工作推动力度。各级发展改革部门和开发银行各分行要密切沟通，共同研究制定当地特色小（城）镇建设工作方案，确定重点支持领域，设计融资模式；建立特色小（城）镇重点项目批量开发推荐机制，形成项目储备库；协调解决特色小（城）镇建设过程中的困难和问题，将合作落到实处。

各级发展改革部门和开发银行各分行要支持贫困地区特色小（城）镇建设促进脱贫攻坚，加强合作机制创新、工作制度创新和发展模式创新，积极探索、勇于实践，确保特色小（城）镇建设取得新成效，打赢脱贫攻坚战。

国家发展改革委

国家开发银行

2017 年 1 月 13 日

住房和城乡建设部　国家开发银行关于
推进开发性金融支持小城镇建设的通知

建村〔2017〕27 号

各省、自治区、直辖市住房和城乡建设厅（建委），北京市农委、规划和国土资源管理委，上海市规划和国土资源管理局，新疆生产建设兵团建设局，国家开发银行各省（区、市）分行、企业局：

为贯彻落实党中央、国务院关于推进小城镇建设的精神，大力推进开发性金融支持小城镇建设，现就有关工作通知如下。

一、充分认识开发性金融支持小城镇建设的重要意义

小城镇是新型城镇化建设的重要载体，是促进城乡协调发展最直接最有效的途径，在推进经济转型升级、绿色低碳发展和生态环境保护等方面发挥着重要作用。小城镇建设任务艰巨，资金需求量大，迫切需要综合运用财政、金融政策，引导金融机构加大支持力度。开发性金融支持是推动小城镇建设的重要手段，是落实供给侧结构性改革的重要举措。各级住房和城乡建设部门、国家开发银行各分行要充分认识开发性金融支持小城镇建设的重要意义，加强部行协作，强化资金保障，全面提升小城镇的建设水平和发展质量。

二、主要工作目标

（一）落实《住房和城乡建设部国家发展改革委财政部关于开展特色小镇培育工作的通知》（建村〔2016〕147 号），加快培育 1000 个左右各具特色、富有活力的休闲旅游、商贸物流、现代制造、教育科技、传统文化、美丽宜居的特色小镇。优先支持《住房和城乡建设部关于公布第一批中国特色小镇名单

的通知》（建村〔2016〕221 号）确定的 127 个特色小镇。

（二）落实《住房和城乡建设部等部门关于公布全国重点镇名单的通知》（建村〔2014〕107 号），大力支持 3675 个重点镇建设，提升发展质量，逐步完善一般小城镇的功能，将一批产业基础较好、基础设施水平较高的小城镇打造成特色小镇。

（三）着力推进大别山等集中连片贫困地区的脱贫攻坚，优先支持贫困地区基本人居卫生条件改善和建档立卡贫困户的危房改造。

（四）探索创新小城镇建设运营及投融资模式，充分发挥市场主体作用，打造一批具有示范意义的小城镇建设项目。

三、重点支持内容

（一）支持以农村人口就地城镇化、提升小城镇公共服务水平和提高承载能力为目的的设施建设。主要包括：土地及房屋的征收、拆迁和补偿；供水、供气、供热、供电、通信、道路等基础设施建设；学校、医院、邻里中心、博物馆、体育馆、图书馆等公共服务设施建设；防洪、排涝、消防等各类防灾设施建设。重点支持小城镇污水处理、垃圾处理、水环境治理等设施建设。

（二）支持促进小城镇产业发展的配套设施建设。主要包括：标准厂房、众创空间、产品交易等生产平台建设；展示馆、科技馆、文化交流中心、民俗传承基地等展示平台建设；旅游休闲、商贸物流、人才公寓等服务平台建设，以及促进特色产业发展的配套设施建设。

（三）支持促进小城镇宜居环境塑造和传统文化传承的工程建设。主要包括：镇村街巷整治、园林绿地建设等风貌提升工程；田园风光塑造、生态环境修复、湿地保护等生态保护工程；传统街区修缮、传统村落保护、非物质文化遗产活化等文化保护工程。

四、建立项目储备制度

（一）建立项目储备库。各县（市、区）住房城乡建设（规划）部门要加快推进本地区小城镇总体规划编制或修编，制定近期建设项目库和年度建设计划，统筹建设项目，确定融资方式和融资规模，完成有关审批手续。

（二）推荐备选项目。各县（市、区）住房城乡建设（规划）部门要组织做好本地区项目与国家开发银行各分行的项目对接和推荐，填写小城镇建设项目入库申报表，报省级住房和城乡建设部门。省级住房和城乡建设部门应汇总项目申报表，于 2017 年 3 月底前报住房和城乡建设部，并将项目信息录入全国小城镇建设项目储备库（http：//www.charmingtown.cn）。

今后，应在每年 11 月底前报送下一年度项目申报表，并完成项目录入工作。住房和城乡建设部将会同国家开发银行对各地上报项目进行评估，将评估结果好的项目作为优先推荐项目。

五、加大开发性金融支持力度

（一）做好融资规划。国家开发银行将依据小城镇总体规划，适时编制相应的融资规划，做好项目融资安排，针对具体项目的融资需求，统筹安排融资方式和融资总量。

（二）加强信贷支持。国家开发银行各分行要会同各地住房城乡建设（规划）部门，确定小城镇建设的投资主体、投融资模式等，共同做好项目前期准备工作。对纳入全国小城镇建设项目储备库的优先推荐项目，在符合贷款条件的情况下，优先提供中长期信贷支持。

（三）创新融资模式，提供综合性金融服务。国家开发银行将积极发挥"投、贷、债、租、证"的协同作用，为小城镇建设提供综合金融服务。根据项目情况，采用政府和社会资本合作（PPP）、政府购买服务、机制评审等模式，推动项目落地；鼓励大型央企、优质民企以市场化模式支持小城镇建设。在风险可控、商业可持续的前提下，积极开展小城镇建设项目涉及的特许经营权、收费权和购买服务协议下的应收账款质押等担保类贷款业务。

六、建立工作协调机制

住房和城乡建设部和国家开发银行签署《共同推进小城镇建设战略合作框架协议》，建立部行工作会商制度。省级住房和城乡建设部门、国家开发银行省级分行要参照部行合作模式建立工作协调机制，加强沟通、密切合作，及时共享小城镇建设信息，协调解决项目融资、建设中存在的问题和困难；要及时将各地项目进展情况、存在问题及有关建议分别报住房和城乡建设部和国家开发银行总行。

联系人：

住房和城乡建设部村镇建设司郭志伟、张雁

联系电话：010-58934518、58934818（传真）

国家开发银行评审二局赵晋文、史长虹

联系电话：010-88309352、68306847（传真）

中华人民共和国住房和城乡建设部

国家开发银行股份有限公司

2017 年 1 月 24 日

天津市

关于印发天津市加快特色小镇规划建设指导意见的通知

有农业的区人民政府，有关委、局，有关单位：

市发展改革委拟定的《天津市特色小镇规划建设指导意见》已经市人民政府同意，现印发给你们，请照此执行。

在示范小城镇建设基础上，加快建设一批实力小镇、特色小镇、花园小镇，是市委、市人民政府结合供给侧改革，贯彻新的发展理念，从推动城乡统筹发展大局出发，实施的一项重要举措，有利于全面提升全市小城镇生产生活生态功能，增强小城镇核心竞争力和人口吸附能力，使我市小城镇更具实力、更具活力、更具特色，造福于民。为做好相关工作，特制定如下意见。

一、总体要求

（一）重要意义。多年来，我市以示范小城镇为龙头，推进农民居住社区、示范工业园区、农业设施园区发展，农村"三区"建设已经成为经济社会发展的新支撑；实施创新驱动战略，大项目、小巨人、楼宇经济、万企转型、众创空间以及建设创新型城市和产业创新中心等一系列创新举措，成为我市经济发展的新生动力。在示范小城镇基础上开展特色小镇建设，有利于实现人、地、钱、房各种资源要素的优化配置，在全市范围内共建共有共享；有利于盘活现有资产、资源、资金，开放现有政策环境；有利于科技创新引领产业转型升级，从传统动力向新生动力驱动转变；从而促进我市城乡各类资源合理流动均衡发展，缩小城乡差异，实现一体化发展。

（二）目标要求。力争到 2020 年，创建 10 个实力小镇，20 个市级特色小镇，上述 30 个小镇达到花园小镇建设标准，每个区因地制宜自主创建 2 到 3 个区级特色小镇。实力小镇以整建制街镇辖域范围进行考核，GDP 要超 200 亿元、全口径财政收入要超 40 亿元；特色小镇可以考虑以特色街区为考核单位，一个特色小镇可以有几个特色街区，规划面积一般控制在 3 平方千米左右，建设面积一般控制在 1 平方千米左右，固定资产投资完成 50 亿元以上（商品住宅和商业综合体除外），信息经济、金融、旅游和历史传统产业的特色小镇总投资额可放宽到不低于 30 亿元，特色产业投资占比不低于 70%，旅游特色小镇应参照结合国家 A 级旅游景区和全域旅游示范区标准有关内容进行建设；花园小镇要实行城镇全面精细化网格化管理，有条件的街镇要建立智慧共享平台，成为智慧小镇，以风景美、街区美、功能美、生态美、生活美、风尚美为建设内容，居住社区城市绿化覆盖率要达到 40% 以上，生活垃圾无害化处理率和污水处理率要达到 100%，主要道路绿化普及率要达到 100%。

（三）产业定位。特色小镇产业，要结合我市建设创新型城市的产业发展方向，立足打造十大先进制造产业集群，围绕高端装备、航空航天、新一代信息技术、生物医药、新能源新材料等战略性新兴产业，以及我市特色文化产业和历史经典产业为导向，聚焦互联网智能制造、信息经济、生态农业、节能环保、民俗文化、电子商务、高端旅游、食品安全、健康养老等民生领域的优势产业、新兴产业，充分利用互联网 +、大数据、云计算，重点培育一批产业特色鲜明、生态环境优美、人文气息浓厚、体制机制灵活、兼具旅游与社区功能的专业特色小镇。

（四）规划引领。实力小镇要以推进产业集聚、高端高质、市场连接、历史传承等方面为发展重点，经济实力要强、功能集成完善、示范效应明显，具有独特发展魅力；特色小镇要在现代产业、民俗文化、生态旅游、商业贸易、自主创新等多方面谋划发展，形成一镇一韵、一镇一品、一镇一特色；花园小镇要以城镇精细化精致化智能化管理为抓手，搭建智慧城镇共享平台，努力打造绿树环绕、花草覆盖、干净整洁、管理有序、清新亮丽的美丽小镇。

（五）运作方式。特色小镇建设要坚持政府引导、企业主体、市场运作、开放共享的原则，积极引入市场机制，突出企业主体地位，充分发挥市场在资源配置中的决定性作用，特别是在深入挖掘传统文化内涵、历史传承、生态环境保护、促进经济社会可持续发展等方面发挥重要作用；同时，政府要在建设规划编制、基础设施配套、资源要素保障、政策环境开放，调动社会一切积极因素，实现共建共有共享的目标上，提供服务保障。每个特色小镇要明确投资建设主体，由企业为主体推进项目建设。

二、创建申报

（一）组织申报。各区按照天津市特色小镇规划建设的总体要求，结合本地实际，提出本区域内拟培育的市级特色小镇名单，组织编制特色小镇创建方案和概念规划、环境规划，根据土地利用总体规划确定土地利用结构和布局，明确四至范围和产业定位、落实投资主体和投资项目、分解三年或五年建设计划。

（二）分批审核。各区人民政府选择有资质高水平的规划设计团队进行规划编制；市规划局初步审查各区特色小镇规划方案，择优选出市级特色镇创建对象后，报市特色小镇规划建设联席会议审定同意后予以公布；同时，由市特色小镇规划建设联席会议办公室会同相关区人民政府重点推荐市级特色小镇培育对象名单。

（三）培育建设。各区人民政府根据市级特色小镇的创建要求，组织相关建设主体按照创建方案和建设计划有序推进各项建设任务。市特色小镇规划建设联席会议办公室每季度对各地特色小镇规划建设情况进行通报，并定期组织现场会，交流培育建设经验。

（四）年度考核。市级特色小镇年度建设任务纳入市人民政府对各区年度目标考核体系。对未完成年度目标考核任务的特色小镇，实行退出机制，下一年度起不再享受市级特色小镇扶持政策。

（五）验收命名。市级特色小镇完成各项目标任务的，由市发展改革委组织相关部门进行评估验收，验收合格的报市人民政府同意后，可命名为天津市特色小镇。

三、政策措施

（一）土地政策。特色小镇规划建设要按照节约集约用地的原则，充分利用存量建设用地，确需新增建设用地的，由各区带项目申请办理农用地转用土地征收手续。凡属特色产业聚集程度高、辐射带动作用强，具有高端高质的行业龙头企业集群的项目，经认定，土地利用计划指标予以安排；对如期完成年度规划目标任务的，市里给予一定土地利用年度计划指标奖励。

（二）人才政策。对支持特色小镇建设的以成建制形式整体迁入我市的企业、研发机构，在办理首批人员调津过程中，凭相关资料，在保证调津人员中有50%以上符合我市引才条件的前提下，对其余虽不具备我市引才要求的学历、职称条件，但原已在该单位工作且迁入我市后单位仍然急需的管理、专业技术及技能型人才，可同时予以调入，配偶及18周岁以下子女可办理随迁手续。

（三）财政政策。设立市级特色小镇专项补助资金，一是对经市人民政府批准同意的特色小镇基础设施建设投入，从2016年起，按照一年期6%贷款利率，对每个实力小镇基础设施贷款给予总额不超过2000万元的贴息扶持，对每个特色小镇基础设施贷款给予总额不超过1000万元的贴息扶持，其中：市、区两级财政各承担50%；二是对验收达标的特色小镇，市级财政给予一次性奖励资金500万元，专项用于特色小镇发展建设。

（四）其他政策。列入市级特色小镇创建范围的基础设施建设项目，均可享受"两行一基金"贷款融资政策，列为市发展改革委申请国家专项建设基金范围。

市级有关部门和各区人民政府要积极研究制订具体政策措施，整合优化政策资源，给予特色小镇规划建设强有力的政策支持。大项目、小巨人、楼宇经济、众创空间、万企转型升级项目在特色小镇生根开花的，为实力小镇、特色小镇、花园小镇发挥重大作用的，各部门可优先考虑给予重点扶持奖励政策；市乡村公路、四清一绿政策安排向特色小镇集中倾斜。

四、组织保障

（一）统筹协调推动。借助天津市特色小镇规划建设工作联席会议制度，定期对工作中出现的重大事项和问题进行会商，统筹指导、综合协调、上下联动，全力推进特色小镇规划建设工作。

（二）推进责任落实。各区是特色小镇培育创建的责任主体，要建立实施推进工作机制，搞好规划建设，加强组织协调，确保各项工作按照时间节点和计划要求规范有序推进，不断取得实效。

（三）加强动态监测。各区要按季度向市特色小镇规划建设工作联席会议办公室报送纳入市重点培育名单的特色小镇创建工作进展和形象进度情况，市里在一定范围内进行通报。

天津市特色小镇规划建设工作联席会议办公室

（天津市发展和改革委员会代章）

2016 年 10 月 20 日

河北省

中共河北省委河北省人民政府关于建设特色小镇的指导意见

特色小镇是按照创新、协调、绿色、开放、共享的发展理念打造，具有明确产业定位、科技元素、文化内涵、生态特色、旅游业态和一定社区功能的发展空间平台，呈现产业发展"特而精"、功能集成"聚而合"、建设形态"小而美"、运作机制"活而新"的鲜明特征。为加快打造体现河北特点、引领带动区域发展的特色小镇，现提出如下意见。

一、重要意义

（一）建设特色小镇是落实新发展理念的重要举措。特色小镇是经济社会发展中孕育出的新事物，贯穿着创新、协调、绿色、开放、共享五大发展理念在基层的探索和实践。加快特色小镇建设，有利于破解资源瓶颈、聚集高端要素、促进创新创业，能够增加有效投资，带动城乡统筹发展和生态环境改善，提高居民生活质量，形成新的经济增长点。

（二）建设特色小镇是全面深化改革的有益探索。特色小镇是改革创新的产物，也是承接、推进改革的平台。加快特色小镇建设，可以更好地发挥市场在资源配置中的决定性作用，激发企业和创业者的创新热情和潜力，也能推动政府转变职能，营造良好发展环境，形成企业主体、政府引导、市场化运作、多元化投资的开发建设格局。

（三）建设特色小镇是推进产业转型升级的有效路径。特色小镇突出新兴产业培育和传统特色产业再造，是推进供给侧结构性改革、培育发展新动能的生力军。加快特色小镇建设，既能增加有效供给，又能创造新的需求；既能带动工农业发展，又能带动旅游业等现代服务业发展；既能推动产业加快聚集，又能补齐新兴产业发展短板，形成引领产业转型升级的示范区。

（四）建设特色小镇是统筹城乡发展的重要抓手。特色小镇是连接城乡的重要节点和产城人文一体的复合载体。加快特色小镇建设，能够推动产业之间、产城之间、城乡之间融合发展，有利于落实新型城镇化和城乡统筹示范区功能定位，破解城乡二元结构，提速农民就地城镇化进程，助力美丽乡村建设，形成独具魅力的城乡统筹发展新样板。

二、总体要求

（一）基本思路。牢固树立和贯彻落实新发展理念，准确把握特色小镇的内涵特征，坚持因地制宜、突出特色、企业主体、政府引导，坚守发展和生态底线，注重特色打造，注重有效投资，注重示范引领，注重改革创新，加速要素集合、产业聚合、产城人文融合，努力把特色小镇打造成为经济增长新高地、产业升级新载体、城乡统筹新平台，为建设经济强省、美丽河北提供有力支撑。力争通过 3 至 5 年的努力，培育建设 100 个产业特色鲜明、人文气息浓厚、生态环境优美、多功能叠加融合、体制机制灵活的特色小镇。

（二）建设要求。

1. 坚持规划引领。特色小镇不是行政区划单元的"镇"，也不是产业园区、景区的"区"，一般布局在城镇周边、景区周边、高铁站周边及交通轴沿线，适宜集聚产业和人口的地域。选址应符合城乡规划、土地利用总体规划要求，相对独立于城市和乡镇建成区中心，原则上布局在城乡接合部，以连片开发建设为宜。特色小镇规划要突出特色打造，彰显产业特色、文化特色、建筑特色、生态特色，形成"一镇一风格"；突出功能集成，推进"多规合一"，体现产城人文四位一体和生产生活生态融合发展；突出节约集约，合理界定人口、资源、环境承载力，严格划定小镇边界，规划面积一般控制在 3 平方千米左右（旅游产业类特色小镇可适当放宽），建设用地面积一般控制在 1 平方千米左右，聚集人口 1 万至 3 万人；突出历史文化传承，注重保护重要历史遗存和民俗文化，挖掘文化底蕴，开发旅游资源，所有特色小镇要按 3A 级以上景区标准建设，旅游产业类特色小镇要按 4A 级以上景区标准建设，并推行"景区＋小镇"管理体制。

2. 明确产业定位。特色小镇要聚焦特色产业集群和文化旅游、健康养老等现代服务业，兼顾皮衣皮具、红木家具、石雕、剪纸、乐器等历史经典产业。每个小镇要根据资源禀赋和区位特点，明确一个最有基础、最有优势、最有潜力的产业作为主攻方向，差异定位、错位发展，挖掘内涵、衍生发展，做到极致、一流。每个细分产业原则上只规划建设一个特色小镇（旅游产业类除外），新引进的重大产业项目优先布局到同类特色小镇，增强特色产业集聚度，避免同质化竞争。

3. 突出有效投资。坚持高强度投入和高效益产出，每个小镇要谋划一批建设项目，原则上 3 年内要完成固定资产投资 20 亿元以上，其中特色产业投资占比不低于 70%，第一年投资不低于总投资的 20%，金融、科技创新、旅游、文化创意、历史经典产业类特色小镇投资额可适当放宽，对完不成考核目标任务的予以退出。

4. 集聚高端要素。打破惯性思维和常规限制，根据产业定位量身定制政策，打造创新创业平台，吸引企业高管、科技创业者、留学归国人员等创新人才，引进新技术，开发新产品，做大做强特色产业。建设特色小镇公共服务 APP，提供创业服务、商务商贸、文化展示等综合功能。积极应用现代信息传输技术、网络技术和信息集成技术，实现公共 WiFi 和数字化管理全覆盖，建设现代化开放型特色小镇。

5.创新运作方式。特色小镇建设要坚持政府引导、企业主体、市场化运作，鼓励以社会资本为主投资建设特色小镇。每个小镇要明确投资建设主体，注重引入龙头企业，以企业为主推进项目建设，鼓励采取企业统一规划、统一招商、统一建设的发展模式。政府主要在特色小镇的规划编制、基础设施配套、资源要素保障、文化内涵挖掘传承、生态环境保护等方面加强引导和服务，营造良好的政策环境，吸引市场主体投资建设特色小镇。

三、创建程序

（一）自愿申报。由各县（市、区）结合实际提出申请，由各市（含定州、辛集市）向省特色小镇规划建设工作联席会议办公室报送创建书面材料。各县（市、区）制定创建方案，明确特色小镇的四至范围、产业定位、投资主体、投资规模、建设计划，并附概念性规划。

（二）分批审核。根据申报创建特色小镇的具体产业定位，坚持统分结合、分批审核，先分别由省级相关职能部门进行初审，再由省特色小镇规划建设工作联席会议办公室组织联审、报省特色小镇规划建设工作联席会议审定后公布。对各地申报创建特色小镇数额不搞平均分配，凡符合特色小镇内涵和质量要求的，纳入省重点培育特色小镇创建名单。

（三）动态管理。特色小镇实行创建制，按照"宽进严定、分类分批"的原则推进。制定年度考核办法，以年度统计数据为依据，公布年度达标小镇，兑现奖惩政策；对连续2年没有完成建设进度的特色小镇，退出创建名单。

（四）验收命名。制定《河北省特色小镇创建导则》。通过3年左右的创建期，对实现规划建设目标、达到特色小镇标准要求的，由省特色小镇规划建设工作联席会议组织验收，通过验收的认定为省级特色小镇。

四、政策措施

（一）加强用地保障。各地要结合土地利用总体规划调整和城乡规划修编，将特色小镇建设用地纳入城镇建设用地扩展边界内。特色小镇建设要按照节约集约用地的要求，充分利用低丘缓坡、滩涂资源和存量建设用地，统筹地上地下空间开发，推进建设用地多功能立体开发和复合利用。土地计划指标统筹支持特色小镇建设。支持建设特色小镇的市、县（市、区）开展城乡建设用地增减挂钩试点，连片特困地区和片区外国家扶贫开发工作重点县，在优先保障农民安置和生产发展用地的前提下，可将部分节余指标用于特色小镇。在全省农村全面开展"两改一清一拆"（改造城中村和永久保留村，改造危旧住宅，清垃圾杂物、庭院和残垣断壁，拆除违章建筑等）行动，建立健全全省统一的土地占补平衡和增减挂钩指标库，供需双方在省级平台对接交易，盘活存量土地资源。

（二）强化财政扶持。省级财政用以扶持产业发展、科技创新、生态环保、公共服务平台等专项资金，优先对接支持特色小镇建设。鼓励和引导政府投融资平台和财政出资的投资基金，加大对特色小镇基础设施和产业示范项目支持力度。省市县美丽乡村建设融资平台对相关特色小镇的美丽乡村建设予以倾斜支持，对符合中心村申报条件的特色小镇建设项目，按照全省中心村建设示范点奖补标准给予重点支持，并纳入中心村建设示范点管理，对中心村建设示范县（市、区），再增加100万元奖补资金，专门用于特色小镇建设。

（三）加大金融支持。按照谁投资谁受益原则，加大招商引资力度，探索产业基金、私募股权、PPP等融资路径，拓宽投融资渠道，广泛吸引社会资本参与特色小镇建设。鼓励在特色小镇组建村镇银行和小额贷款公司，鼓励和引导金融机构到特色小镇增设分支机构和服务网点，加大对特色小镇基础设施建设、主导产业发展和小微企业支持力度，探索开展投贷联动业务。鼓励保险机构通过债券、投资基金、基础设施投资计划、资产支持计划等方式参与特色小镇建设投资。加强特色小镇项目谋划，积极与国家开发银行、农业发展银行沟通对接，争取国家专项建设基金和低息贷款支持。

（四）完善基础设施。加强统筹谋划，积极支持特色小镇完善水、电、路、气、信等基础设施，提升综合承载能力和公共服务水平。加快完善内部路网，打通外部交通连廊，提高特色小镇的通达性和便利性。加快污水处理、垃圾处理和供水设施建设，实现特色小镇供水管网、污水管网和垃圾收运系统全覆盖。完善电力、燃气设施，推进集中供气、集中供热或新能源供热。加大特色小镇信息网络基础设施建设力度，推动网络提速降费，提高宽带普及率，加快实现 WiFi 全覆盖。加强特色小镇道路绿化、生态隔离带、绿道绿廊和片林建设，构建"山水林田湖共同体"系统生态格局。合理配置教育、医疗、文化、体育等公共服务设施，完善特色小镇公共服务体系。

（五）支持试点示范。把特色小镇作为改革创新的试验田，国家相关改革试点，特色小镇优先上报；国家和省相关改革试点政策，特色小镇优先实施；符合法律法规要求的改革，允许特色小镇先行先试。

各地和省直有关部门要积极研究制定具体政策措施，整合优化政策资源，给予特色小镇建设有力的政策支持。

五、组织领导

（一）建立协调机制。为加强对特色小镇建设工作的组织领导和统筹协调，省委、省政府建立省特色小镇规划建设工作联席会议制度，省委副书记担任召集人，省政府常务副省长担任副召集人，省委宣传部、省农工办、省发展改革委、省科技厅、省财政厅、省国土资源厅、省环境保护厅、省住房和城乡建设厅、省交通运输厅、省工业和信息化厅、省林业厅、省商务厅、省文化厅、省旅游发展委、省金融办、省统计局、省通信管理局等单位负责同志为成员。联席会议办公室设在省发展改革委，负责联席会议日常工作。

（二）推进责任落实。各县（市、区）党委、政府是特色小镇规划建设的责任主体，要加强组织协调，勇于改革创新，建立工作落实推进机制，分解落实年度目标任务，及时协调解决问题，确保按时间节点和进度要求规范有序推进，务求取得实效。省直有关部门根据特色小镇的产业类别，结合职责分工，加强指导协调和政策扶持，支持特色小镇加快发展。

（三）加强督导考核。加强工作调度，组织考察培训，及时总结、评估特色小镇建设成果和有效做法，树立一批产业鲜明、主题突出的特色小镇，发挥好典型示范带动作用。以有效投资、营业收入、新增税收、市场主体数量、常住人口等为主要指标，对特色小镇建设实行年度专项考核。各地要按季度报送特色小镇创建工作进展和形象进度情况，省特色小镇规划建设工作联席会议办公室将定期进行通报。

（四）搞好宣传推广。发挥舆论导向作用，充分利用传统媒体和微博、微信、客户端等新兴媒体，加大对特色小镇建设的宣传力度，营造全社会关心支持特色小镇建设的浓厚氛围，调动市场主体和干部群众的积极性，树立典型、唱响品牌、提高知名度，增强吸引力，扩大影响力。

各地各部门要进一步提高认识，把特色小镇建设与新型城镇化、美丽乡村建设、产业转型升级和建设旅游强省有机结合起来，统筹推进，强化责任，形成合力，最大限度释放特色小镇的综合效益。

中共河北省委河北省人民政府

2016 年 8 月 12 日

内蒙古自治区

内蒙古自治区人民政府办公厅关于特色小镇建设工作的指导意见

内政办发〔2016〕128 号

各盟行政公署、市人民政府，各旗县人民政府，自治区各委、办、厅、局，各大企业、事业单位：

小城镇是新型城镇化的重要载体，是实现城乡统筹发展的重要节点。加快规划建设一批产业定位明确、文化内涵深厚、景观风貌独特的特色小镇，推进小城镇健康快速发展，是新时期促进全区新型城镇化和城乡一体化发展的重要举措。为进一步加快我区特色小镇规划建设，充分发挥小城镇在城乡建设和经济社会发展中的作用，推动新型城镇化和城乡一体化发展，经自治区人民政府同意，现提出以下意见。

一、总体要求、基本原则和发展目标

（一）总体要求。全面贯彻落实党的十八大和十八届三中、四中、五中全会精神，深入贯彻落实习近平总书记系列重要讲话和考察内蒙古重要讲话精神，按照自治区新型城镇化发展的战略部署，以促进县域经济发展为目标，因地制宜选择一批具有产业、资源、区位优势的一般建制镇，准确定位发展模式，突出产业和文化特点，加大各级财政投入，积极引进社会资本，投资发展优势产品、产业和服务业，促进当地和吸引外来消费，带动当地的经济发展。通过特色小镇引领，推动全区小城镇健康快速发展，为加快我区新型城镇化进程，逐步实

现城乡基础设施、公共服务、就业和社会保障的城乡一体化提供保障。

（二）基本原则。

——统筹谋划，规划先行。以规划统筹各种要素，优化资源配置，合理谋划空间布局，注重发挥优势和突出特色，处理好生产、生活、休闲、交通四大要素关系，明确生态功能定位。

——定位明确，产业支撑。依托地方资源优势和特色，优化产业结构，积极发展现代工业，精细化农业、牧业，农畜产品加工业，旅游度假和商贸服务业等，形成规模效应，引导发展"一镇一业"，吸引当地群众就地就业，带动群众增收致富。

——小而精美，凸显特色。挖掘小城镇独具魅力和特色的文化内涵，突出打造个性鲜明的建筑风格、绿化景观和人文特色文化，为小城镇的建设发展注入文化元素，提升城镇建设品质，彰显小城镇特色和魅力。

——绿色低碳，生态宜居。以建立绿色低碳、节能环保的生产生活方式为目标，保护生产环境，发展循环经济、绿色经济和低碳经济，推广太阳能、风能等清洁能源，环保材料在小城镇中得到广泛应用，力争建设低碳、零碳小镇。

——政府引导，市场运作。充分发挥市场在资源配置中的决定性作用，加强政府引导和服务保障，明确投资建设主体，引入龙头企业，充分发挥龙头企业在规划建设中的主体作用。

（三）发展目标。根据经济社会基础良好、区位优势明显、交通设施便利、人口聚集度高、资源环境承载力强等标准和要求，自治区按照工业、农业、牧业、林业、旅游、物流、商贸、口岸、文化等几种类型，每年选择8—12个示范镇，各旗县（市、区）至少选择1个示范镇，通过自治区、盟市、旗县三级集中投入，逐年推进，建成一批功能齐备、设施完善、生活便利、环境优美、特色鲜明、经济繁荣、社会和谐的特色小镇，推动全区新型城镇化发展。到2020年，全区的特色小镇基本实现产业特色鲜明、基础设施和公共服务功能比较完善、人居生态环境良好、城镇建设风貌独特、居民就业和社会保障水平较高、对县域经济带动能力较强的发展目标。

二、主要任务

（一）制定特色小镇创建方案。各旗县（市、区）要优先从国家和自治区重点示范镇、特色景观旅游名镇中选择地理位置优越、交通便捷、经济基础好、产业特色明显、资源丰富独特、开发潜力大的建制镇，制定特色小镇创建方案，高起点谋划特色小镇发展，确保与国民经济和社会发展规划、城乡规划、土地利用总体规划等统筹衔接，找准特点，明确定位，打造具有核心竞争力的商业运行模式。要制订量化可行的工作计划，落实投资计划，包括建设主体、建设项目、形象进度等，实施项目化管理。

（二）培育特色产业。以独特的产业定位为核心，形成具有市场竞争力和可持续发展特征的产业体系。加快推动产业转型升级，注重产业融合、项目组合、资源整合。加快培育特色产业项目，立足实际，合理布局建设符合规划和环保要求、吸纳就业性强、可带动城镇发展的休闲旅游度假养老服务性项目，逐步提高第三产业增加值占全镇经济增加值的比重。积极培育主导产业和特色产业，因地制宜发展工业、农业、牧业、林业、旅游、物流、商贸、口岸、文化等产业，打造各具特色的工业重镇、农业重镇、牧业重镇、商贸重镇、旅游旺镇和历史文化名镇等。拉长产业链，促进产业集聚发展，推动产业规模做大、结构优化，鼓励民间投资，结合引进大企业大项目，建设特色产业基地，强化产业支撑。

（三）突出打造特色景观。按照"一镇一特色，一镇一风情"的思路，统筹做好小城镇发展规划。在完成总体规划、专项规划和详细规划编制和修编的基础上，提高详细规划的覆盖率，着力提高项目设计水平，形成鲜明的建筑风格、景观设施和人文环境，积极营造绿色、洁净、舒适的和谐发展格局。要重点抓好镇区主要出入口、主干道沿线、规模大的安置房小区、商贸街区、中心广场、园林景观项目等重点地段和节点地区的城市设计，积极开展外部空间和形体环境设计。以改善居民生产、生活质量为重心，按照适度超前的原则，加快推进基础设施和公共服务设施建设，促进土地、基础设施、公共服务设施等资源合理配置、集约利用。

（四）加强生态保护。依托乡村田园风光，以打造生态宜居为核心，强化乡村规划建设管理，加大环境保护力度，打造生态优良、清洁舒适、风貌优美的宜居小镇。要切实增强节能减排能力，大力开展绿色生态设施建设。在污水和垃圾处理等方面采用无害化、低耗能、低成本技术。在新建建筑、既有居住建筑节能改造方面大力推广太阳能、风能等可再生能源和绿色集成节能技术。

三、保障措施

（一）深化改革推进管理体制机制创新。通过推进小城镇机构和管理体制改革，完善体制机制，创新发展模式，统筹城乡经济社会协调发展。各旗县（市、区）要出台扩权强镇意见，将能够下放的各种管理权限依法下放到镇级，赋予小城镇享有与目标责任相匹配的权限和资源。明确承担小城镇建设管理职能的部门，合理配备人员，并从经费上予以保障，解决有人干事、有钱干事的问题。

（二）拓宽小城镇建设投融资渠道。进一步规范和完善公共财政投入，各级财政统筹整合各类已设立的相关专项资金，重点支持特色小镇市政基础设施建设。在镇规划区内建设项目缴交的基础设施配套费，要全额返还小城镇，用于小城镇基础设施建设。大力支持村镇银行、小额贷款公司的发展，构建政策性金融、商业金融相结合的农村牧区金融体系。国有政策性银行应在开展产业基金合作方面给予试点城镇以地市级同等待遇。把市场机制引入特色小镇，按照谁投资，谁经营，谁受益的原则，鼓励各种经济性质的资本在特色小镇投资路、水、电、通信、市场、文化娱乐等市政公用设施建设，投资者享受自治区现行的有关优惠政策。

（三）保障用地指标。旗县（市、区）每年的非农建设用地计划中，优先安排一定数量的用地指标，支持特色小镇的开发建设。为有利于小城镇规划的实施，在镇区规划范围内的农村牧区建设用地，优先办理有关用地审批手续。鼓励农村牧区集体经济组织和农牧民以土地入股，集体建设用地使用权转让、租赁等方式有序地进行农家乐、牧家乐、家庭旅馆、农庄旅游等旅游开发项目试点。

（四）加强组织领导，形成工作合力。调整自治区小城镇建设工作领导小组成员组成和职能分工。自治区住房和城乡建设厅具体负责指导全区特色小镇的规划建设和功能完善，指导全区特色小镇基础设施建设和工程建设项目实施工作；自治区发展改革委协调指导特色小镇列入自治区、盟市重点建设项目，整合本部门资源，支持特色小镇加快规划建设；自治区财政厅具体负责做好享受财政扶持政策的特色小镇审核和兑现工作，引导各地区安排资金支持特色小镇加快规划建设；自治区农牧业厅负责整合本部门资源，支持特色小镇打造特色农业、牧业；自治区国土资源厅具体负责做好享受用地扶持政策的特色小镇审核和兑现工作，指导各地区强化特色小镇用地保障，创新节约集约用地机制；自治区商务厅具体负责指导全区特色小镇电子商务创建、提升和涉外业务的指导；自治区环保厅具体负责指导全区特色小镇污染防治和生态环境建设；自治区科技厅具体负责指导全区特色小镇的科技创新工作；自治区经济和信息化委具体负责指导全区特色小镇的产业转型升级工作。各盟市、旗县（市、区）要对小城镇建设工作领导小组成员单位的职能进行相应调整。

2016 年 9 月 14 日

（此件公开发布）

后 记

　　2016 年是特色小镇在全国铺开的开局之年。作为对新型城镇化进行道路探索、寻求有效政策工具，以及实践空间和城乡一体化平台，特色小（城）镇在国家层面、地方层面和企业层面都得到了强烈响应。一年来，全国特色小（城）镇建设取得了明显成效，初步明确了建设的基本原则和发展路径，显现了企业为主导的市场化运作格局，在"创新、协调、绿色、开放、共享"理念下，一批具有产业特色、功能特色的小镇逐渐成长。本报告的目的主要在于将开局之年的发展框架和所取得的成就进行展示，为读者全面了解我国特色小（城）镇建设提供参考。

　　参加编写的人员：

　　陈炎兵：全书的策划和组织。

　　姚永玲：全书的内容设计、组织和结构安排，文字整理、撰写，最后统稿等。

　　李若愚：全书的地图绘制、文件整理等。

　　崔晓雨：第六章数据搜集和计算。

　　马圣慧：浙江、江苏、广东、上海、重庆、四川、云南、贵州等省以及西
　　　　　　藏自治区的资料整理和初稿撰写。

　　靳超宇：山东、陕西、海南、湖南、甘肃、青海等省及广西壮族自治区、
　　　　　　宁夏回族自治区和新疆维吾尔自治区的资料整理和初稿撰写。

程　妍：山西、河南、湖北、安徽、江西等省份的资料整理。

李桐轩：辽宁、吉林、黑龙江等省份的资料整理和全书城镇化相关数据计算。

王芝清：天津市，内蒙古自治区，以及河北、福建等省份的资料整理。

李　岷：提供了一些相关资料。

杨子健、黄顺军：对全报告的结构提出了大量修改建议。